Slavoj Žižek

Liebe deinen Nächsten? Nein, danke!

Die Sackgasse des Sozialen in der Postmoderne

Aus dem Englischen
von Nikolaus G. Schneider

Verlag Volk & Welt
Berlin

Umschlag: rgb, Hamburg
Satz: deutsch-türkischer fotosatz, Berlin
Druck und Bindung: Wiener Verlag, Himberg
Printed in Austria
ISBN 3-353-01156-0

INTRODUZIONE: GIOCOSO, MA NON TROPPO

Aus Slowenien, einem Teil Exjugoslawiens, stammend, scheine ich dafür prädestiniert zu sein, über den *Haß* auf den Nächsten zu sprechen: Ist der Balkan nicht ein Strudel dunkler und (selbst)zerstörerischer völkischer Leidenschaften, der das genaue Gegenteil, beinahe eine Art fotografisches Negativ, des toleranten Zusammenlebens ethnisch ausdifferenzierter Gesellschaften darstellt? Die übliche Reaktion eines Slowenen wäre folgendermaßen: Nein, Slowenien gehört nicht zum Balkan, wir sind *Mitteleuropa*, der Balkan ist da unten, er beginnt in Kroatien oder in Bosnien; wir Slowenen sind die letzte Schwelle, das letzte Bollwerk der wahren westeuropäischen Zivilisation gegen den Wahnsinn des Balkans. Diese Distanzierung konfrontiert uns mit der ersten unter den zahlreichen Paradoxien des Balkans: Er war geographisch nie genau umgrenzt, und es scheint so, als ob man niemals eine definitive Antwort auf die Frage »Wo fängt der Balkan an?« erwarten könnte. Für Serben beginnt er da unten, im Kosovo oder in Bosnien, und sie verteidigen die christliche Zivilisation gegen diesen »Anderen« Europas; für die Kroaten beginnt er im orthodoxen, despotischen und byzantinischen Serbien, gegen das Kroatien seine Werte der demokratischen westlichen Zivilisation verteidigt; für die Slowenen beginnt er in Kroatien, und wir, die Slowenen, sind der letzte Außenposten eines friedlichen Mitteleuropas; für manche Italiener und Österreicher fängt er in Slowenien an, als die Herrschaft der slawischen Horden; für manche Deutsche ist es Österreich auf Grund seiner historischen Verbindungen selbst, das schon von der balkanischen Korruption und Unfähigkeit bestimmt wird; für manche Norddeutsche ist auch Bayern, mit seiner katholisch bäuerlichen Dimension, nicht frei von einem gewissen balkanischen Flair; manch arrogante Franzosen assoziieren mit Deutschland eine östliche balkanische Wildheit. Den Extremfall repräsentieren einige konservative, gegen die Europäische Union gewandte Engländer, für die das ganze Kontinentaleuropa, das genaue Gegenteil des Balkans, heute als eine Art balkan-türkisches Großreich funktioniert, mit Brüssel als dem neuen Konstantinopel, einem launenhaften despotischen Zentrum, das die britische Freiheit und Souveränität bedroht. Der Balkan ist also immer der Andere, er liegt irgendwo anders, immer ein wenig weiter im Südosten, und in diesen Zusammenhang gehört auch das Paradox, daß wir am unteren Ende der Balkanhalbinsel dem Balkan wieder auf wundersame Weise entkommen sind (da Griechenland eigentlich nicht mehr richtig dazugehört, sondern die Wiege unserer westlichen Zivilisation darstellt).

Diese rätselhafte mehrfache Verschiebung der Grenze zeigt deutlich, daß wir es im Falle des Balkans nicht bloß mit einer faktischen Geographie zu tun haben, sondern auch mit einer imaginären Kartographie, die auf wirkliche Landschaften schattenhafte, oftmals uneingestandene, ideologische Antagonismen projiziert; dies geschieht in der Art und Weise, wie sie Freud für das hysterische Subjekt feststellte, das bei der Lokalisierung seiner Konversionssymptome die Karte einer anderen, imaginären, phantasierten Anatomie projiziert, wobei diese Symptome nur dann erklärbar werden, wenn wir die verdrängten Traumata und Wünsche des Subjekts analysieren. Und in der Tat diente während der letzten hundert Jahre der Balkan beständig als eine Art leere Fläche, auf die Westeuropa seine eigenen verdrängten ideologischen Antagonismen projizierte und dabei eine Serie phantasmatischer Bilder eben dieses Balkans hervorbrachte, die durchaus ihre eigene materielle Wirksamkeit bezeugten und die militärischen, ökonomischen und politischen Aktivitäten der realen historischen Agenten mitbestimmten. Es genügt, sich an den beispielhaften Fall einer solchen phantasmatischen Formation zu erinnern, die heterogene und inkonsistente Elemente vereinigte: das schon sprichwörtliche Königreich (oder Fürstentum) *Ruritania,* das sich in einem imaginären osteuropäischen Teil der Welt befand und die deutsch-katholische, feudal-konservative Tradition mit der Vergangenheit einer slawischen oder romanischen Bäuerlichkeit kombinierte, die primitive Wildnis Montenegros mit der kultivierten tschechischen Landschaft (man denke nur an den Roman und Film »Der Gefangene von Zenda«).[1]

Bis heute besteht diese phantasmatische Tradition: Der Balkan dient immer noch als jener Topos, der die ganze Wut der unterschiedlichen Formen des Rassismus wiederbelebt. Zunächst gibt es die von alters her vertraute unumwundene Ablehnung der (despotischen, barbarischen, orthodoxen, muslimischen, korrupten, orientalischen usw.) balkanischen Andersheit auf der Basis der richtigen westlichen, christlichen, demokratischen, zivilisierten usw. Werte. Dann gibt es die multikulturalistische Wahrnehmung des Balkans als einem Terrain der ethnischen Grausamkeit und Intoleranz, der primitiven irrationalen Kriegerleidenschaften, die im Gegensatz zur postnationalstaatlichen liberal-demokratischen Konfliktlösung durch Verhandlungen, vernünftige Kompromisse und gegenseitigen Respekt steht. Der Rassismus wird hier sozusagen zur zweiten Potenz erhoben: Er wird dem Anderen zugeschrieben, während man die Position des neutralen und gutwilligen Beobachters für sich selbst reserviert und aufrichtig über die Greuel entsetzt ist, die »da unten« passieren. Und schließlich gibt es den umgekehrten Rassismus: Er feiert die exotische Authentizität des balkanesischen Anderen, wie sich am Bild der Serben zeigen läßt, die angeblich im Gegensatz zu den verknöcherten Westeuropäern eine überschwengliche Lebendigkeit an den Tag legen.

Diese Form des Rassismus spielt eine wichtige Rolle im Zusammenhang mit dem Erfolg von Emir Kusturicas Film »Underground« im Westen. Das Beispiel Kusturica erlaubt uns darüber hinaus, noch eine weitere Eigentümlichkeit der Wahrnehmung des Balkans im Westen zu konstatieren: die Logik des verschobenen Rassismus. Weil der Balkan ein Teil Europas bleibt und von einer weißen Bevölkerung bewohnt wird, können rassistische Klischees, die man heutzutage, in unseren politisch korrekten Zeiten, nicht auf irgendwelche afrikanischen oder asiatischen Länder anzuwenden wagen würde, freimütig auf den Balkan übertragen werden. Deshalb werden politische Streitigkeiten im Balkan mit Operettenhandlungen verglichen, Ceauşescu erscheint als die zeitgenössische Reinkarnation Draculas usw. Diesem verschobenen Rassismus ist offenbar Slowenien am meisten ausgesetzt, da es Westeuropa am nächsten liegt. Als Kusturica in einem Interview die Slowenen als eine Nation von Knechten abtat und sie als die Stallburschen der Österreicher bezeichnete, erregte sich niemand über den unverhüllten Rassismus dieser Aussage – das ging schon in Ordnung, da ein authentischer exotischer Künstler aus dem unterentwickelten Teil Exjugoslawiens den höchstentwickelten Teil angriff. Anders gesagt: Der Balkan ist offenbar ein Ort der Ausnahmen. Was den Balkan angeht, ist es einem toleranten Multikulturalisten gestattet, rassistische Äußerungen zu machen.

Der Begriff der Hysterie bietet hier einen weiteren Anhaltspunkt. Jenny Holzers berühmter Satz »Protect me from what I want« (»Schütze mich vor dem, was ich will«) verdeutlicht auf sehr präzise Weise die fundamentale Ambiguität der Tatsache, daß Begehren immer das Begehren des Anderen ist. Der Satz läßt zwei Lesarten zu. Er kann heißen: »Schütze mich vor dem exzessiven selbstzerstörerischen Begehren in mir, das ich selbst nicht zu dominieren vermag«, und ist ein ironischer Verweis auf die gängige männlich-chauvinistische »Weisheit«, daß eine sich selbst überlassene Frau in einen selbstzerstörerischen Wahn verfällt und daher durch die wohlwollende männliche Herrschaft vor sich selbst geschützt werden muß. Oder aber er läßt sich wesentlich radikaler als Hinweis auf die Tatsache deuten, daß das weibliche Begehren in der heutigen patriarchalischen Gesellschaft vollständig entfremdet ist, daß die Frau das begehrt, was Männer von ihr erwarten, daß sie begehrt, begehrt zu werden, usw. In diesem Fall bedeutet »Protect me from what I want«: »Das, was ich will, ist mir bereits von der patriarchalischen soziosymbolischen Ordnung aufgezwungen, die mir vorschreibt, was ich begehren soll, so daß die erste Bedingung für meine Befreiung darin besteht, den Teufelskreis meines entfremdeten Begehrens aufzubrechen und mein Begehren auf selbständige Weise zu formulieren.« Und ist dieselbe Mehrdeutigkeit nicht auch darin erkennbar, wie der westlich-liberale Blick den Balkan wahrnimmt? In einer ersten Annäherung könnte die westliche Intervention als eine Antwort auf den impliziten Ruf der Balkannationen erscheinen: »Schützt uns vor dem, was wir wollen, vor unseren selbstzerstörerischen Leidenschaften, die uns zu ethnischen Säuberungen und Gruppenvergewaltigungen treiben!« Was aber, wenn wir den imaginierten Ruf des Balkans »Schützt uns vor dem, was wir wollen!« auf die zweite, gegenteilige Weise lesen? Was, wenn die Vorstellung des Balkans als eines in einem Strudel primitiver Gewalt gefangenen Völkergemischs keineswegs ein tadelnswerter Rest einer längst vergangenen Ära ist, sondern gerade durch den Kontakt mit dem Westen, durch den Prozeß der Modernisierung, erzeugt worden wäre?

Ja, der Balkan ist die Wahrheit des liberalen und toleranten Europa, ein Zerrspiegel, aus dem Europa sein wahres Bild zurückgeworfen wird – freilich nicht in dem Sinn, daß in der Gewalt auf dem Balkan die ursprünglichen Leidenschaften, die vom kraftlosen liberalen Westen verdrängt wurden, triumphale Urständ feiern. Auf allgemeinere Weise gilt das gleiche für die vielen konservativen Kritiker, die dazu neigen, die fundamentalistischen, rassistischen und andere gewalttätige Ausbrüche im Zentrum der westlichen Gesellschaften als eine »Wiederkehr des Verdrängten« in unserer anämischen liberalen Kultur zu bezeichnen. Exemplarisch ist Mario Vargas Llosas Argumentation, nach der »der Hooligan kein Barbar ist, sondern ein besonderes und schreckliches Produkt der Kultur«.[2] Llosa geht davon aus, daß ein typischer gewalttätiger Fußballfan kein arbeitsloser Lumpenproletarier ist, sondern ein gutsituierter Arbeiter aus der Mittelschicht, der Inbegriff feiner Manieren und voll von kultiviertem Mitgefühl. Seine gewalttätigen Ausbrüche bezeugten eine »Wiederkehr des Verdrängten«, ein Wiederaufleben der gewalttätigen Orgie, die durch unsere zivilisierten und liberalen Gesellschaften mehr und mehr verboten wurde. Durch eine irreführende Bezugnahme auf Freud mystifiziert und naturalisiert Vargas Llosa diese gegenwärtigen gewalttätigen Ausbrüche: als gäbe es so etwas wie eine fixierte, unhintergehbare Neigung zu Gewalttaten in der menschlichen Natur, und als müßte sich diese, seitdem die rituelle heilige Orgie als legitime Ausdrucksmöglichkeit nicht mehr erlaubt ist, einen anderen Weg suchen, um sich auszudrücken. Im klaren Gegensatz zu dieser Argumentationsweise verstehe ich die Gewalt von Neonazi-Skinheads nicht als die »Wiederkehr des Verdrängten« der liberal multikulturalistischen Toleranz. Sie ist vielmehr eine *von dieser direkt hervorgebrachte Gewalt*, das verborgene Antlitz der Toleranz selbst.

Ein kleiner Ausflug in die Geschichte der modernen Kunst mag an dieser Stelle hilfreich sein. Eines der grundlegenden Merkmale des künstlerischen Modernismus ist die Wiederkehr der barbarischen, vorzivilisatorischen mythischen Muster inmitten des Prozesses der Modernisierung. In seiner Reaktion auf die Londoner Aufführung (1921) von Strawinskys »Le Sacre du printemps«/»Die Frühlingsweihe« pries T. S. Eliot die Art und Weise, in der diese Musik »den Rhythmus der Steppe in das Kreischen von Autohupen, das Knattern von Maschinen, das Knirschen von Rädern, das Hämmern von Eisen und Stahl, das Röhren der Untergrundbahnen und in andere Schreie des modernen Lebens zu verwandeln vermochte«. Kurz gesagt, wir haben es hier *nicht* mit dem Zusammenstoß zwischen uralten Ritualen und Mythen und dem entzauberten modernen Verhalten zu tun, sondern mit der Kontinuität zwischen primitiver Barbarei und Modernität. Die industrielle Modernisierung, die chaotischen Bewegungen von Massen in den modernen Großstädten signalisieren den Zerfall des kultivierten/zivilisierten, aristokratischen oder frühbourgeoisen Universums der veredelten Verhaltensweisen, die Auflösung der traditionellen Verbindlichkeiten, die in sich selbst ein gewaltsames mytho-poetisches Potential bergen.

Konsequenterweise bringen Reflexivität und Rationalisierung, die beide für die Moderne charakteristisch sind, ihren eigenen Modus der Undurchsichtigkeit hervor, der eine quasimythische ideologische Erfahrung bevorzugt: Gerade die chaotische Gewaltsamkeit des modernen Lebens, die die traditionellen kulturalisierten Strukturen auflöst, wird unmittelbar als die Wiederkehr der ursprünglichen, mytho-poetischen barbarischen Gewalt erfahren, die vom Panzer des Kulturverhaltens verdrängt wurde. Und vielleicht ist es das, was in *ultima analysi* die »Postmoderne« ist: nicht so sehr etwas, das auf die Moderne folgt, sondern ganz einfach der inhärente Mythos der Moderne, die Anstrengung, die beschleunigte Modernisierung in Worte zu fassen. Zeigen nicht die turbulenten Ereignisse in allen Lebensbereichen, von der ökonomischen und kulturellen Globalisierung bis hin zur Reflexivierung der intimsten Bereiche, daß wir noch immer lernen müssen, mit dem wahren Schock der Modernisierung zu Rande zu kommen?

Ein anderer Aspekt desselben Prozesses ist die veränderte Stellung der erzählerischen Tradition, die unser individuelles oder kollektives Wesen begründet. John Gray, der Autor des Megabestsellers »Mars, Venus und Eros. Männer lieben anders, Frauen auch«, schlug kürzlich eine vulgarisierte Version der narrativen bzw. dekonstruktivistischen Psychoanalyse vor. Weil wir nichts anderes »sind« als die Geschichten, die wir uns über uns selbst erzählen, liegt die Lösung für die psychische Sackgasse in einem kreativen »positiven« Umschreiben der Erzählung unserer Vergangenheit. Gray denkt dabei nicht allein an die übliche kognitive Therapie, negative »falsche« Überzeugungen, die man von sich selbst hat, in eine positivere Haltung zu verwandeln, indem man sich versichert, man werde von den anderen geliebt und sei zu kreativen Leistungen fähig, sondern an eine »radikalere«, pseudo-freudsche Vorstellung von einer Regression bis zum Schauplatz der ursprünglichen traumatischen Wunde. Gray teilt also die psychoanalytische Idee des harten Kerns einer in der frühen Kindheit erlebten traumatischen Erfahrung, die dem Subjekt einen pathologischen Stoß versetzt und seine/ihre weitere Entwicklung nachhaltig geprägt hat. Er schlägt vor, daß das Subjekt, nachdem es sich in die ursprüngliche traumatische Situation zurückversetzt und sich ihr somit direkt ausgesetzt hat, unter der Anleitung des Therapeuten diese Szene, diesen äußersten phantasmatischen Rahmen seiner Subjektivität, »neu schreiben«, sie in eine »positivere« und produktivere Erzählung umschreiben sollte. Wenn etwa die ursprüngliche traumatische Szene, die Ihr Unbewußtes beherrscht und Ihre kreative Einstellung deformiert und lähmt, mit Ihrem Vater zu tun hat, der Sie anschrie: »Du bist wertlos! Ich verachte dich! Aus dir wird nie etwas werden!«, dann sollten Sie diese Szene so umschreiben, daß ein gütiger Vater sie freundlich anlächelt und zu Ihnen sagt: »Du bist in Ordnung! Ich vertraue dir!«

So lächerlich diese Prozedur auch scheinen mag, so hat sie doch auch eine politisch korrekte Version, nämlich die der ethnischen und sexuellen Minderheiten, die ihre Vergangenheit in ein positiveres, selbstbewußteres Licht rücken. (Afro-Amerikaner behaupten, daß lange vor der europäischen Moderne uralte afrikanische Reiche bereits eine hochentwickelte Wissenschaft und Technologie besaßen, usw.) Ebensogut lassen sich auch die Zehn Gebote umschreiben. Erscheint uns ein Gebot zu streng, kehren wir einfach auf den Berg Sinai zurück und formulieren es um: Ein Ehebruch – wenn er emotional aufrichtig gemeint ist und dem Ziel meiner persönlichen Selbstverwirklichung dient – warum nicht …?

Ebenso wichtig ist es, die Verbindung zwischen dem Dekalog

(den uns auferlegten, uns traumatisierenden Geboten) und seiner modernen Kehrseite, der Feier der »Menschenrechte«, im Auge zu behalten. Wie die Erfahrung unserer postpolitischen liberal-freizügigen Gesellschaft demonstriert, meinen die Menschenrechte letztlich *das Recht, die Gebote zu übertreten.* »Das Recht auf Privatsphäre« – das Recht auf einen heimlich begangenen Ehebruch, da ja niemand das Recht hat, in meinem Leben herumzuschnüffeln; »Das Recht, nach Glück zu streben, und das Recht auf Privateigentum« – das Recht zu *stehlen* (andere auszubeuten); »Presse- und Meinungsfreiheit« – das Recht zu *lügen;* »Das Recht freier Bürger, Waffen zu besitzen« – das Recht zu *töten;* und zuletzt die »Glaubensfreiheit« – das Recht, falschen Göttern zu huldigen. Natürlich dulden die Menschenrechte die Verletzung der Gebote nicht explizit, der springende Punkt ist vielmehr, daß sie eine marginale Grauzone bereithalten, die außerhalb des Geltungsbereichs der (religiösen oder säkularen) Macht liegen soll. In dieser Grauzone kann ich die Gebote übertreten, und wenn die Macht dort eindringt, mich mit heruntergelassenen Hosen antrifft und versucht, mich an meinen Gesetzesübertretungen zu hindern, so kann ich empört verkünden: »Das ist ein Angriff auf meine verbürgten Menschenrechte!« Der entscheidende Punkt dabei ist, daß es für die Macht strukturell unmöglich ist, eine klare Trennlinie zu ziehen und nur den »Mißbrauch« der Rechte zu verhindern, ohne ihre richtige Anwendung ebenfalls zu verletzen, die Anwendung, die die Gebote *nicht* übertritt. (In diesem Zusammenhang hat Lacan seine Aufmerksamkeit dem Widerstand gegen die Anwendung von Lügendetektoren bei der Untersuchung von Kriminalfällen zugewandt – als ob eine solche direkte »objektive« Verifikation in irgendeiner Art und Weise die Rechte des Subjekts auf die Privatheit seiner Gedanken verletze.)

Die Erwähnung des Dekalogs erfolgte keineswegs zufällig: In unserer westlichen Tradition ist das jüdische Gesetz der exemplarische Fall eines traumatischen Realen. Vergessen wir nicht, daß das göttlich-mosaische Gesetz als etwas erfahren wird, das von *außen auferlegt, kontingent und traumatisch* ist – kurz: als ein unmögliches/reales Ding, das »das Gesetz macht« (wie Lacan sagt). Man kann behaupten, daß die extremste Szene der religiös-ideologischen Anrufung – die Verkündung des Dekalogs auf dem Berg Sinai – das genaue Gegenteil von dem ist, was als »organisches Ergebnis einer Entwicklung des Selbstbewußtseins und der Selbstrealisierung« erscheint. Die eigentliche judeo-christliche Tradition ist folglich der gnostischen New-Age-Problematik von Selbstverwirklichung oder Selbsterfüllung streng entgegengesetzt: Wenn das Alte Testament uns gebietet, unseren Nächsten zu lieben und zu respektieren, so bezieht es sich damit nicht auf unseren imaginären *semblable*/Doppelgänger, sondern auf den Nächsten als ein traumatisches Ding. Im Gegensatz zu der New-Age-Haltung, die den Nächsten/Anderen letztlich immer auf mein Spiegel-Bild reduziert oder zu einem Mittel auf dem Weg zu meiner eigenen Selbstverwirklichung macht (wie in der Psychologie Jungs, in der die anderen letztlich immer zu Veräußerungen/Projektionen der verschiedenen verworfenen Aspekte meiner eigenen Personalität reduziert werden), eröffnet der Judaismus eine Tradition, in der ein fremdartiger traumatischer Kern für alle Zeiten in meinem Nächsten fortdauert – der Andere bleibt eine träge, undurchdringliche, rätselhafte Präsenz, die mich *hysterisiert*. Diese traumatische Präsenz des Anderen ist eine der Ursachen der faschistischen Gewalt. Wie aber läßt sich dieser entgegentreten?

Es gibt zwei Variationen des berüchtigten Zitats von Hanns Johst: »Wenn ich das Wort ›Kultur‹ höre, entsichere ich meine Browning.« Erstens, »Wenn ich das Wort ›Kultur‹ höre, greife ich nach meiner Brieftasche«, die Godard dem zynischen Filmproduzenten in seinem Film »Mepris« in den Mund legt, und, zweitens, die linksaufklärerische Umkehrung, »Wenn ich das Wort ›Browning‹ höre, greife ich nach meiner Kultur«. Der heutige Neonazi-Skinhead praktiziert die umgekehrte Form: Wenn er die Formulierung »westliche christliche Kultur« hört, dann greift er nach seiner Pistole, um diese Kultur gegen die Türken, Araber und Juden zu verteidigen. Natürlich ist die direkte Form des Johst-Satzes die heimliche Wahrheit einer solchen Verteidigung unserer Kultur: Diese Verteidigung ist die Erscheinungsform ihres Gegenteils, der antikulturellen Barbarei, das heißt, sie zerstört, was sie zu verteidigen vorgibt. Der liberale Kapitalismus bedarf solch direkter Gewalt nicht: Der Markt erledigt die Aufgabe der Kulturzerstörung wesentlich reibungsloser und effizienter. Im klaren Gegensatz zu diesen beiden Einstellungen definiert sich die Linksaufklärung über die Wette, die Kultur könne als effiziente Antwort auf die Pistole dienen: der Ausbruch roher Gewalt ist eine Art *passage à l'acte*, die in der Ignoranz des Subjekts verwurzelt ist – als solche kann man ihr in einem Kampf entgegentreten, dessen wichtigste Waffe *reflexives Wissen* ist.

Doch diese linke Wette wird durch den rasanten Anstieg dessen, was man als »postmodernen Rassismus« zu bezeichnen versucht ist, auf eine ernsthafte Probe gestellt: jene spezifische Form von Intoleranz und Gewalt, deren überraschendes Kennzeichen ihre Unempfänglichkeit für Reflexion ist – ein Neonazi-Skinhead, der Ausländer zusammenschlägt, »weiß irgendwie, was er da tut – und tut es dennoch«. Der Anstieg des Rassismus hat sich für die zeitgenössischen Ideologen eines »Endes der Politik« als böse Überraschung erwiesen. Fast ist es so, als sähen wir hier Freuds These aus »Das Unbehagen in der Kultur« ultimativ bestätigt, daß sich noch jedesmal, wenn sich Eros scheinbar durchgesetzt hatte, Thanatos mit noch größerer Macht zurückmeldet. Genau zum jetzigen Zeitpunkt, an dem wir, der offiziellen Ideologie zufolge, endlich die »unreifen« politischen Leidenschaften hinter uns lassen (die Herrschaft des »Politischen«, den Klassenkampf und andere heute »nicht mehr aktuelle« Antagonismen) und statt dessen ein postideologisches »reifes« pragmatisches Universum der rationalen Administration und des über Verhandlungen erzielten Konsens favorisieren, ein von utopischen Anstößen (Impulsen) freies Universum, in dem die leidenschaftslose Verwaltung der sozialen Angelegenheiten Hand in Hand geht mit ästhetisiertem Hedonismus (dem Pluralismus unterschiedlicher Lebensformen) – genau in diesem Moment feiert das ausgeschlossene Politische ein triumphales Comeback in seiner archaischsten Form des reinen, unverminderten rassistischen Hasses auf den Anderen, worauf die rationale tolerante Haltung keine Antwort weiß. In eben diesem Sinne ist der zeitgenössische »postmoderne« Rassismus das *Symptom* des multikulturellen Spätkapitalismus, das den entscheidenden, der liberal-demokratischen Ideologie innewohnenden Widerspruch deutlich macht. Die liberale »Toleranz« verhält sich nachsichtig gegenüber dem folkloristischen, seiner Substanz beraubten Anderen (wie die Fülle verschiedener »Ethno-Küchen« in einer zeitgenössischen Magalopolis); doch zugleich wird jeder »reale« Andere wegen seines »Fundamentalismus« sofort angeprangert, da der Kern der Andersheit auf der Regulierung seiner *jouissance* beruht, dem exzessiv-traumatischen Genießen – der »reale Andere« ist per definitionem »patriarchalisch« und »gewalttätig«, niemals der Andere ätherischer Weisheiten und exotischer Gebräuche. Man ist versucht, hier den alten Marcuse-Begriff der »repressiven Toleranz« wiederaufzugreifen und darunter nun die Tolerierung des Anderen in seiner aseptischen, verharmlosenden Form zu verstehen, die die Dimension des Realen der *jouissance* des Anderen ausschließt. Diese Sackgasse der liberalen multikulturellen Toleranz ist deutlich erkennbar in dem heimtückischen Zirkel, der Besonderheit der Kultur des Anderen gleichzeitig *zu viel* und *nicht genug* einzuräumen:

Einerseits wird der Andere insoweit toleriert, als er nicht der *reale* Andere ist, sondern der aseptische Andere vormoderner ökologischer Weisheit, faszinierender Riten usw. – doch in dem Moment, in dem man mit dem *realen* Anderen zu tun hat (etwa der Beschneidung von Frauen, dem Verschleierungszwang, dem Zu-Tode-Foltern von Feinden usw.), mit der Art und Weise also, wie der Andere die Besonderheit seiner *jouissance* reguliert, hat die Toleranz ein Ende. Es ist daher nicht weiter verwunderlich, daß dieselben Multikulturalisten, die den Eurozentrismus bekämpfen, in der Regel auch gegen die Todesstrafe sind und sie als »Residuum primitiver barbarischer Rachegebräuche« abtun. Doch genau hier wird ihr verborgener wahrer Eurozentrismus sichtbar, denn die ganze Argumentation gegen die Todesstrafe ist strikt »eurozentristisch«, da sie den liberalen Begriff der menschlichen Würde und Bestrafung enthält und auf der Vorstellung einer Evolution von primitiven gewaltsamen Gesellschaften zu modernen toleranten Gesellschaften beruht, die imstande sind, das Prinzip der Rache zu überwinden.

Andererseits nimmt diese Ideologie mitunter noch die brutalsten Verletzungen der Menschenrechte in Kauf oder zögert zumindest mit ihrer Verurteilung, weil sie Angst vor dem Vorwurf hat, sie zwinge dem Anderen die eigenen Werte auf. Ich erinnere mich, wie in meiner Jugend maoistische Studenten die »sexuelle Revolution« predigten und praktizierten. Wenn man sie darauf ansprach, daß im China der maoistischen Kulturrevolution eine extrem »repressive« Einstellung gegenüber Sexualität herrschte, waren sie schnell mit der Antwort bei der Hand, daß Sexualität in der chinesischen Lebenswelt eine völlig andere Rolle spiele, so daß wir auf die Chinesen nicht unsere Standards des »Repressiven« anwenden sollten – ihre Einstellung gegenüber Sexualität wirke nur »repressiv«, wenn man sie mit unseren westlichen Standards messe. Erleben wir nicht heute genau dieselbe Einstellung, wenn uns orthodoxe Multikulturelle warnen, daß wir dem Anderen nicht unsere eurozentristische Vorstellung der allgemeinen Menschenrechte aufzwingen sollten? Und weiter: Wird nicht genau diese Art falscher »Toleranz« häufig von Vertretern des multinationalen Kapitals selbst evoziert, um die Tatsache des »business comes first« zu legitimieren?

Entscheidend ist die Erkenntnis, daß sich diese beiden Exzesse komplementär zueinander verhalten. Während die eine Haltung nicht imstande ist, die spezifische kulturelle *jouissance* wahrzunehmen, die auch ein sogenanntes »Opfer« in den Praktiken einer anderen Kultur erfahren kann, die in unseren Augen als grausam und barbarisch erscheinen (Opfer der Klitoridektomie begreifen diese häufig als eine Möglichkeit, ihre wahre weibliche Würde zurückzugewinnen), verkennt die andere die Tatsache, daß der Andere in sich gespalten ist und sich durchaus von den eigenen Sitten und Gebräuchen zu distanzieren und sich gegen sie aufzulehnen vermag. In solchen Fällen kann der Bezug auf die »westliche« Vorstellung von allgemeinen Menschenrechten durchaus als Katalysator wirken, der einen authentischen Protest gegen die Zwänge der eigenen Kultur in Bewegung setzt.

Das vorliegende Buch setzt sich systematisch mit den Voraussetzungen dieser unserer Unfähigkeit auseinander, unsere Anderen im Zeitalter der angeblichen Globalisierung auszuhalten. Die erste »perverse« Assoziation, die einem beim Thema des Nächsten einfällt, ist natürlich die Reduzierung dieses Nächsten auf den Status eines Gegenstands, den es zugunsten der eigenen *jouissance* rücksichtslos auszubeuten gilt. Ist Lacans – und bereits Adornos und Horkheimers – Auffassung, Sade sei die Wahrheit (die inhärente Folge) der Kantschen ethischen Revolution, lediglich ein exzentrischer Witz, oder läßt sie sich als ernst zu nehmende philosophische These verteidigen? Der zweite Teil des ersten »Satzes« dieses Buches ist eine Art metapsychologische Etüde, die die Gründe für die Möglichkeit der libidinösen Perversion in der konstitutiven Reflexivität des Triebes im Gegensatz zum animalischen Instinkt sucht. Der zweite »Satz« stellt eine vertiefte psychoanalytische Lektüre des Faktums dar, daß die Wurzeln unserer Intoleranz gegenüber dem Nächsten immer darin begründet sind, daß der Andere für uns immer das ist, was Freud als »das Ding« bezeichnet hat – die Verkörperung einer traumatischen, unerträglichen *jouissance*, die vom Schutzschirm der Phantasien zugleich evoziert und verhüllt wird. Der dritte »Satz« lokalisiert die Wurzeln dieser wachsenden Intoleranz im Niedergang dessen, was Lacan als

»den großen Anderen« bezeichnet – die Ordnung der symbolischen Effizienz, die den Rahmen für die »friedliche Koexistenz« zwischen Subjekten bildet. Im kritischen Dialog mit den Theoretikern der *zweiten Moderne* soll eine Erklärung für das postmoderne Paradox gefunden werden, daß ausgerechnet der Niedergang symbolischer Autoritäten zu einer Zunahme von Angst und Schuldbewußtsein führt. Der vierte und letzte Satz widmet sich den möglichen gesellschaftlichen Auswirkungen der Digitalisierung unseres Alltags. Was wird aus unserem »Nächsten«, wenn man sie oder ihn auf ein Bildschirmphantom reduziert? Dieser Satz versucht sowohl die pessimistische Haltung zu vermeiden, die im Cyberspace das Ende des autonomen kritischen Individuums sieht, als auch die simplizistische postmoderne Feier des Cyberspace als jenen Ort, der uns die Befreiung von den Zwängen der ödipalen patriarchalischen Logik der Sozialisation verheißt. Was, so seine Frage, wenn der Cyberspace trotz der dominierenden perversen Art, auf die er häufig genutzt wird und die auf den im Kapitalismus herrschenden gesellschaftlichen Verhältnissen beruht, in sich selbst den Keim einer anderen Funktionsweise birgt? Wäre nicht denkbar, daß das emanzipatorische Potential des Cyberpace darin besteht, daß man in ihm jene grundsätzlichen Phantasien externalisieren (oder, wie Lacan gesagt haben würde, »durchqueren«) und so eine gewissen Distanz zu ihnen gewinnen kann, die für die Koordinaten unserer *jouissance* verantwortlich sind?

I ASSAI SOSTENUTO * ALLEGRO: KANT MIT (ODER GEGEN) SADE?

1 Assai Sostenuto: Ist Sade die Wahrheit Kants?

»Kant IST Sade« lautet das »unendliche Urteil« der modernen Ethik, das ein Gleichheitszeichen zwischen den beiden radikalen Gegensätzen setzt und damit nachdrücklich unterstreicht, daß die erhabene interesselose ethische Haltung irgendwie mit dem ungezügelten Schwelgen in lustvoller Gewalt identisch ist oder sich damit überschneidet. Sehr viel – womöglich alles – steht hier auf dem Spiel. Gibt es womöglich einen unmittelbaren Zusammenhang zwischen der formalistischen Ethik Kants und der kaltblütigen Mordmaschine Auschwitz? Sind Konzentrationslager und Morden als neutrale Tätigkeit das inhärente Resultat des aufgeklärten Insistierens auf der Autonomie der Vernunft? Oder gibt es zumindest eine legitime Genealogie, die von Sade zu den faschistischen Quälereien führt, wie dies Pasolinis Film »Die 120 Tage von Sodom« impliziert, der das Ganze in die düsteren Tage von Mussolinis Salòrepublik transponiert?

Diese Verbindung zwischen Sade und Kant wurde erstmals von Adorno und Horkheimer (A/H) in ihrem zu Recht berühmten Exkurs II (»Juliette oder Aufklärung und Moral«) der »Dialektik der Aufklärung« entwickelt. A/Hs Grundthese lautet: »Das Werk des Marquis Sade zeigt den ›Verstand ohne Leitung eines anderen‹, das heißt das von Bevormundung befreite bürgerliche Subjekt.«[1] Etwa fünfzehn Jahre später entwickelte Jacques Lacan, ohne den Text A/Hs zu kennen, ebenfalls die Idee, daß Sade die Wahrheit Kants sei, zunächst in seinem Seminar zur »Ethik der Psychoanalyse« (1958–59)[2] und dann in seiner Schrift »Kant mit Sade« von 1963[3].

Amor intellectualis diaboli

Der erste ins Auge fallende Unterschied zwischen A/Hs und Lacans »Kant mit Sade« ist der, daß für A/H Kants praktische Philosophie ein sentimentaler/moralistischer Kompromiß ist, der ein Zurückschrecken von den radikalen Konsequenzen von Kants Kritik darstellt, während für Lacan »Kant mit Sade« die Wahrheit von Kants ethischer Philosophie, seiner »Kritik der praktischen Vernunft« ist. A/H folgen hier also der gängigen junghegelianischen Auffassung, die am schärfsten und nachhaltigsten von Heinrich Heine zum Ausdruck gebracht wurde, Kants »Kritik der praktischen Vernunft« sei ein Zurückweichen vor der einzigartigen antimetaphysischen alles-zerstörenden Stoßkraft der »Kritik der reinen Vernunft«. In seiner Moralphilosophie gehe Kant einen Kompromiß mit seinem Mitgefühl für gewöhnliche Menschen wie seinen treuen Diener Lampe ein, der im Regen beflissen den Schirm für seinen Herrn und Meister hält, und versorgt sie mit den notwendigen Illusionen (moralischen »Postulaten«), die es ihnen ermöglichen, ein befriedigendes Alltagsleben zu führen. Für A/H ist diese Spaltung der bürgerlichen Gesellschaft inhärent: »kalte« objektive Marktverhältnisse und die utilitaristische Logik der instrumentellen Manipulation werden mit einer erbärmlichen Moral und sentimentalen Menschenliebe verbrämt. Die bürgerliche Ideologie, so wie sie im Alltag normalerweise funktioniert, schreckt also vor ihren eigenen Konsequenzen zurück – und für A/H besteht das große Verdienst der bürgerlichen *poets maudits* oder von Denkern wie Sade oder Nietzsche genau darin, daß sie auf diesen moralistischen Zuckerguß verzichten und die Konsequenzen der kapitalistischen instrumentellen Einstellung voll akzeptieren. Für A/H ist die Sadesche Position also die wahre ethische Implikation der modernen Subjektivität (oder, radikaler noch, des gesamten Aufklärungsprozesses seit seinen frühen mythischen Ursprüngen) – konsequent ausformuliert und frei von allen sentimentalen Verkleidungen.

Kant geht den Weg also nicht zu Ende: Im Interesse der Autonomie des Subjekts schafft er die Abhängigkeit der Vernunft, inklusive der ethischen Vernunft, von irgendeinem heterogenen Inhalt (wie die traditionelle, vormoderne Ethik, die auf irgendeiner substantiellen positiven Vorstellung eines Höchsten Guten beruht) ab, möchte aber dennoch an der Idee einer ethischen Pflicht festhalten. Er selbst räumt stillschweigend ein, daß er den Vorrang des Guten vor dem Bösen, des Mitleids vor der Grausamkeit in der inhärenten formalen Struktur der Vernunft nicht begründen kann, wenn er sich zu der Behauptung gezwungen sieht, daß der Ruf des Gewissens, das von uns verlangt, unsere Pflicht zu tun, ein schlichtes Faktum der Vernunft sei, etwas, das wir in uns selbst vorfinden, eine bloße irrationale Tatsache. Die Reduktion des Sexualpartners auf den Status eines reinen Objekts durch den sadistischen Perversen, auf ein Mittel zu seinem eigenen grenzenlosen Vergnügen ist die verborgene Wahrheit von Kants ethischem Gebot, andere Menschen rücksichtsvoll zu behandeln, ihnen ein Minimum an Würde zu gewähren.

A/H situieren Sade in der langen Tradition der orgiastischen/karnevalesken Verkehrung der etablierten Ordnung, in jenem Moment, in dem die hierarchischen Regeln aufgehoben sind und »alles erlaubt ist«. Diese von den heiligen Orgien zurückeroberte primordiale *jouissance* ist natürlich die rückwirkende Projektion des entfremdeten Zustands des Menschen: vor ihrem Verlust existierte diese *jouissance* nicht. Entscheidend ist, daß Sade genau jenen Moment markiert, in dem mit dem Auftauchen der bürgerlichen Aufklärung die Lust selbst ihren heiligen/transgressiven Charakter verliert und auf eine rationalisierte instrumentelle Aktivität reduziert wird. A/H zufolge besteht die Größe Sades also gerade darin, daß er um der völligen Bejahung der profanen Lüste willen nicht nur jegliche metaphysische Moralität ablehnt, sondern auch den Preis anerkennt, der dafür zu entrichten ist, nämlich die radikale Intellektualisierung/Instrumentalisierung/Reglementierung der auf den Lustgewinn abzielenden (sexuellen) Aktivität. Wir stoßen hier auf das, was Marcuse später als »repressive Entsublimierung« bezeichnen wird: Sämtliche Schranken der Sublimierung, der kulturellen Transformation der sexuellen Aktivität sind beseitigt. Was wir statt dessen erleben ist nicht roher, brutaler, leidenschaftlich-befriedigender animalischer Sex, sondern eine durch und durch reglementierte, intellektualisierte Aktivität, die einer sorgfältig geplanten Akrobatiknummer gleicht. Der Sadesche Held ist kein grobes brutales Tier, sondern ein blasser, kaltblütiger, der echten Fleischeslust entfremdeter Intellektueller, ein Sklave des *amor intellectualis diaboli*. Was ihm (oder ihr) Lust bereitet, ist nicht die Sexualität als solche, sondern das Bemühen, die rationale Zivilisation auf ihrem eigenen Feld zu schlagen, das heißt, die Konsequenzen ihrer Logik zu Ende zu denken und auszutragen.

Sades Protagonisten sind keine von irdischer Leidenschaft berstenden Wesen, sondern sie sind im Grunde *apathisch* und reduzieren die Sexualität auf eine mechanische, sämtlicher Spuren spontaner Lust oder Sentimentalität entkleidete Prozedur. Wovon Sade auf heroische Weise Rechenschaft ablegt, ist die Tatsache, daß die reine körperliche sinnliche Lust und die spirituelle Liebe nicht einfach Gegensätze, sondern dialektisch miteinander verschränkt sind. Wie uns die mystische Erfahrung lehrt, wohnt leidenschaftlicher sinnlicher Lust etwas zutiefst »Spirituelles«, Gespenstisches, Erhabenes inne und vice versa, so daß die konsequente »Entsublimierung« der Sexualität diese auch völlig intellektualisiert und eine ebenso intensive wie leidenschaftliche körperliche Erfahrung in eine kalte, apathische, mechanische Übung verwandelt.

Und auch hier trifft sich Sade laut A/H paradoxerweise wieder mit Kant; verachtete nicht auch Kant die falsche Moral, die von einem sentimentalen Mitleid oder irgendeinem anderen pathologischen Befriedigungsgefühl gestützt wird, lehrte nicht auch er, daß die einzige angemessene ethische Haltung diejenige der Apathie sei, die eigene Pflicht um der Pflicht willen zu tun? Doch wenn man sämtliche ethischen Konsequenzen aus der formalisierten instrumentellen Vernunft zieht, das heißt deren ethische Neutralität und Apathie betont, indem man darauf verweist, daß es unmöglich ist, allein durch den Rekurs auf die Vernunft auch nur das allerelementarste Verbot zu morden zu begründen, dann ist Sades Werk, A/H zufolge, nicht als Ausdruck der Morbidität unserer Zivilisation zu sehen. Ganz im Gegenteil wird im Werk von Schriftstellern wie Sade »Krankheit ... zum Symptom des Genesens«[4], das heißt, die unerschrockene Bloßstellung der Falschheit von Mitleid und anderen philanthropischen Werten eröffnet auf negative Weise den Raum für eine Gesellschaft, die keiner derartigen ideologischen Masken mehr bedarf, um ihre eigene brutale Wirklichkeit zu verschleiern.

Von der Achtung zur Blasphemie

Auch für Lacan entfaltet Sade konsequent das der Kantschen philosophischen Revolution inhärente Potential. Allerdings geht es Lacan darum, daß Sade im Henker, der das Opfer terrorisiert/foltert die Stimme des Gewissens (die bei Kant die vollständige ethische Autonomie des Subjekts beglaubigt, das heißt vom Subjekt selbst-postuliert/auferlegt ist) *externalisiert.*[5] Die erste Assoziation, die dies auslöst, lautet: Warum die ganze Aufregung? Weiß heute, in unserem postidealistischen freudschen Zeitalter, nicht jeder, worum es bei diesem »mit« geht, nämlich daß die Wahrheit von Kants ethischem Rigorismus der Sadismus des Gesetzes ist, das heißt, daß das Kantsche Gesetz eine Über-Ich-Instanz ist, die auf sadistische Weise die Sackgasse des Subjekts genießt, seine Unfähigkeit, seine unerbittlichen Forderungen zu erfüllen, wie der sprichwörtliche Lehrer, der Schüler mit unmöglichen Aufgaben quält und insgeheim ihr Versagen genießt?

Doch Lacan vertritt genau die gegenteilige Ansicht: Nicht

Kant ist ein heimlicher Sadist, sondern Sade ist ein heimlicher Kantianer! Man sollte sich immer vor Augen halten, daß das Augenmerk Lacans stets Kant gilt und nicht Sade. Ihn interessieren die ultimativen Konsequenzen und uneingestandenen Prämissen der Kantschen ethischen Revolution. Mit anderen Worten, Lacan geht es nicht um das übliche »reduktionistische« Argument, daß jede ethische Handlung, so rein und interesselos sie auch erscheinen mag, immer auf irgendeiner »pathologischen« Motivation gründet (dem langfristigen Interesse des Handelnden, der Bewunderung seiner Umwelt bis hin zur »negativen« Befriedigung, die so häufig durch das mit ethischen Handlungen einhergehende Leiden und den mit solchen Akten verbundenen Zwang erzeugt wird). Lacans Hauptinteresse gilt vielmehr der paradoxen Umkehrung vermittels deren das Begehren selbst, das heißt das Nicht-Nachgeben-in-seinem-Begehren, sich nicht mehr auf irgendwelche »pathologischen« Interessen oder Motive berufen kann und damit die Kriterien von Kants ethischem Akt erfüllt, so daß »Dem-eigenen-Begehren-Folge-Leisten« gleichbedeutend wird mit »Seine-Pflicht-Erfüllen«. Es genügt, sich Kants berühmtes Beispiel aus seiner »Kritik der praktischen Vernunft« in Erinnerung zu rufen:

»Setzet, daß jemand von seiner wollüstigen Neigung vorgibt, sie sei, wenn ihm der beliebte Gegenstand und die Gelegenheit dazu vorkämen, für ihn ganz unwiderstehlich: ob, wenn ein Galgen vor dem Hause, da er diese Gelegenheit trifft, aufgerichtet wäre, um ihn sogleich nach genossener Wollust daran zu knüpfen, er alsdann nicht seine Neigung bezwingen würde?«[6]

Lacans Gegenargument lautet: Wie aber verhält es sich, wenn wir – wie dies in der Psychoanalyse regelmäßig der Fall ist – einem Subjekt begegnen, das eine Nacht der Leidenschaft nur dann genießen kann, wenn es durch irgendeine Form von »Galgen« bedroht wird, das heißt, wenn es dabei ein Verbot übertritt?

Ein italienischer Film aus den sechziger Jahren mit Virna Lisi und Marcello Mastroianni dreht sich genau um diesen Punkt: Der Held ist nur dann potent, wenn der Beischlaf mit irgendeiner Gefahr verbunden ist. Am Ende des Films, als die Hochzeit mit seiner Geliebten unmittelbar bevorsteht, möchte er zumindest das Verbot des vorehelichen Geschlechtsverkehrs übertreten, indem er bereits in der Nacht *vor* der Hochzeit mit ihr schläft. Doch seine Braut beraubt ihn selbst dieses minimalen Vergnügens, indem sie von dem Priester eine Sondergenehmigung für den vorehelichen Beischlaf erwirkt, so daß der Akt nicht mehr den Reiz der Gesetzesübertretung besitzt. Was kann der Held jetzt noch tun? In der letzten Einstellung des Films sehen wir, wie er über den schmalen Vorbau eines Hochhauses kriecht, um auf die denkbar gefährlichste Weise in das Schlafzimmer des Mädchens zu gelangen. Es handelt sich dabei um den verzweifelten Versuch, sexuelle Befriedigung und Todesgefahr miteinander kurzzuschließen. Lacan geht es also darum, daß die Befriedigung sexueller Leidenschaft mit der Suspendierung der elementarsten »ichbezogenen« Interessen einhergeht; wenn diese Befriedigung eindeutig »jenseits des Lustprinzips« angesiedelt ist, dann *haben wir es,* auch wenn der äußere Anschein dem widerspricht, *mit einem ethischen Akt zu tun* und die »Passion« dieses Menschen ist *stricto sensu* ethisch.[7]

Des weiteren geht es Lacan darum, daß nicht wir diese versteckte sadesche Dimension einer »ethischen (sexuellen) Passion« durch unsere exzentrische Deutung in Kant hineinlesen, sondern daß sie dem Kantschen Theoriegebäude inhärent ist.[8] Wenn wir vom »Corpus« des »Indizienbeweises« hierfür einmal absehen, liefert die Art, wie Kant das Verhältnis zwischen Gefühlen und dem moralischen Gesetz konzipiert,[9] den entscheidenden Hinweis, der es uns ermöglicht, die Konturen von »Sade in Kant« zu erkennen. Obwohl Kant auf der absoluten Kluft zwischen pathologischen Gefühlen und der reinen Form des moralischen Gesetzes insistiert, gibt es ein *apriori*-Gefühl, welches das Subjekt zwangsläufig hat, wenn es mit dem Gebot des moralischen Gesetzes konfrontiert wird, nämlich der *Schmerz* der Erniedrigung – aufgrund des durch das »Äußerst-Böse« der menschlichen Natur verletzten Stolzes des Menschen. Für Lacan ist diese Kantsche Privilegierung des Schmerzes als des einzigen *apriori*-Gefühls strikt korrelativ zu Sades Begriff des Schmerzes (den anderen quälen und erniedrigen und vom anderen gequält und erniedrigt werden) als Königsweg zur sexuellen *jouissance*. (Sades Argument lautet natürlich, daß Schmerz aufgrund seiner Dauerhaftigkeit Priorität gegenüber der Lust genieße; Lüste vergehen, doch Schmerzen können nahezu endlos sein.)

Dieser Zusammenhang läßt sich durch das, was Lacan die Sadesche Fundamentalphantasie nennt, noch weiter erhärten – die Phantasie eines anderen, ätherischen Körpers des Opfers, der sich endlos foltern läßt und dennoch auf magische Weise seine Schönheit behält. Es genügt hierfür, sich die geläufige Sadesche Figur des jungen Mädchens vor Augen zu führen, die seitens ihres Folterers unendliche Erniedrigungen und Verstümmelungen erfährt, aber all dies irgendwie unbeschadet überlebt, so wie Tom und Jerry und andere Comicfiguren durch ihre lächerlichen Martyrien keinen dauerhaften Schaden erleiden. Liefert nicht diese Phantasie die libidinöse Begründung für das Kantsche Postulat der Unsterblichkeit der Seele, die sich endlos abmüht, ethische Vollkommenheit zu erreichen, das heißt, ist nicht die phantasmatische »Wahrheit« der Unsterblichkeit der Seele ihr genaues Gegenteil, nämlich die *Unsterblichkeit des Körpers*, seine Fähigkeit, unendliche Schmerzen und Erniedrigungen zu ertragen?[10]

Judith Butler hat darauf hingewiesen, daß der Foucaultsche Körper als Ort des Widerstands nichts anderes ist als die Freudsche »Psyche«: Paradoxerweise ist »Körper« der Name Foucaults für den *psychischen* Apparat insoweit, als er sich der Vorherrschaft der Seele widersetzt. Das heißt also, daß Foucault, wenn er in seiner bekannten Definition der Seele als »Gefängnis des Körpers« die geläufige platonisch-christliche Definition des Körpers als »Gefängnis der Seele« umkehrt, mit dem »Körper« nicht einfach nur den biologischen Körper meint, sondern einen, der bereits effektiv in einer Art präsubjektivem psychischen Apparat eingeschlossen ist.[11] Begegnet uns bei Kant nicht eine entsprechende Inversion des Verhältnisses von Körper und Seele, nur in der Gegenrichtung: Ist nicht die »Unsterblichkeit der Seele« in Wirklichkeit die Unsterblichkeit des anderen, ätherischen, »untoten« Körpers?

Durch diese zentrale Rolle des Schmerzes für die ethische Erfahrung des Subjekts führt Lacan den Unterschied zwischen dem »Subjekt des Aussagens« – das Subjekt, das eine Aussage macht – und dem »Subjekt der Aussage« ein – die symbolische Identität, die das Subjekt innerhalb seiner Aussage und durch seine Aussage annimmt. Kant geht es nicht um die Frage, wer das »Subjekt des Aussagens« des moralischen Gesetzes ist, die Instanz, welche das unbedingte ethische Gebot verkündet; aus seiner Perspektive ist diese Frage an sich bedeutungslos, da das moralische Gesetz ein unpersönlicher Befehl ist, der »aus dem Nichts kommt«, das heißt, er ist letztlich selbst–postuliert, vom Subjekt selbst in freier Entscheidung angenommen. Mit dem Verweis auf Sade liest Lacan diese Abwesenheit bei Kant als einen Akt der Unsichtbarmachung, der »Verdrängung« des Verkünders des moralischen Gesetzes, die Instanz, die einen Lustgewinn aus unserem Leid und unserer Erniedrigung, also dem Leid und der Erniedrigung des moralischen Subjekts, zieht.

An dieser Stelle drängt sich ein Gegenargument förmlich auf: Ist all dies nicht blanker Unsinn, da bei Sade das Element, das den Platz des bedingungslosen Gebots einnimmt, die Maxime, der das Subjekt unbedingt zu gehorchen hat, nicht mehr der universelle ethische Imperativ *Tu deine Pflicht!* ist, sondern dessen radikalstes Gegenteil, das Gebot, den durch und durch pathologischen, kontingenten Launen, die einem Lust bereiten, bis an die äußerste Grenze nachzugeben und alle Mitmenschen rücksichtslos auf den Status von Instrumenten der eigenen Lust zu reduzieren? Es ist aber von zentraler Bedeutung, die Solidarität zwischen diesem Merkmal und dem Auftauchen der Gestalt des »sadistischen« Folterer-Henkers als des tatsächlichen »Subjekts des Aussagens« des universellen ethischen Aussage-Befehls zu erkennen. Der Sadesche Schritt von der Kantschen Achtung zur Blasphemie, das heißt von der Rücksichtnahme auf den Anderen (Mitmenschen), seine Freiheit und Autonomie und darüber hinaus von seiner konsequenten Behandlung als Ziel an sich zu einer Reduzierung aller Anderen auf den Status entbehrlicher, rücksichtslos auszubeutender Instrumente, ist der Tatsache strikt korrelativ, daß das bei Kant unsichtbare »Subjekt des Aussagens« des moralischen Gebotes die konkreten Züge des Sadeschen Henkers trägt.

Sades Leistung besteht also in jener äußerst präzisen Operation, mittels deren er *die Verbindung zwischen zwei Elementen aufbricht, die in Kants Augen synonym sind und einander überlappen:*[12] die Geltendmachung eines unbedingten Gebots und die moralische Universalität dieses Gebots. Sade hält an der Struktur eines unbedingten Gebotes fest und postuliert als dessen Inhalt die extremste pathologische Partikularität. Entscheidend hieran ist – man kann dies nicht genug betonen –, daß es sich bei diesem Aufbrechen nicht um Sades Exzentrizität handelt, sondern daß es als Möglichkeit in der ganz fundamentalen Spannung schlummert, auf der die cartesianische Subjektivität basiert. Die Intervention des Subjekts unterminiert den geläufigen vormodernen Gegensatz zwischen der universellen Ordnung und der Hybris einer speziellen Kraft, deren ichbezogener Exzeß die universelle Ordnung stört; »Subjekt« ist der Name der Hybris, der exzessiven Geste, auf deren Exzeß die universelle Ordnung allererst gründet: es ist der Name für die pathologische Verwerfung (*clinamen*), die Abweichung von der universellen Ordnung, welche ebendiese universelle Ordnung aufrechterhält. Das transzendentale Subjekt ist der »ontologische Skandal«, ist weder phänomenal noch noumenal, sondern ein Exzeß, der aus der großen Kette des Seins herausragt, ein Loch, eine Lücke in der Ordnung der Wirklichkeit und zugleich der

Agent, dessen »spontane« Aktivität die Ordnung der (phänomenalen) Realität begründet. Während für die traditionelle Ontologie das Problem darin bestand, wie sich die chaotische phänomenale Realität aus der Ordnung der wahren Realität ableiten (und sich damit die graduelle »Degeneration« der ewigen Ordnung erklären) ließ, besteht das Problem des Subjekts im unausbalancierten Exzeß, in der Hybris, der Abweichung, die die Ordnung selbst aufrechterhält.

Das zentrale Paradox der Kantschen transzendentalen Konstitution besteht darin, daß das Subjekt nicht das Absolute ist, das ewige begründende Prinzip der Realität, sondern eine endliche, zeitliche Entität – und als solche den ultimativen Realitätshorizont darstellt. Aus diesem Grund gilt es, die geläufige Interpretation der Kantschen transzendentalen Konstitution abzulehnen, derzufolge das Subjekt der Agent der Universalität ist, die der chaotischen Vielfalt sinnlicher Eindrücke die universelle Form der Vernunft auferlegt; in diesem Fall identifiziert man das Subjekt unmittelbar mit der Kraft der Universalisierung und übersieht dabei die Tatsache, daß das Subjekt zugleich *clinamen* ist, der aus den Fugen geratene Exzeß, das heißt der paradoxe Punkt, an dem ausgerechnet ein extremer Exzeß, ein Element, das herausragt, die Grundlage der Universalität bildet.

Der exemplarische Fall des »pathologischen« kontingenten Elements, das auf den Status einer bedingungslosen Forderung erhoben wird, ist ein Künstler, der sich völlig mit seiner künstlerischen Mission identifiziert. Das traurige Schicksal Jacqueline du Pres konfrontiert uns mit einer weiblichen Version der Aufspaltung zwischen dem unbedingten Gebot und seinem Gegenteil, der seriellen Universalität indifferenter empirischer Objekte, die bei der Erfüllung der eigenen Mission geopfert werden müssen.[13] (Es ist äußerst interessant und ergiebig, du Pres Lebensgeschichte nicht als eine »reale Geschichte« zu lesen, sondern als eine mythische Erzählung: Überraschend daran ist, wie eng sie den vorgezeichneten Konturen eines Familienmythos entspricht, vergleichbar der Geschichte Kaspar Hausers, bei der individuelle Zufälle auf unheimliche Weise die üblichen Merkmale antiker Mythen reproduzieren.[14])

Du Pres unbedingtes Gebot, ihr Trieb, ihre absolute Passion war ihre Kunst. (Als sie im Alter von vier Jahren jemanden sah, der Cello spielte, verkündete sie bereits, das sei es, was sie selbst einmal machen wolle.) Diese Erhebung ihrer Kunst ins Unbedingte führt dazu, daß ihr Liebesleben aus Begegnungen mit Männern bestand, die letztlich alle ersetzbar waren, so daß ihr der Ruf vorauseilte, eine männerverschlingende »Serientäterin« zu sein, und daß sie jenen Platz besetzte, der normalerweise dem *männlichen* Künstler vorbehalten ist. Es verwundert daher nicht, daß ihre Mutter die lange tragische Krankheit – multiple Sklerose, an der sie im Zeitraum von 1973 bis 1987 unter großen Schmerzen starb – als eine »Antwort des Realen« auffaßte, als göttliche Strafe, nicht nur für ihr promiskuöses Liebesleben, sondern auch für ihre »exzessive« Beschäftigung mit der Kunst.

»es ist alles kalt für mich – eiskalt«

Bei näherer Betrachtung müßte man den Begriff der Achtung mit dem der Kastration verbinden: *Achtung ist letztlich immer Achtung vor der Kastration (des Anderen).* Wenn wir ein anderes Subjekt achten, dann tun wir dies nicht aufgrund irgendeiner herausragenden Eigenschaft dieses Subjekts, sondern ganz im Gegenteil aufgrund eines fundamentalen Mangels, der die Existenz dieses Subjekts definiert. »Achtung« bedeutet, daß wir eine angemessene Distanz wahren, daß wir dem anderen nicht zu nahe kommen, das heißt so nahe, daß sich der Schein, der den Mangel verbirgt bzw. ihn umhüllt, auflöst und daher diesen Mangel deutlich sichtbar werden läßt. So achtet man seinen Vater insoweit, als man seine »Autorität« unhinterfragt anerkennt, statt ihn herauszufordern, diese Autorität tatsächlich unter Beweis zu stellen, weil man sich durchaus darüber im klaren ist, daß man auf diese Weise die Hochstapelei des Vaters, also die Tatsache, daß sich hinter seiner Autorität eine fundamentale Impotenz verbirgt, entlarven würde. (Dies ist auch der Grund dafür, daß die elementare Geste, mit der die geachtete Person den Respekt unterminiert, den andere ihr entgegenbringen, die Zurschaustellung ihres Mangels ist.) Aus diesem Grund insistieren Kulturen, in denen das Tragen eines Schleiers für Frauen obligatorisch ist, auch darauf, daß sie dies aus Respekt gegenüber Frauen verlangen: Für einen islamischen »Fundamentalisten« ist es die westliche liberale Kultur, die Frauen achtlos behandelt, indem sie sie schamlos als Objekte der sexuellen Lust bloßstellt.[15]

Vor diesem Hintergrund sollte man sich dem Kantschen Begriff der *Achtung* nähern, des Respekts gegenüber der anderen Person, die niemals nur als Mittel zum Zweck betrachtet werden sollte. Das Problem ist freilich wesentlich vertrackter, als es auf den ersten Blick scheinen mag. Nehmen wir den Fall eines Verbrechers, der absichtlich auf grausame Weise einen anderen Menschen umgebracht hat. Wie erweisen wir einem solchen Menschen die ihm gebührende Achtung? Indem wir ihn verurteilen und erschießen (denn auf diese Weise behandeln wir ihn als freie vernunftbegabte Person), während alles Gerede über den Einfluß sozialer Verhältnisse ihm diese Achtung verweigert, ihn nicht als freien, verantwortlich Handelnden begreift, sondern als Spielball gesellschaftlicher Mechanismen. Die heutige Täter-als-Opfer- und »Verständnis«-Mentalität respektiert die menschliche Würde also weit weniger als die Kantsche und Hegelsche Idee der gerechten Strafe. (Hegel zieht hieraus den logischen Schluß, daß der Mörder selbst in seiner Eigenschaft als rationales freies Wesen, seine Bestrafung *will*: Indem wir ihn bestrafen, realisieren wir lediglich seinen wahren rationalen Willen, dessen er sich nicht bewußt ist.)

Der Begriff der Achtung impliziert also eine Spaltung im Objekt der Achtung zwischen der Ebene seiner symbolischen idealen Existenz (ein freies Wesen, das universellen Gesetzen gehorcht) und der Realität seiner faktischen Existenz (ein schändlicher Mörder): Die einzige Möglichkeit, dem anderen Respekt zu erweisen, ist die, diese Realität der faktischen Existenz im Interesse des symbolischen Ideals gewaltsam zu zerstören. Auf einer anderen Ebene erleben wir dasselbe Dilemma bei einem Menschen, der in enervierender und leidvoller Verwirrung stirbt (sich übergibt, zu kindischem und obszönem Gebrabbel regrediert usw.). Wenn die Angehörigen sich für die Euthanasie entscheiden, um diesem schmerzhaften Spektakel ein Ende zu bereiten, dann tun sie dies nicht nur, um die sinnlosen Schmerzen des Sterbenden zu verkürzen, sondern auch um seine Würde zu wahren, damit er von seinen Angehörigen und Freunden als ehrenwerter alter Mensch erinnert wird und nicht als stinkender, brabbelnder Idiot. Hier haben wir es mit der Unterscheidung zwischen dem Ich-Ideal und dem Anderen *qua* Reales zu tun: Haben wir wirklich das Recht, den realen Anderen im Interesse des Ich-Ideals, des Bildes von ihm, als das er der Nachwelt in Erinnerung bleibt, zu opfern? Wie können wir sicher sein, daß der Sterbende in seinen »unwürdigen« durch Drogen herbeigeführten finalen Wahnvorstellungen nicht eine intensive *jouissance* erlebte?

In der japanischen Kultur ist es verpönt, den Blick des anderen direkt zu erwidern. Dem Blick des anderen auszuweichen, ihm nicht direkt in die Augen zu blicken gilt nicht als Zeichen von Heuchelei, sondern als Zeichen der Achtung.[16] (Statt das Objekt zu verschleiern, wie dies in der islamischen Welt geschieht, wird der Schleier hier sozusagen »verinnerlicht«, auf das Auge selbst transponiert.) Vielleicht vermittelt dieses charakteristische Merkmal einer anderen Kultur eine Vorstellung davon, was unter Achtung zu verstehen ist. Wie wir bereits gesehen haben, bedeutet Achtung vor dem anderen, ihm nicht zu nahe zu kommen. Wie aber funktioniert das bei Kant? Was für

Kant an einer Person achtenswert ist, ist ihre oder seine erhabene Dimension, das heißt seine oder ihre noumenale Freiheit, die Tatsache, daß sie oder er ein ethisches Wesen ist. Wie äußert sich hier die Achtung? Zunächst ist man versucht zu sagen, daß – insoweit als das Kantsche Erhabene für das Scheitern der Einbildungskraft steht, die noumenale Dimension der Freiheit erfolgreich zu »schematisieren« – ein Mensch dadurch achtenswert wird, daß ihn als »reale Person« die Lücke der Kastration für immer von seiner Freiheit als symbolisches Merkmal trennt. (Eine reale Person kann ihre noumenale Pflicht niemals vollständig erfüllen.) Aber ist dies die einzige mögliche Deutung? Ist es nicht auch so, daß wir, wenn wir der anderen Person zu nahe kommen, *nicht* entdecken, daß jene Handlungen, die als ethische erschienen, in Wirklichkeit aus pathologischen Gründen erfolgten, sondern daß seine oder ihre transzendentale Freiheit das eigentlich Monströse ist? Achtung verschleiert nicht die Kluft zwischen der Freiheit und der pathologischen Realität eines Menschen, sondern die unheimliche, monströse Kehrseite der transzendentalen Freiheit selbst.

Obwohl die Sadesche Blasphemie im Gegensatz zu Kant die Kastration offen zur Schau stellt (nicht die des Henkers, sondern die des Anderen, und dabei den Anderen in seiner/ihrer extremen und beschämenden Impotenz bloßstellt), entsprechen sie einander hinsichtlich der fundamentalen Kälte des Subjekts, das dem unbedingten Gebot Folge leistet. Edward Said verweist auf einen Brief Mozarts an seine Frau Constanze vom 30. September 1790, also aus jener Zeit, in der er »Cosi fan tutte« komponierte. Nachdem Mozart seiner Freude darüber Ausdruck verliehen hat, seine Frau schon bald wiederzusehen, fährt er fort: »wenn die leute in mein herz sehen könnten, so müsste ich mich fast schämen«. Wie Said scharfsinnig bemerkt, erwartet man an dieser Stelle das Bekenntnis irgendeines schmutzigen privaten Geheimnisses (sexuelle Phantasien darüber, was er mit seiner Frau nach ihrer Rückkehr anstellen wird, usw.), doch im Brief heißt es weiter: »es ist alles kalt für mich – eiskalt«[17]. Hier betritt Mozart die unheimliche Domäne des »Kant mit Sade«, jenes Gebiet, in dem die Sexualität ihren leidenschaftlichen, intensiven Charakter verliert und sich in ihr Gegenteil verwandelt, eine »mechanische«, mit kalter Distanziertheit ausgeführte Lustübung, so wie das Kantsche ethische Subjekt seine Pflicht tut, ohne sich dabei irgendwie pathologisch zu engagieren. Ist nicht genau dies die Vision, die »Cosi fan tutte« zugrunde liegt: ein Universum, in dem die Subjekte nicht von ihrem leidenschaftlichen Engagement bestimmt werden, sondern von einem blinden Mechanismus, der ihre Leidenschaften reguliert? Was uns dazu veranlaßt, »Cosi fan tutte« in die Nähe von »Kant mit Sade« zu rücken, ist das Insistieren der Oper auf der *universellen* Dimension, die bereits in ihrem Titel zum Ausdruck kommt: »Sie *alle* machen es so«, sie alle werden von demselben blinden Mechanismus beherrscht. Kurzum, Alfonso der Philosoph, der in »Cosi« das Spiel der wechselnden Identitäten organisiert und manipuliert, ist eine Version der Figur des Sadeschen Pädagogen, der seine jungen Eleven in der Kunst der Lasterhaftigkeit unterweist. Es ist daher eine ebenso unangemessene wie unzulässige Simplifizierung, diese Kälte als diejenige der »instrumentellen Vernunft« zu begreifen.

Kant und Sade haben nicht nur diese Kälte des unbedingten Gebots miteinander gemein (*Tue deine Pflicht!* oder *Genieße!*), welches das Subjekt dazu zwingt, seine Bindung an alle kontingenten »pathologischen« Objekte zu opfern, sondern bezeichnenderweise auch die symptomatische Geste, mittels deren sie vor den letzten Konsequenzen ihrer Theorie zurückschrecken. In beiden Fällen ermöglicht ihnen diese Operation der Begriff der Natur: »Bei Sade wie bei Kant ist die Natur das Symptom dessen, was bei diesen beiden Denkern des Universellen ungedacht bleibt.«[18] Das heißt, in beiden Fällen haben wir es mit einer gewissen, in struktureller Hinsicht notwendigen Ambiguität dieses Begriffs zu tun. Kant definiert die Natur zunächst als die Summe der Phänomene, der phänomenalen Realität, insoweit, als sie von den universellen Gesetzen zusammengehalten wird (und ihnen unterworfen ist); doch später spricht er auch von einer anderen, einer noumenalen Natur als Königreich der ethischen Ziele, als der Gemeinschaft aller rationalen ethischen Wesen. Auf diese Weise wird der Exzeß der Freiheit über die Natur (die natürliche Verkettung von Ursachen und Wirkungen) erneut naturalisiert. Sade andererseits konzipiert die Natur zunächst als das indifferente System der Materie, das einem ewigen Wandel unterworfen ist und unerbittlich fortschreitet, ohne irgendeinem äußerlichen göttlichen Herrn unterworfen zu sein. Doch mit seiner Behauptung, daß wir, wenn es uns Lust bereitet, unsere Mitmenschen zu quälen und zu zerstören, bis hin zur Unterbrechung des Kreislaufs der natürlichen Reproduktion, in Wirklichkeit den innigsten Wunsch der Natur erfüllen, führt er dann unter der Hand eine andere Form von Natur ein: Nicht mehr den üblichen indifferenten Verlauf der Dinge »jenseits von Gut und Böse«, sondern eine Natur, die bereits irgendwie subjektiviert und in eine die Gesetze verletzende/diabolische Entität verwandelt ist, die uns befiehlt, dem Bösen zu folgen und Vergnügen an der Zerstörung und Preisgabe jeglicher Form von Moralität und Mitleid zu haben.

Ist nicht diese zweite Natur, die Lacan als das »Höchste Wesen in der Ordnung des Bösen« bezeichnete, der Sadesche Kontrapunkt zur (oder die Umkehrung der) Kantschen Natur *qua* Gemeinschaft der übersinnlichen rationalen Wesen, des Königreichs ethischer Ziele? Diese Ambiguität läßt sich auch folgendermaßen formulieren: Was bereitet dem Sadeschen Helden wirklich Lust? Ist es lediglich die »Rückkehr zur Unschuld der Natur«, die uneingeschränkte Befolgung der Naturgesetze, die ja ebenfalls nach Zerstörung verlangen, oder ist die Lust trotzdem auch mit dem moralischen Gesetz verknüpft, das sie verletzt, so daß es in Wahrheit das Bewußtsein, blasphemisch zu handeln ist, was uns Lust bereitet? Diese Ambiguität zwischen Unschuld und blasphemischer Verdorbenheit ist irreduzibel. (Ein anderer Aspekt dieser selben Ambiguität ist Sades Oszillieren zwischen dem *Solipsismus* der Lust und der intersubjektiven Logik der *Blasphemie*: Geht es nur darum, daß ich die Würde des Anderen ignorieren und ihn auf den Status eines Instruments erniedrigen muß, um meine Grillen zu befriedigen, so daß der Andere nicht subjektiviert, sondern zu einem unpersönlichen Werkzeug reduziert wird, einer Art masturbatorischen Ressource für meine solitäre Lust, oder ziehe ich die Lust aus dem Bewußtsein, daß ich den Anderen erniedrige und ihm unerträgliches Leid zufüge?[19])

In beiden Fällen, bei Kant ebenso wie bei Sade, wird also der »elementare« neutrale Begriff der Natur als der indifferente Mechanismus, der seiner eigenen Bahn folgt, um einen zweiten, »ethischen« Begriff der Natur ergänzt (das übersinnliche Königreich ethischer Ziele, den diabolischen Befehl, den bösen Pfad der Zerstörung einzuschlagen), und in beiden Fällen maskiert dieser zweite Begriff der Natur ein gewisses Zurückschrecken davor, dem ultimativen Paradox der eigenen Position ins Auge zu blicken: dem unheimlichen Abgrund der Freiheit ohne ontologische Garantie in der Ordnung des Seins.

Was also stimmt nicht mit dem Begriff des Opfers? Was *ist* ein Opfer? Das Opfer, so wie es gemeinhin mit der Lacanschen Psychoanalyse assoziiert wird, bezeichnet eine Geste, die die Nichtexistenz/Ohnmacht des großen Anderen leugnet. Das Subjekt bietet sein Opfer an, um die Lücke im Anderen zu füllen, um den Anschein der Konsistenz des Anderen oder zumindest die Vorstellung eines möglichen Dialogs mit dem Anderen zu wahren. Mein Opfer beruht auf der Vorstellung, daß der Andere (dessen Launen ich zu befriedigen trachte) zumindest von diesem Opfer Kenntnis nehmen und darauf reagieren wird, daß der Andere keine blinde Maschinerie ist, völlig gleichgültig gegenüber meinem Flehen. Doch Lacans Ablehnung des Opfers als unecht macht die Falschheit der Opfergeste auch an einer anderen, wesentlich unheimlicheren Dimension fest. Nehmen wir das Beispiel von Jeannot Szwarc' Film »Enigma« (1981), einem jener künstlerischen Anspruch erhebenden Spionagethriller à la John le Carre aus der Zeit des Kalten Krieges. Der Film erzählt die Geschichte eines Dissidenten, der vom Journalisten zum Spion wird. Nach seiner Emigration in den Westen wird er von der CIA angeheuert und nach Ostdeutschland geschickt, um dort einen Computerchip in seinen Besitz zu bringen, der die Dechiffrierung der Kommunikation zwischen dem KGB und seinen Außenstellen ermöglicht. Aufgrund verschiedener kleinerer Anzeichen stellt der Spion jedoch fest, daß irgend etwas mit seiner Mission nicht stimmt, weil die Ostdeutschen und die Russen offenbar bereits vorher von seiner Ankunft gewußt haben. Was also spielt sich ab? Haben die Kommunisten etwa einen Spion in der CIA-Zentrale, der sie über seine geheime Mission informiert? Gegen Ende des Films erfahren wir, daß die Lösung wesentlich genialer ist: Die CIA *besitzt den Chip bereits,* doch unglücklicherweise vermuten die Russen dies, so daß sie das Computernetz zeitweise nicht mehr benutzt haben. Das eigentliche Ziel dieser Operation ist der Versuch der CIA, die Russen davon zu überzeugen, daß die Amerikaner den Chip *nicht* besitzen. Sie schicken daher einen Agenten, der diesen Chip in seinen Besitz bringen soll, und informieren die Russen zugleich darüber, daß eine solche Operation im Gange ist. Natürlich rechnet die CIA damit, daß die Russen den Agenten festnehmen und davon überzeugt sein werden, daß die Amerikaner den Chip noch nicht besitzen und sie daher das Computernetz bedenkenlos benutzen können. Die tragische Seite der Geschichte besteht natürlich darin, daß das Scheitern der Mission nicht nur in Kauf genommen, sondern regelrecht eingeplant wird. Der arme Dissident/Agent wird von vornherein für das höhere Ziel geopfert, den Gegner zu täuschen. Die Strategie besteht also darin, eine Suchoperation in Gang zu setzen, um den Anderen (den Feind) davon zu überzeugen, daß man das, wonach man sucht, noch nicht besitzt. Anders gesagt, man täuscht einen Mangel bzw. ein Bedürfnis vor, um vor dem Anderen das zu verbergen, was man bereits besitzt, das *agalma,* das innerste Geheimnis des Anderen. Besteht nicht ein Zusammenhang zwischen dieser Struktur und dem grundlegenden Paradox der für das Begehren konstitutiven symbolischen Kastration, bei der das Objekt erst verlorengehen muß, um zurückgewonnen werden zu können?

Symbolische Kastration wird normalerweise als Verlust von etwas definiert, was man nie besessen hat. Die Objekt-Ursache des Begehrens ist also ein Objekt, das durch die Geste seines Verlusts/Entzugs überhaupt erst entsteht. Im Fall von »Enigma« haben wir es freilich genau mit dem umgekehrten Fall, also der Simulation eines Verlustes zu tun. Insoweit als der Andere des symbolischen Gesetzes die *jouissance* verbietet, kann das Subjekt nur genießen, indem es so tut, als entbehre er/sie des Objekts, das ihm/ihr die *jouissance* verschafft, indem es den Besitz des Objekts vor dem Blick des Anderen dadurch verbirgt, daß es das Schauspiel der verzweifelten Suche danach inszeniert.

Dies läßt auch das Problem des Opfers in einem neuen Licht erscheinen: Man opfert nicht, um etwas vom Anderen zu bekommen, sondern um den Anderen zu überlisten, um ihn davon zu überzeugen, daß mir noch immer etwas fehlt, nämlich die *jouissance*. Deshalb vollführen Besessene immer wieder ihre zwanghaften Opferrituale: Sie wollen ihre *jouissance* vor dem Anderen verbergen. Und gilt auf einer anderen Ebene nicht dasselbe für das sogenannte »Opfer der Frau«, die im Hintergrund bleibt und sich für ihren Mann oder ihre Familie aufopfert? Ist dieses Opfer nicht auch falsch, sofern es dazu dient, den Anderen zu überlisten, ihn davon zu überzeugen, daß die Frau mit ihrem Opfer zum Ausdruck bringt, daß sie sich in Wirklichkeit verzweifelt danach sehnt, in den Besitz von etwas zu gelangen, was sie entbehrt? In diesem Sinn müssen Opfer und Kastration als Gegensätze aufgefaßt werden. Das Opfer kommt keineswegs einer freiwilligen Akzeptanz der Kastration gleich, sondern ist vielmehr die raffinierteste Form, sie zu leugnen, also so zu tun, als besäße ich den verborgenen Schatz, der mich zu einem liebenswerten Objekt macht.[20] Man sollte stets im Gedächtnis behalten, daß für Lacan das ultimative Ziel der Psychoanalyse nicht darin besteht, dem Subjekt zu ermöglichen, das notwendige Opfer anzunehmen (die »symbolische Kastration« zu akzeptieren, unreifen narzißtischen Bindungen zu entsagen), sondern der schrecklichen Anziehungskraft des Opfers zu *widerstehen,* die natürlich nichts anderes ist als das Über-Ich. Das Opfer ist letztlich die Geste, durch die wir versuchen, jene Schuld zu kompensieren, die uns durch das unmögliche Gebot des Über-Ich auferlegt wird. Die von Lacan evozierten obskuren Götter sind nur ein anderer Name für das Über-Ich.

Kant gegen Sade

Auch Mozarts bereits erwähnte Oper »Cosi fan tutte« ist ein Paradigma dafür, daß es von einer gewissen Ebene an falsch ist, das Subjekt als psychologische Einheit einer Person wahrzunehmen. Aus diesem Grund kann der in psychologischer Hinsicht überzeugende Status eines fiktiven Charakters als eine Form von Widerstand gegen seine subversive Stoßkraft dienen. Doch wenn jemand bemäkelt, daß bestimmte Figuren in einer Geschichte »psychologisch nicht überzeugend« seien, sollte man immer auf die ideologische Zensur achten, die in einem solchen Urteil am Werk ist. Im 19. Jahrhunderts wurde die Handlung von »Cosi« als lächerlich empfunden.

Bekanntlich handelt es sich um das Abenteuer zweier junger Edelleute, die ihre Verlobten auf eine raffiniert inszenierte Probe stellen: Sie geben vor, aufgrund militärischer Manöver verreisen zu müssen, kehren jedoch, als albanische Offiziere verkleidet, unmittelbar zurück, um ihre Verlobten (die sie miteinander tauschen) zu verführen. Zwei Aspekte dieser Handlung waren für die romantische Sensibilität völlig intolerabel. Zum einen, daß die Mädchen so dumm sein sollten, in den beiden Ausländern, die sie so leidenschaftlich verführten, nicht jeweils den besten Freund ihres Verlobten zu erkennen, und zum anderen, daß sich in ihnen innerhalb der Spanne eines einzigen

Tages auf solch mechanische Weise authentische Liebe wecken ließ. Um die Musik des göttlichen Mozart vor den Beschränkungen eines derart vulgären Plots zu bewahren (so lautet das bereits von Beethoven in die Welt gesetzte Klischee), ersann man verschiedene Strategien, die vom Verfassen eines gänzlich neuen Librettos bis zu Veränderungen des narrativen Gehalts reichten. (Die beiden Mädchen wissen die ganze Zeit von der grotesken Täuschungsaktion und tun nur so, als ließen sie sich überlisten, um ihre Verlobten im Augenblick der Enthüllung um so wirkungsvoller zu beschämen.) Eine dieser Veränderungen, die sogar noch in einer neueren Inszenierung vorgenommen wurde, vereinigt beide Paare am Ende wieder miteinander – allerdings *nicht dieselben Paare*. Diese Täuschungsaktion wird psychologisch damit gerechtfertigt, daß die beiden Paare am Anfang nicht zusammenpassen. Im Unterbewußten waren sie bereits »über Kreuz« ineinander verliebt, und die lächerliche Maskerade ist daher nur das Mittel, durch das die wahre amouröse Verbindung ans Licht gebracht wird – das unheimliche Gespenst der automatischen, »mechanischen« Produktion unserer intimsten Gefühle wird ein weiteres Mal erfolgreich in Schach gehalten.

Den ultimativen Beweis für diese Beschränktheit der Psychologie liefert das erbärmliche Scheitern aller Versuche, das Sadesche Böse in seiner »psychologischen Komplexität« darzustellen, bis hin zu »Schindlers Liste«. Wir haben hier jene Szene im Sinn, die in kondensierter Form all das enthält, was an Spielberg nicht stimmt, auch wenn viele Kritiker sie als die stärkste Szene des Films gelobt haben, was auch an der hervorragenden, mit einem Oscar ausgezeichnete Darstellung von Ralph Fiennes liegen dürfte. Es handelt sich um jene Sequenz, in dem der Kommandeur des Konzentrationslagers sich einem schönen jüdischen Mädchen, einer Gefangenen, gegenübersieht. Wir hören seinen langen quasi-theatralischen Monolog, während das entsetzte Mädchen, sprachlos vor Angst, vor sich hin starrt. Der Lagerkommandant ist hin- und hergerissen. Einerseits begehrt er das Mädchen sexuell, andererseits kann er sie aufgrund ihrer jüdischen Herkunft als Objekt seiner Liebe nicht akzeptieren – ein eindeutiges Beispiel der Lacanschen Formel $ – a, der Konfrontation des gespaltenen Subjekts mit der Objekt-Ursache seines Begehrens. Diese Szene wird zumeist als Konflikt zwischen der gewöhnlichen erotischen »Menschlichkeit« des KZ-Kommandeurs und seinen rassistischen Vorurteilen beschrieben. Am Schluß siegt der rassistische Haß, und er stößt das Mädchen von sich.

Was aber ist so grundfalsch an dieser Szene? Ihre Spannung beruht angeblich auf der radikalen Unvereinbarkeit zwischen zwei subjektiven Perspektiven: Was für *ihn* der leichtherzige Flirt mit der Idee einer kurzen Sexaffäre ist, ist für *sie* eine Frage von Leben und Tod. Doch was an dieser Szene absolut nicht stimmt, ist die Tatsache, daß sie uns eine (psychologisch) unmögliche Position der Aussage ihres Subjekts präsentiert, indem sie seine gespaltene Haltung gegenüber dem entsetzten jüdischen Mädchen *als seine unmittelbare psychologische Selbsterfahrung* darstellt. Die einzige Möglichkeit, diese Spaltung korrekt wiederzugeben, bestünde darin, die Szene in Brechtscher Manier zu inszenieren und den Schauspieler, der den Naziverbrecher spielt, das Publikum direkt ansprechen zu lassen: »Ich, der Kommandeur des Konzentrationslagers, finde dieses Mädchen sexuell sehr attraktiv. Ich kann mit meinen Gefangenen machen, was ich will, ich kann sie also auch ungestraft vergewaltigen. Doch zugleich bin ich auch geprägt von der rassistischen Ideologie, die mir sagt, daß Juden schmutzig und unwürdig sind und meine Aufmerksamkeit nicht verdienen. Ich weiß daher nicht, wie ich mich entscheiden soll.«

Obwohl sie sich hinsichtlich ihres anti-psychologischen Impetus einig sind, beruht der fundamentale Unterschied zwischen A/H und Lacan auf der Tatsache, daß für erstere Sade in jenem Sinne die Wahrheit Kants ist, daß der Kantsche ethische *Formalismus* die radikale Instrumentalisierung jeglichen kontingenten (»pathologischen«) *Inhalts* impliziert – jeder, wirklich jeder Mensch, jeder »Nächste« ist auf den Status eines potentiellen Objekts der Manipulation in Dienst des Überlebens des Subjekts reduziert, während für Lacan *der sadistische Perverse selbst den Platz des Objekts einnimmt*, das heißt derjenige ist, der die Position des reinen Objekt-Instruments der *jouissance* des Anderen besetzt und die für die Subjektivität konstitutive Teilung auf den anderen, auf sein Opfer verschiebt. In dieser Hinsicht steht die sadistische Perversion der Zwangsneurose sehr nahe, mit dem einzigen (aber entscheidenden) Unterschied, daß der sadistische Perverse aktiv ist, um die *jouissance* des Anderen hervorzurufen, während der Zwangsneurotiker genau aus dem entgegengesetzten Grund aktiv ist: um das Genießen des Anderen zu *verhindern* (»pour que ça ne bouge pas dans l'autre«, wie es im Französischen heißt).

Doch damit ist die Geschichte noch nicht zu Ende. Die entscheidende Frage lautet: Ist das Kantsche moralische Gesetz in den Freudschen Begriff des Über-Ich übersetzbar oder nicht? Lautete die Antwort ja, dann bedeutet »Kant mit Sade« tatsächlich, daß Sade die Wahrheit der Kantschen Ethik ist. Doch wenn das Kantsche moralische Gesetz nicht mit dem Über-Ich identifiziert werden kann (da, wie Lacan selbst auf den letzten Seiten seines Seminars XI schreibt, das moralische Gesetz dem Begehren selbst entspricht, während das Über-Ich ja davon lebt, daß das Subjekt sein oder ihr Begehren kompromittiert, das heißt die von dem Über-Ich aufrechterhaltene Schuld von der Tatsache zeugt, daß das Subjekt sein oder ihr Begehren irgendwie betrogen oder kompromittiert hat[21]), dann ist Sade nicht die ganze Wahrheit der Kantschen Ethik, sondern eine Form ihrer pervertierten Realisierung.

Kurzum, weit davon entfernt, »radikaler als Kant« zu sein, artikuliert Sade, was passiert, wenn das Subjekt die wahre Strenge der Kantschen Ethik *verrät*. Diese Differenz ist im Hinblick auf ihre weitreichenden politischen Konsequenzen von entscheidender Bedeutung: Insoweit als die libidinöse Struktur »totalitärer« Regime pervers ist (das totalitaristische Subjekt nimmt die Position des Objekt-Instruments der *jouissance* des Anderen an), würde »Sade als die Wahrheit Kants« bedeuten, daß die Kantsche Ethik tatsächlich ein totalitäres Potential birgt;[22] doch wenn wir die Kantsche Ethik so verstehen, daß sie dem Subjekt ausdrücklich verbietet, die Position des Objekt-Instruments der *jouissance* des Anderen einzunehmen, das heißt, von ihm verlangt, die volle Verantwortung für das zu übernehmen, was es als seine Pflicht bezeichnet, ist Kant der Anti-Totalitarist schlechthin.

Im Traum von Irmas Injektion, der exemplarische Fall, an dem Freud seine Traumdeutung veranschaulichte, geht es um Verantwortung (Freuds eigene Verantwortung für das Scheitern seiner Behandlung Irmas). Schon allein diese Tatsache deutet darauf hin, daß Verantwortung ein zentraler Freudscher Begriff ist. Doch was sollen wir uns darunter vorstellen? Wie können wir einerseits der üblichen Falle des *mauvaise foi* des Sartreschen Subjekts entgehen, das für sein existentialistisches Projekt verantwortlich ist, das heißt dem existentialistischen Motiv der ontologischen Schuld, die fester Bestandteil der endlichen menschlichen Existenz als solcher ist, und andererseits der entgegengesetzten Falle, »die Schuld beim Anderen zu suchen« (»Da das Unbewußte die Rede des Anderen ist, bin ich für seine Formationen nicht verantwortlich, es ist der große Andere, der durch mich spricht, ich bin lediglich sein Instrument …«)? Lacan hat den Weg aus dieser Sackgasse angedeutet, indem er Kants Philosophie als den entscheidenden Vorläufer der psychoanalytischen Ethik der Pflicht »jenseits des Guten« bezeichnete. Gemäß der gängigen pseudohegelianischen Kritik, versäumt es die Kantsche universalistische Ethik des kategorischen Imperativs, die konkrete historische Situation zu berücksichtigen, in die das Subjekt eingebettet ist und die den klar definierten Inhalt des Guten bestimmt; was dem Kantschen Formalismus demnach entgeht, ist die historisch spezifizierte partikuläre Substanz des ethischen Lebens.

Doch dieser Vorwurf läßt sich mit dem Argument entkräften, daß die einzigartige Stärke von Kants Ethik gerade auf ihrer formalen Unbestimmtheit beruht: Das moralische Gesetz schreibt mir nicht vor, *worin* meine Pflicht besteht, sondern es schreibt mir lediglich vor, *daß* ich meine Pflicht erfüllen muß. Ich kann aus dem moralischen Gesetz selbst keine konkreten Normen ableiten, um diese in meiner spezifischen Situation zu befolgen – *doch dies bedeutet, daß das Subjekt selbst die Verantwortung für die »Übersetzung« des abstrakten Gebots des moralischen Gesetzes in eine Reihe konkreter Verpflichtungen übernehmen muß.*

In diesem präzisen Sinne ist man versucht, eine Parallele zu Kants »Kritik der Urteilskraft« zu riskieren: Die konkrete Formulierung einer bestimmten ethischen Verpflichtung hat die Struktur eines ästhetischen Urteils, das heißt eines Urteils, mit dem ich, statt einfach eine universelle Kategorie auf ein partikuläres Objekt anzuwenden oder dieses Objekt unter eine bereits gegebene universelle Bestimmung zu subsumieren, sozusagen seine universell-notwendig-obligatorische Dimension *erfinde* und dadurch dieses partikulär-kontingente Objekt (bzw. diesen Akt) zur Würde des ethischen Dings erhebe. Der Verkündigung eines Urteils, das unsere Pflicht definiert, haftet also immer etwas Erhabenes an: Damit »erhebe ich ein Objekt zur Würde des Dings« (Lacans Definition des Erhabenen).

Die volle Akzeptanz dieses Paradoxes zwingt uns, jegliche Berufung auf die »Pflicht« als Entschuldigung zurückzuweisen: »Ich weiß, daß dies schwer ist und schmerzlich sein kann, aber was soll ich machen, es ist meine Pflicht ...« Das Motto des ethischen Rigorismus lautet: »Es gibt keine Entschuldigung dafür, seine Pflicht nicht zu erfüllen!«, während Kants »*Du kannst, denn du sollst!*« offenbar eine neue Version dieses Mottos darstellt, die es implizit um seine wesentlich unheimlichere Umkehrung ergänzt: »Es gibt keine Entschuldigung für die *Erfüllung* der eigenen Pflicht!«[23]

Der Verweis auf die Pflicht als Entschuldigung für die Erfüllung unserer Pflicht ist heuchlerisch. Man denke nur an den gestrengen sadistischen Lehrer, der seine Schüler mit gnadenloser Disziplin und entsprechenden Quälereien schikaniert. Natürlich lautet seine Entschuldigung gegenüber sich selbst (und gegenüber anderen): »Es fällt mir selbst sehr schwer, solchen Druck auf die Kinder auszuüben, aber was soll ich tun, es ist ja nun einmal meine Pflicht!« Ein noch zutreffenderes Beispiel ist der stalinistische Politiker, der die Menschheit liebt, aber dennoch schreckliche Säuberungen und Exekutionen durchführt; es bricht ihm das Herz dabei, aber er kann es nicht ändern, da er doch nur aus Schuldigkeit gegenüber dem Fortschritt der Menschheit handelt. Hier haben wir es mit der im eigentlichen Sinne *perversen* Haltung zu tun, die darin besteht, eine Position einzunehmen, in der man ausschließlich das Instrument des Willens des großen Anderen ist. Es ist nicht meine Verantwortung, nicht ich bin es, der eine Tat konkret ausübt, sondern ich bin lediglich ein Instrument der höheren »historischen Notwendigkeit«. Die obszöne *jouissance* dieser Situation besteht darin, daß ich mich selbst von der Verantwortung für meine Taten distanziere: Ist es nicht wunderbar, andere im vollen Bewußtsein quälen zu können, daß ich selbst für diese Tat nicht verantwortlich bin, sondern lediglich den Willen des Anderen erfülle? *Dies* ist es, was die Kantsche Ethik verbietet. Diese Position des sadistischen Perversen enthält die Antwort auf die Frage: Wie kann das Subjekt schuldig sein, wenn es lediglich eine »objektive«, ihm von außen auferlegte Notwendigkeit erfüllt? Indem es subjektiv diese »objektive Notwendigkeit« annimmt, indem es das *genießt,* was ihm von außen auferlegt wird.[24] In ihrer radikalsten Ausprägung ist die Kantsche Ethik also *nicht* »sadistisch«, sondern im Gegenteil genau das, was es uns verbietet, die Position des sadistischen Henkers einzunehmen.

2 Allegro: Die Schleife des Triebes

Masochismus in der fundamentalen Phantasie

Sind wir also zu dem Ergebnis gelangt, daß die sadistische Perversion einfach ein sekundäres Phänomen ist, ein »regressiver« Kurzschluß im Hinblick auf den authentischen Standpunkt der philosophischen Subjektivität, so daß sich dieser authentische Standpunkt dem Zugriff der Psychoanalyse entzieht? Zumindest muß man hier hinzufügen, daß für die Freudsche Metapsychologie die sadistische Perversion nicht original, sondern vom Ur-Masochismus abgeleitet ist. Dabei gilt es, diesen Ur-Masochismus, der den *Trieb* charakterisiert, vom Masochismus im engeren klinischen Sinne zu unterscheiden.

Wie Deleuze detailliert gezeigt hat,[25] zeichnet sich der klinische Masochismus unter anderem dadurch aus, daß er den Rahmen der ödipalen symbolischen Realität auf komplexe Weise leugnet. Das Leiden des klinischen Masochisten zeugt nicht von irgendeiner perversen Freude am Leiden an sich, sondern dient ganz und gar dem Lustgewinn; das erlesene Spektakel – die Maskerade von Quälerei, Leiden, Erniedrigung, dem sich das masochistische Subjekt unterwirft, dient lediglich dazu, den aufmerksamen Wächter des Über-Ichs zu düpieren. Kurzum, klinischer Masochismus ist für das Subjekt eine Möglichkeit, sich Lust zu verschaffen, indem es im voraus die Strafe akzeptiert, die das Über-Ich ihm abverlangt – das vorgetäuschte Spektakel der Bestrafung dient dazu, das darunterliegende Reale der Lust zu demonstrieren.

Um sich dies zu veranschaulichen, genügt es, an die Standardszene des moralischen Masochismus zu denken: Das alltägliche masochistische Subjekt empfindet oft eine tiefe Befriedigung, wenn eine ihm nahestehende Person ihn oder sie zu Unrecht irgendeines Vergehens bezichtigt oder auf andere Weise ungerechtfertigt beschuldigt; die Befriedigung rührt von der Vorstellung jener zukünftigen Szene, in der der geliebte andere, der ihn/sie unwissentlich verletzte, seine unberechtigten Vorhaltungen von ganzem Herzen bedauern wird. So wie im masochistischen Theater die Passivität des Masochisten seine Aktivität verbirgt – er ist der Regisseur, der die Szene arrangiert und der Domina befiehlt, was sie mit ihm machen soll –, verbirgt sein moralischer Schmerz kaum seine aktive Lust an dem moralischen Sieg, der den/die andere(n) erniedrigt. Solch eine komplexe Szene kann nur innerhalb eines Raumes staffinden, der bereits von der symbolischen Ordnung organisiert wurde: Das masochistische Theater beruht auf dem *Vertrag* zwischen dem Masochisten und seinem Herrn, seiner Domina.

Die entscheidende Frage, die sich hier zwangsläufig stellt, betrifft die Rolle der Täuschung im *Ur-Masochismus*: Wer soll mit dieser Szene des Leidens und der Unterwerfung getäuscht werden? Lacan meint, daß auch auf dieser Ebene eine Täuschung erfolgt: Der Ur-Masochismus verschafft dem Subjekt ein Minimum an Sein, er dient als eine Stütze für seine Existenz – kurzum, seine täuschende Geste läßt sich so paraphrasieren: »Seht, ich leide, daher bin ich, existiere und habe an der positiven Ordnung der Dinge teil.« Mit anderen Worten, das, was das phantasmatische Szenarium, auf dem der Ur-Masochismus beruht, leugnet, ist die Nichtexistenz des Subjekts, die Tatsache, daß das Subjekt die Leere, die Lücke in der Ordnung des positiven Seins ist: Indem es »die Phantasie durchquert«, nimmt das Subjekt die Leere seiner oder ihrer Nichtexistenz an.

Ein hübsches Beispiel Lacans für die klinische masochistische Täuschung ist das eines Bürgers eines Landes, in dem jedem Bewohner, der den König als dumm bezeichnet, der Kopf abgeschlagen wird. Wenn dieses Subjekt nun träumt, daß ihm der Kopf abgeschlagen werden soll, dann hat dies nichts mit irgendeiner Form von Todessehnsucht zu tun, sondern es bedeutet lediglich, daß das Subjekt seinen König für dumm hält. Das Dilemma des Leidens maskiert also die Lust, die Würde des Königs anzugreifen. Hier sind Schmerz und Leiden eindeutig eine Maskerade im Dienst am Leiden und sollen die Zensur des Über-Ichs übertölpeln. Doch solch ein Täuschungsmanöver, bei dem eine Szene von Schmerz und Leiden der Lust an der Täuschung des Über-Ichs dient, kann nur auf der Grundlage eines fundamentaleren »sadomasochistischen« Standpunkts funktionieren, bei dem sich das Subjekt auf Phantasien einläßt, in denen es passiven schmerzvollen Erlebnissen ausgesetzt ist, und so, jenseits jeglichen Täuschungsmanövers, den *Schmerz selbst als die Quelle der libidinösen Befriedigung annimmt.*[26] In diesem Zusammenhang sollte man sich an die klassischen Ausführungen Laplanches über die ursprüngliche Verführungsphantasie erinnern, bei der reflexive Innenschau, Phantasmatisierung, Sexualisierung und Masochismus in eins fallen, das heißt alle in ein- und derselben Geste der »Umkehrung« erfolgen.[27]

In seinem detaillierten Kommentar zu den drei Phasen der Freudschen Phantasie »Ein Kind wird geschlagen« (1 – »Mein Vater schlägt das Kind, das ich hasse«; 2 – »Ich werde von meinem Vater geschlagen«; 3 – »Ein Kind wird geschlagen«) insistiert Laplanche auf dem entscheidenden Unterschied zwischen der ersten und der zweiten Phase: Sie sind beide unbewußt, das heißt, sie repräsentieren die heimliche Entstehung der letzten bewußten Phase der Phantasie (»Ein Kind wird geschlagen«). Doch während die erste Phase einfach die verdrängte Erinnerung an ein reales Ereignis ist, dessen Zeuge das Kind wurde (ein Elternteil schlägt seinen Bruder), und als solche im Verlauf der psychoanalytischen Behandlung erinnert werden kann, ist die zweite Phase im eigentlichen Sinne phantasmatisch und aus diesem Grund »ur-verdrängt«. Dieses Phase war nie bewußt imaginiert worden, sondern von Anfang an ausgeschlossen: Aus diesem Grund kann sie nie erinnert (das heißt subjektiv durch das Subjekt angenommen werden), sondern nur rückwirkend als das Reale rekonstruiert werden, welches vorausgesetzt werden muß, wenn man sich über die finale, bewußte Phase Rechenschaft ablegen will: »[...] *was verdrängt wird, ist nicht die Erinnerung, sondern die Phantasie, die daraus abgeleitet wurde oder ihr zugrunde liegt*: In diesem Fall nicht die tatsächliche Szene, in der der Vater ein anderes Kind schlug, sondern die Phantasie vom Vater geschlagen worden zu sein.«[28]

Entscheidend ist also der Übergang von der anfänglichen, nach außen gerichteten Aggressivität (das Gefühl der Befriedigung, das man empfindet, indem man ein Kind schlägt oder ein Elternteil dabei beobachtet, wie er/sie das Kind schlägt) zu der ausgeschlossenen phantasmatischen Szene, in der das Subjekt sich vorstellt, wie es selbst von Vater/Mutter geschlagen wird. Die erste Phase spielt die Rolle des sprichwörtlichen »Sandkorns«, des kleinen Realitätsfetzens (eine Szene, deren Zeuge das Kind in der Realität wurde), der die phantasmatische Formation einer Szene auslöst, der die Koordinaten dessen bietet, was Judith Butler die ursprüngliche »leidenschaftliche Bindung« nennt.[29] Das, was ursprünglich verdrängt wurde und somit der Subjektivierung für immer unzugänglich ist (da die Subjektivierung selbst auf dieser Verdrängung beruht), ist die zweite Phase. Bei diesem Übergang von der ersten zur zweiten Phase ereignen sich mehrere Dinge gleichzeitig:

– Wie Freud selbst betont, ist die Situation erst in der zweiten Phase im eigentlichen Sinne sexualisiert, das heißt, der Übergang von Phase 1 zu Phase 2 ist der Übergang von präsexueller Aggressivität zur eigentlichen sexualisierten »Lust im Schmerz«.

– Diese Sexualisierung ist der reflexiven Geste der »Introjektion« streng konsubstantiell: Statt einen anderen Menschen tatsächlich anzugreifen, stelle ich mir dies in der Phantasie vor, bilde mir eine Szene der Unterwerfung und des Schmerzes ein;

statt Handelnder in einer realen Interaktion zu sein, werde ich ein gelassener Beobachter eines »inneren« Schauspiels, die mich fasziniert.
– Schließlich handelt es sich bei dieser Szene um die Aufführung einer Situation, in der ich Erniedrigung und Schmerz erfahren oder zumindest die Position des ohnmächtigen Beobachters einnehmen kann.

Der entscheidende Punkt ist, daß diese drei Merkmale streng konsubstantiell sind: In ihrer radikalsten Ausprägung *entspricht* die Sexualisierung der Phantasmatisierung, die ihrerseits der Annahme der passiven Position der Ohnmacht, der Erniedrigung und des Schmerzes *entspricht*:

»[...] der Prozeß der Umkehrung darf nicht als auf die Ebene des Phantasieinhalts beschränkt gedacht werden, sondern *genau als die Bewegung der Phantasmatisierung*. Der Übergang zum Reflexiven muß nicht nur oder sogar notwendigerweise dem ›Satz‹ der Phantasie einen reflexiven Inhalt geben, sondern er soll auch und vor allem die Aktion reflektieren, internalisieren und in sich selbst als Phantasie eintreten lassen. Aggression zu phantasieren bedeutet, sie auf sich selbst zurückzuwenden, sich selbst anzugreifen: So verhält es sich mit dem Moment der Autoerotik, in dem die unauflösliche Verbindung zwischen der Phantasie als solcher, der Sexualität und dem Unbewußten bestätigt wird.«[30]

Es geht also bei der reflexiven Umkehrung nicht einfach nur um eine symmetrische Umkehrung von Aggressivität (ein äußeres Objekt angreifen/zerstören) in ein Von-einem-äußeren-Objekt-angegriffen-Werden; sondern die reflexive Umkehrung beruht vielmehr auf dem Akt der »Internalisierung« von Passivität, der aktiven Imaginierung der Szene des eigenen passiven Sichfügens. Das Phantasieren unterminiert daher den eindeutigen Gegensatz von Aktivität und Passivität: Indem ich eine Szene, in der ich von einem anderen geschlagen werde, »internalisiere« ich mich in einem doppelten Sinne (statt in der Realität aktiv zu sein, nehme ich den passiven Standpunkt eines faszinierten Beobachters ein, der einfach eine Szene imaginiert/phantasiert, an der er selbst beteiligt ist; im Hinblick auf den Inhalt dieser Szene imaginiere ich mich selbst in einer passiven, unbeweglichen Position, in der ich Erniedrigung und Schmerzen erleide) – doch genau diese doppelte Passivität setzt mein aktives Engagement voraus, das heißt den Vollzug einer reflexiven Umkehrung, mittels deren ich selbst, nicht irgendein äußerer Handelnder, auf autoerotische Weise meine äußerliche Aktivität, den spontanen Energieausstoß, durchkreuze und »mich selbst beherrsche«, also die Aktivität in der Realität durch einen Phantasieausbruch ersetze.

Im Zusammenhang mit seiner Definition des *Triebes* (im Gegensatz zum Instinkt) hat Lacan diesen Punkt veranschaulicht, indem er betonte, daß der Trieb immer und per definitionem eine Position des »se faire …«, des »sich selbst machen …« impliziert; der Schautrieb ist weder eine voyeuristische Neigung, etwas sehen zu wollen, noch die exhibitionistische Neigung, gesehen werden zu wollen, sondern die »Mittelstimme«, die Haltung des »sich selbst gesehen machen« und libidinöse Energie daraus zu schöpfen, daß man aktiv die Szene der eigenen passiven Unterwerfung aufrechterhält. Aus Lacanscher Sicht ist diese Urgeste der »Phantasmatisierung« der Geburtsort und das ultimative Mysterium dessen, was Kant und die gesamte Tradition des deutschen Idealismus als die »transzendentale Einbildungskraft« bezeichnen, diese abgründige Fähigkeit der Freiheit, die es dem Subjekt ermöglicht, sich von seinem Eingebettetsein in der eigenen Umgebung zu lösen.

Später erweiterte Laplanche diese Geste der reflexiven Phantasmatisierung zu einer Theorie der ursprünglichen Verführungsszene als der wahren »Urszene« der Psychoanalyse – ein Kind, das zum machtlosen Zeugen einer Szene der sexuellen Interaktion wird oder sich selbst bestimmten Gesten (von Eltern oder anderen Erwachsenen) ausgesetzt sieht, die irgendeine mysteriöse sexuelle Konnotation besitzen, welche das Kind nicht durchschaut. In dieser Lücke haben menschliche Sexualität und das Unbewußte ihren Ursprung: In der Tatsache, daß ein Kind (jeder von uns) an irgendeinem Punkt der ohnmächtige Beobachter ist, der in einer sexualisierten Situation steckt, die er nicht durchschaut, die er nicht symbolisieren und in sein Bedeutungsuniversum integrieren kann (die Beobachtung des elterlichen Koitus, die Erfahrung exzessiver Liebkosungen seitens der Mutter usw.).

Wo aber befindet sich hier das Unbewußte? Das Unbewußte, das uns in dieser Urszene der Verführung begegnet, ist das Unbewußte des *Erwachsenen* (der *Eltern*), nicht das des Kindes: Wenn ein Kind also exzessiven mütterlichen Liebkosungen ausgesetzt ist, beobachtet es selbst, daß die Mutter etwas tut, das weit über das hinausgeht, dessen sie sich selbst bewußt ist, daß es sie befriedigt, das Kind exzessiv zu liebkosen, ohne daß ihr die Gründe hierfür faßbar wären. Lacans Aussage »Das Unbewußte ist die Rede des Anderen« muß daher ganz wörtlich genommen werden, jenseits der gängigen Platitüden, daß ich nicht das Subjekt/der Herr meiner Worte bin, da es der große Andere ist, der durch mich spricht, und dergleichen: Die Ur-Begegnung des Unbewußten ist die Begegnung mit der Inkonsistenz des Anderen, mit der Tatsache, daß der (parentale) Andere nicht wirklich Herr seiner Taten und Worte ist, daß er Signale aussendet, über deren Bedeutung er sich nicht im klaren ist, daß er Dinge tut, deren wahrer libidinöser Sinn ihm entgeht. Man ist an dieser Stelle versucht, an Hegels berühmte Aussage zu erinnern, daß die Geheimnisse der Ägypter (die Undurchschaubarkeit ihrer Rituale und Monumente für den westlichen Blick) auch für die Ägypter selbst Geheimnisse waren: Die ganze Konstruktion der Urszene der Verführung als ursprünglicher Schauplatz der Sexualisierung funktioniert nur dann, wenn wir von der Voraussetzung ausgehen, daß die Szene nicht nur für das beobachtende und/oder zum Opfer gemachte Kind undurchschaubar und enigmatisch ist, sondern – und das ist es, was das beobachtende und/oder zum Opfer gemachte Kind wirklich verblüfft – offensichtlich auch für die aktiven erwachsenen Täter, daß auch sie »nicht wissen, was sie tun«.

Diese Konstellation ermöglicht es uns auch, die bereits zitierte Aussage Lacans, es gäbe »keine sexuelle Beziehung«, in neuem Licht zu sehen. Wäre nur das Kind verstört über die von ihm als mysteriös empfundene (Fehl-)Wahrnehmung von etwas, was für die Eltern selbst eine völlig natürliche und unproblematische Aktivität ist, dann gäbe es auch eine »normale« sexuelle Beziehung. Aber die abgebrauchte Bemerkung, daß »tief im Inneren jedes Erwachsenen ein Kind stecke«, entbehrt nicht völlig der Grundlage, wenn man sie so versteht, daß die beiden »im gegenseitigen Einvernehmen handelnden« Erwachsenen, wenn sie sich in der Zurückgezogenheit ihres Schlafzimmers auf »gesunden und normalen« Sex einlassen, niemals ganz allein sind, sondern immer von einem phantasmatisierten *Kinderblick* beobachtet werden, einem – normalerweise »verinnerlichten« Blick, aufgrund dessen ihre Aktivität für sie selbst letztlich undurchschaubar ist.

Oder um es noch anders zu wenden: Die Pointe der Szene der Urverführung liegt nicht darin, daß Erwachsene zufällig in die Sphäre das Kindes eindringen und sein fragiles Gleichgewicht durch die Zurschaustellung ihrer *jouissance* stören, sondern darin, daß der Blick des Kindes von vornherein in die Situation der parentalen Erwachsenen-Sexualität einbezogen und eingeschlossen ist, ähnlich wie in Kafkas Parabel »Vor dem Gesetz«. So wie der Mann vom Lande am Ende feststellt, daß das Schauspiel des majestätischen Eingangs zum Gesetz nur für seinen Blick inszeniert wurde, dient die parentale sexuelle Zurschaustellung keinesfalls dazu, das Kind aus dem Gleichgewicht zu bringen, sondern ist gewissermaßen »ausschließlich für den Blick des Kindes bestimmt«. Ist nicht die ultimative paradiesische Phantasie die, daß die Eltern vor ihrem Kind kopulieren und dieses sie dabei beobachtet und ihre Aktivitäten kommentiert? Wir haben es also mit der Struktur einer Zeitschleife zu tun: Sexualität gibt es nicht nur aufgrund der Lücke zwischen der Erwachsenensexualität und dem unvorbereiteten Blick des von dieser Zurschaustellung traumatisierten Kindes, sondern weil die Verblüffung dieses Kindes die sexuelle Aktivität der Erwachsenen selbst aufrechterhält.[31]

Dieses Paradox erklärt auch den blinden Punkt des Themas sexuelle Belästigung: *Es gibt keinen Sex ohne ein Element der »Belästigung«* (des verwirrten vom unheimlichen Charakter dessen, was sich da abspielt, heftig schockierten und traumatisierten Blicks). Der Protest gegen sexuelle Belästigung, also gegen gewaltsam erzwungenen Sex, ist daher letztlich *Protest gegen Sex als solchen*; zieht man vom sexuellen Zusammenspiel dessen schmerzlich-traumatischen Charakter ab, ist das, was übrigbleibt, einfach nicht mehr sexuell. Der »reife« Sex zwischen den berühmt-berüchtigten mündigen Erwachsenen ist ohne sein traumatisches Element, ohne das Element des schockierenden »Zufügens«, per definitionem *entsexualisiert* und verwandelt sich in mechanische Kopulation.

Aus meiner Jugendzeit erinnere ich mich an obszöne Reimlieder, die fünfjährige Kinder sich gegenseitig vorsangen, Lieder über lächerliche sexuelle Taten, deren Held ein mythischer anonymer »Cowboy« war. Eines der Lieder, die sich natürlich nur auf slowenisch reimen, lautet folgendermaßen: »Der Cowboy ohne Hut / vögelt eine Frau hinter einem Baum, / doch als sie versucht, ihm davonzulaufen, / sieht er für einen Augenblick ihren nackten Arsch.« Das Reizende, wenn man so sagen darf, an diesem Kinderlied ist die Tatsache, daß der Akt der Kopulation aus der Perspektive dieses Liedes nichts besonders Aufregendes ist, sondern sich quasi von selbst versteht. Was hingegen wirklich aufregend ist, ist der kurze Anblick des nackten Hinterns einer Frau.[32]

Mir geht es dabei natürlich darum, daß dieses kindische Lied im Grunde recht hat. Im Gegensatz zu der gängigen Auffassung, die in der Kopulation den aufregendsten Augenblick, die Klimax der sexuellen Aktivität sieht, sollte man darauf insistieren, daß das Subjekt, um erregt zu werden und den Akt der Kopulation zu vollziehen, von einem besonderen »partiellen« Element fasziniert sein muß – wie im Falle dieses Liedes vom kurzen Anblick des weiblichen Hinterns. »Es gibt keine sexuelle Beziehung« bedeutet auch, daß es keine direkte Repräsentation des Kopulationsaktes gibt, die uns direkt »anmachen« würde, daß Sexualität von partiellen *jouissances* gestützt werden muß, ein Blick hier, eine Berührung dort, die sie aufrechterhält.

Wiederum lautet die Replik auf den naheliegenden Einwand – Kinder besitzen keine klare Vorstellung vom Kopulationsakt, weil ihr sexueller Horizont sich auf Erfahrungen wie diejenige beschränkt, einen Blick auf den Hintern einer anderen Person zu erhaschen –, daß wir, auf einer bestimmten phantasmatischen Ebene, selbst noch immer Kinder sind und niemals richtig »erwachsen werden«, weil es für einen wirklich erwachsenen und reifen Menschen eine sexuelle Beziehung gäbe, da er oder sie imstande wären, »direkt« zu kopulieren, ohne die phantasmatische Unterstützung durch eine Szene, die ein Partialobjekt impliziert.[33]

Ist nicht das beste Beispiel für solch ein besonderes Merkmal, das die unmögliche sexuelle Beziehung aufrechterhält, die blonde Haarlocke in Hitchcocks »Vertigo«? Als Scottie in der Liebesszene in der Scheune am Ende des Films Judy, die wie die tote Madeleine gestaltet ist, leidenschaftlich umarmt, unterbricht er den berühmten 360°-Kuß nur einen winzigen Moment lang, um einen Blick auf ihr blondes Haar zu werfen, als wollte er sich vergewissern, daß das besondere Merkmal, das sie zum Objekt des

Begehrens macht, noch da ist. Entscheidend ist hier der Gegensatz zwischen dem Strudel, der Scottie zu verschlingen droht (der Schwindel – »Vertigo« – des Titels) und der blonden Locke, die den »Schwindel« des Dings imitiert, wenn auch in einer miniaturisierten, veredelten Form. Diese Locke ist das *Objekt a*, das das unmögliche tote Ding verdichtet, als sein Platzhalter fungiert und uns so ermöglicht, eine tragfähige Beziehung zu ihm zu unterhalten, ohne daß wir von ihm verschlungen werden.

Und gilt dasselbe nicht für James Camerons Film »Titanic«? Die Titanic ist ein »Ding« schlechthin, das als mysteriöses Ding tief auf dem Grund des Meeres haust, so daß schon immer jede Störung der friedlichen Ruhe des Wracks durch Menschen, die sich ihm näherten und Fotos von ihm machten, als Überschreitung, als Eindringen in ein verbotenes Territorium empfunden wurde. Vielleicht liegt der Schlüssel zum Erfolg von *Titanic* in der Art und Weise, wie der Film das »Ding« implizit mit den toten Punkten des Geschlechtsverhältnisses in Verbindung bringt. Im Unterschied zu der gängigen Geschichte von einer Katastrophe (Erdbeben, Sturmflut usw.), die es den Menschen ermöglicht, ihre kleinlichen Konflikte zu überwinden, und neue weltweite Solidarität stiftet, läßt die Katastrophe in »Titanic« die unterschwelligen sozialen Spannungen zwischen den höheren und den niederen Schichten sichtbar werden, ja erst durch die Katastrophe kommen diese Spannungen zum Ausbruch. Ein weiteres Mal erleben wir, daß sich dies im Rahmen des Topos der Bildung eines Liebespaars abspielt. Entscheidend ist hier der Augenblick der Havarie, die sich unmittelbar nach dem Geschlechtsverkehr ereignet, als sei der Zusammenstoß die Strafe für den Akt der sexuellen und sozialen Überschreitung. Genauer noch: Der Unfall ereignet sich in dem Moment, in dem Rose verkündet, daß sie ihr altes Leben in New York aufgeben und sich mit Jack verbinden werde, was natürlich die wahre Katastrophe, die ultimative Enttäuschung geworden wäre. (Hätte sie wirklich mit ihm glücklich werden können, einem Landstreicher ohne Dach über dem Kopf und ohne finanzielle Mittel?) So erweckt es den Eindruck, als stoße das Schiff auf den Eisberg, als ereigne sich die Katastrophe, um die viel schmerzlichere Katastrophe/ Enttäuschung zweier Liebender zu verhindern/auszuschließen, die mit ansehen müssen, wie ihre Beziehung vor die Hunde geht. Dies ist Hollywood in Reinkultur: Die Katastrophe (das Schiff prallt auf den Eisberg) wird uminterpretiert als eine Antwort des Realen auf die ausweglose Situation, die durch durch die Bildung des Paares verursacht worden ist. Die Erzeugung des heterosexuellen Liebespaares ist der ultimative hermeneutische Bezugsrahmen für den Sinn des Films.

Aus Lacanscher Perspektive liegt hier eine doppelte ideologische Mystifikation vor. Erstens die Havarie mit dem Eisberg als fingiertes Mittel, um die wahre libidinöse Katastrophe zu verhindern (das als wahrscheinlich anzunehmende Scheitern ihrer Beziehung in Amerika, das Fehlschlagen des Versuchs, die Klassenschranken zu überwinden); der Zusammenstoß macht es uns also leichter, an der Illusion festzuhalten, das Paar hätte glücklich und zufrieden bis ans Ende seiner Tage weitergelebt, wäre da nicht der Eisberg gewesen. Doch auf einer tieferen Ebene verschleiert der Gedanke, daß der Klassenunterschied für das Fehlschlagen ihrer Beziehung verantwortlich gewesen wäre, die Tatsache, daß diese Beziehung aus strukturellen Gründen apriorischer Art (»es gibt keine sexuelle Beziehung«) zum Scheitern verurteilt war. Wir sind versucht, den Klassenunterschied als Erklärung heranzuziehen, weil er es uns erspart, die inhärente Unmöglichkeit der sexuellen Beziehung anzuerkennen, und es uns statt dessen erlaubt, an der Phantasievorstellung festzuhalten, in einer klassenlosen Gesellschaft ließe sich endlich eine vollwertige sexuelle Beziehung erreichen.

Vor diesem Hintergrund läßt sich auch einer der erstaunlich subtilen Momente in »Titanic« richtig einordnen: Jack treibt im eiskalten Wasser davon, während Rose, die sich auf ein Holzstück hat retten können, verzweifelt seine Hände packt. Als sie merkt, daß sie eine Leiche hält, ruft Rose aus: »Nichts kann uns auseinanderbringen! Ich lasse dich niemals los!«, doch bei diesen pathetischen Worten tut sie das genaue Gegenteil: Sie *läßt ihn los,* stößt ihn sanft davon, so daß er im schwarzen Wasser versinkt. Jack ist für Rose also eher eine Art »verschwindender Vermittler« als ein vollwertiger Liebhaber. Als ihr Ich ins Wanken gerät, stellt er ihr Spiegelbild wieder her (indem er buchstäblich ein Idealbild von ihr zeichnet), um dann, nachdem er sich für sie aufgeopfert und ihr noch letzte Anweisungen gegeben hat (»Du wirst viele Kinder haben und lange leben ...«), anmutig im Abgrund des Ozeans zu verschwinden und so sich selbst aus dem Bild auszulöschen. Insoweit ist »Titanic« weniger ein Film über die Bildung eines Paares als ein Film über die Wiederherstellung des narzißtischen Selbstbildes einer Frau. Nachdem sie das Unglück überstanden hat, stellt Rose sich dem Offizier als »Rose Dawson« vor, nimmt also *seinen* Namen an, wobei das Problem weniger darin liegt, daß ihre Befreiung mit der Annahme des männlichen Namens identifiziert wird, als in der Tatsache, daß *er* sterben mußte, damit dies möglich wurde. Camerons Hollywood-Marxismus hat also Grenzen: Man ist zwar versucht, die schlichte Schönheit und die filmische Wirkung der allerletzten Einstellung zu bewundern, die jene frühere Szene, in der Jack sich Rose über den luxuriösen Treppenaufgang nähert, um an dem First-class-Diner teilzunehmen, zu dem er als ihr Lebensretter eingeladen ist, wiederholt, und zwar als Traum, in dem es keine sozialen Klassen mehr gibt. Doch zugleich erfahren wir, daß Rose auch nach der Katastrophe ein Upperclass-Leben führt. Jack war nur ein »verschwindender Vermittler«, dazu bestimmt, verworfen zu werden, sobald er seine Mission, sie von den sie einengenden Klassenvorurteilen zu befreien, erfüllt hat. Am Ende des Films wird die alte Rose den großen Diamanten ins Meer werfen, während es ihr vorher immer schwerfällt, den Verlust eines kostbaren Objekts als Preis für seelische Reifung zu akzeptieren, und letztlich ist Jack selbst dieses Objekt, dessen Verschwinden in der Tiefe des Meeres mit dem des Diamanten korreliert ist.

Dies ist auch die Erklärung dafür, daß das Paar beim Sinken des Schiffes genau von jenem Punkt (der äußersten Stelle des Hecks) ins Meer springt, von der Rose schon springen wollte, als Jack sich ihr zum erstenmal näherte, wobei er, um sie am Sprung zu hindern, so tat, als wolle er ihr folgen: Ihr erster Sprung wäre der Selbstmordversuch einer unreifen, verwöhnten, frustrierten Göre gewesen, in ihrem zweiten Sprung, gemeinsam mit Jack, liegt der Entschluß eines gereiften Menschen, am Leben festzuhalten.

Der Kontrapunkt zu »Titanic« ist Orson Welles' Film »The Immortal Story« (»Stunde der Wahrheit«), der auf einem Roman Karen Blixens basiert. Dieser Film ist nicht nur deshalb von Interesse, weil er sich um das doppeldeutige Verhältnis von Mythos und Realität dreht: Der alte reiche Kaufmann möchte eine mythische Erzählung der Seeleute, die von einem alten reichen Ehemann erzählt, der einen Matrosen dafür bezahlt, daß er die Nacht mit seiner jungen Ehefrau verbringt und dabei einen Erben für die Besitztümer der Kaufmanns zeugt, in die Realität umsetzen. Er möchte sozusagen die Lücke zwischen Mythos und Realität schließen, das heißt einen Seemann erzeugen, der schließlich imstande wäre, diese mythische Erzählung als etwas zu schildern, was ihm tatsächlich widerfahren ist. Dieser Versuch scheitert natürlich, weil der Seemann für keine Summe dieser Welt bereit ist zu erzählen, was er erlebt hat.)

Das eigentlich Interessante an dieser Geschichte aber ist die phantasmatische Inszenierung des Liebesakts. Hinter einem halbtransparenten Vorhang liebt sich das Paar, während der alte Kaufmann halbverhüllt in einem tiefen Stuhl in fast völliger Dunkelheit sitzt und den beiden zuhört. Wir haben es hier mit dem Dritten Blick als dem ultimativen Garanten der sexuellen Beziehung zu tun. Nur durch die Präsenz des stillen Zeugen wird das, was letztlich eine Begegnung zwischen einem bezahlten Matrosen und einer alternden Prostituierten ist, zu einem mythischen Ereignis transsubstantiiert, das seine materiellen Bedingungen transzendiert. Mit anderen Worten, das Wunder, das sich ereignet, besteht nicht darin, daß zwei Liebende irgendwie die erbärmliche »tatsächliche« Situation und die lächerlichen Bedingungen ihrer Begegnung vergessen, sich ineinander versenken und so eine authentische Liebesbegegnung produzieren. Sondern es gelingt ihnen, ihre elende Lage in das Wunder einer authentischen Liebesbegegnung zu transsubstantiieren, *weil* sie sich darüber im klaren sind, daß sie es für einen stillen Zeugen machen, daß sie »einen Mythos« verwirklichen. Die beiden Liebenden verhalten sich so, als seien sie nicht mehr zwei klägliche reale Menschen, sondern *Schauspieler/ Agenten im Traum einer anderen Person.* Der stille Zeuge dringt keineswegs in eine intime Situation ein und macht sie zunichte, sondern er ist das Schlüsselelement in ihr. Es ist ein gängiger Gemeinplatz, daß »Die Stunde der Wahrheit«, in seiner Schlichtheit und Strenge, Welles' ultimative Übung in Selbstreflexion sei, der alte Kaufmann, der den Liebesakt in Szene setzt (und natürlich von Welles selbst gespielt wird), sei der offensichtliche Platzhalter für Welles als Regisseur. Doch vielleicht sollte man dieses Klischee vom Kopf auf die Füße stellen: Der alte Kaufmann vertritt die Stelle des Zuschauers.

Der Unterschied zwischen Lacan und Laplanche ist hier gleichwohl von entscheidender Bedeutung. Für Laplanche ist der Trieb konsubstantiell mit der Phantasie. Es ist genau die reflexive Wende zur phantasmatischen »Internalisierung«, die die Transformation des Instinkts in den Trieb bewirkt. Für Lacan hingegen gibt es einen Trieb jenseits der Phantasie. Was aber bedeutet dieser Trieb jenseits der Phantasie? Vielleicht ermöglicht uns ein anderer Unterschied, diesen entscheidenden Punkt ein wenig zu erhellen: Während man die These vertreten kann, daß auch für Lacan der »Geburtsplatz« der Psychoanalyse das traumatische Erlebnis des Kindes hinsichtlich des undurchschaubaren »dunklen Punkts« der *jouissance* des Anderen ist, der den Frieden seiner psychischen Homöostase stört, bezeichnet Lacan selbst Phantasie als eine *Antwort* auf das Rätsel dieses »dunklen Punkts« (der in seinem »Graphen des Begehrens«

durch die Frage *Che vuoi?* gekennzeichnet wird – »Was möchte der Andere von mir? Was / für ein Objekt / bin ich für den Anderen, für sein Begehren?«[34]). Der prä-phantasmatische Trieb würde dann den Standpunkt kennzeichnen, daß man sich selbst gegenüber dem »dunklen Punkt« des Rätsels des Anderen enthüllt, ohne ihn mit einer phantasmatischen Antwort zu füllen.

Phantasie ist für Lacan also eine minimale »Abwehrformation«, eine Strategie um – was zu vermeiden? An dieser Stelle sollte man sich des Freudschen Begriffs der ursprünglichen *Hilflosigkeit* des Kleinkindes erinnern. Zunächst ist dabei festzuhalten, daß diese Hilflosigkeit zwei miteinander verbundene, aber dennoch verschiedene Ebenen verknüpft: organische Hilflosigkeit (die Unfähigkeit des Kleinkinds, ohne äußere Hilfe zu überleben, seine/ihre grundlegendsten Bedürfnisse ohne den Beistand der Eltern zu befriedigen) sowie die traumatische Verstörung, wenn das Kind in die Position des hilflosen Zeugen der sexuellen Interaktion zwischen seinen Eltern oder anderen Erwachsenen oder zwischen einem oder mehreren Erwachsenen und sich selbst gerät. Das Kind, ohne »kognitives Koordinatensystem«, ist hilflos, wenn es mit dem Rätsel der *jouissance* des Anderen konfrontiert wird, außerstande, die mysteriösen sexuellen Gesten und Andeutungen zu symbolisieren, deren Zeuge es wird. Entscheidend für die »Menschwerdung« ist die Überlappung der beiden Ebenen, das heißt die implizite »Sexualisierung« der Art und Weise, wie Eltern die körperlichen Bedürfnisse eines Kindes befriedigen (etwa wenn die Mutter das Kind, während sie es füttert, exzessiv liebkost und das Kind in diesem Exzeß das Mysterium der sexuellen *jouissance* entdeckt).

Die entscheidende Frage betrifft den philosophischen Status dieser ursprünglichen und konstitutiven *Hilflosigkeit*: Ist diese Hilflosigkeit nicht ein anderer Name für die Lücke der ursprünglichen Ent-Bindung, die das Bedürfnis nach der phantasmatischen ursprünglichen »leidenschaftlichen Bindung« erzeugt? Mit anderen Worten, was geschieht, wenn wir die Perspektive umkehren und das Hindernis, welches es dem Kleinkind unmöglich macht, sich völlig in seine Umgebung einzufügen, dieses ursprüngliche »Aus-den-Fugen-Sein«, auch hinsichtlich seines positiven Aspekts als einen anderen Namen für diesen Abgrund der Freiheit auffassen, für diese Geste der »Abkoppelung«, die ein Subjekt von seinem unmittelbaren Eingebettetsein in seine Umgebung befreit? Oder, um es noch ein wenig anders zu wenden: Ja, es stimmt, daß das Subjekt sozusagen »erpreßt« wurde, passiv eine Form von »leidenschaftlicher Bindung« einzugehen, da es ohne diese schlicht und einfach nicht existiert – doch diese Nicht-Existenz ist nicht einfach die Absenz der Existenz, sondern eine gewisse Lücke oder Leere in der Ordnung des Seins, die das Subjekt selber »ist«. Das Bedürfnis nach »leidenschaftlicher Bindung«, um ein Minimum an Sein zu gewährleisten, impliziert, daß das Subjekt qua »abstrakte Negativität« – der Urgeste seiner Ent-Bindung von seiner Umgebung – *bereits hier ist*. Die Phantasie ist daher eine Abwehrformation gegen den ursprünglichen Abgrund der Ent-Bindung, den Verlust des Seins (bzw. den Verlust der Stütze im Sein), welches das Subjekt selbst »ist«. Und genau an diesem Punkt ist das Argument Judith Butlers ergänzungsbedürftig: Das Heraufkommen des Subjekts entspricht nicht völlig der Unterwerfung (im Sinne einer »leidenschaftlichen Bindung«, einer Unterwerfung unter irgendeine Figur des Anderen), denn damit die »leidenschaftliche Bindung« erfolgen kann, muß die Lücke, die das Subjekt »ist«, bereits hier sein. Denn nur wenn diese Lücke bereits hier ist, können wir uns darüber klarwerden, wie es dem Subjekt möglich ist, sich dem Zugriff der fundamentalen Phantasie zu entziehen.

Man könnte diesen Gegensatz von Bindung und Ent-Bindung auch mit dem alten Freudschen metapsychologischen Gegensatz von Lebens- und Todestrieb in Zusammenhang bringen: In »Das Ich und das Es« definiert Freud sie als den Gegensatz zwischen den Kräften der Verbindung und den Kräften der Zersetzung. Die Ent-Bindung ist damit der Todestrieb in seiner reinsten Form, die Geste der ontologischen »Entgleisung«, welche die Ordnung des Seins »aus den Fugen« geraten läßt, die Geste der »Kontraktion«/des Rückzugs vom In-die-Welt-eingebettet-Sein, und die Ur-Bindung ist der Gegenzug zu dieser negativen Geste. In letzter Konsequenz ist diese negative Tendenz zum Abbruch nichts anderes als die Libido selbst: Was ein (zukünftiges) Subjekt aus den Fugen geraten läßt, ist die traumatische Begegnung mit der *jouissance*.[35]

Der Todestrieb

Trotz unserer kritischen Anmerkung zu Butler stimmen wir darin völlig mit ihr überein, daß zwischen den beiden Aspekten oder Modi der Reflexivität ein innerer Zusammenhang besteht, wenn sie nicht sogar in letzter Konsequenz identisch miteinander sind: zum einen Reflexivität im strengen philosophischen Sinn des negativen Selbstbezugs, der in der Tradition des deutschen Idealismus von Kant bis Hegel konstitutiv für die Subjektivität ist (indem es sich auf sein Anderes bezieht, bezieht sich das Subjekt immer bereits auf sich selbst, Bewußtsein ist immer zugleich auch schon Selbst-Bewußtsein), und zum anderen Reflexivität im psychoanalytischen Sinne der reflexiven Umkehrung, der die Geste der »Urverdrängung« beschreibt (die Umkehrung der Regulierung des Begehrens in das Begehren nach Regulierung usw.).

Diese reflexive Umkehrung ist bereits deutlich erkennbar in der Begegnung des Odysseus mit den Sirenen – möglicherweise die paradigmatische Erzählung der Abwehr exzessiver *jouissance*. Der Befehl, den Odysseus seinen Gefährten vor der Begegnung mit den Sirenen gibt, lautet: »Doch bindet mich in Bande, schmerzliche, daß ich an Ort und Stelle fest verharre, aufrecht an den Mastschuh, und es seien die Taue an ihm selber angebunden. Und wenn ich euch anflehe und verlange, daß ihr mich löst, so sollt ihr mich alsdann in noch mehr Bande zwängen«.[36] Der Befehl »bindet mich in Bande, *schmerzliche*«, ist eindeutig exzessiv: Wir erleben hier den Übergang von der Fesselung als Abwehrmaßnahme gegen die exzessive *jouissance* des Lieds der Sirenen zur Fesselung als Quelle der erotischen Befriedigung.

Diese Reflexivität nimmt naturgemäß verschiedene Modalitäten an, nicht nur zwischen Philosophie und Psychoanalyse, sondern auch innerhalb der Psychoanalyse selbst: Die Reflexivität des *Triebes*, mit der wir uns bereits weiter oben auseinandergesetzt haben, ist nicht dieselbe wie die hysterische Reflexivität des *Begehrens* (das heißt die Tatsache, daß Hysterie durch die Umkehrung der Unmöglichkeit, Begehren zu befriedigen, in das Begehren, das Begehren selbst unbefriedigt zu lassen, definiert ist). In welchem Zusammenhang stehen diese beiden »Reflexivitäten« zueinander? Der Gegensatz ist in diesem Fall der von Perversion und Hysterie. Wenn Begehren »als solches« hysterisch ist, ist der Trieb »als solcher« pervers. Hysterie und Perversion sind also in einer Art geschlossener tödlicher Schleife gefangen, innerhalb deren jeder der beiden als Reaktion auf sein Gegenteil aufgefaßt werden kann. Der Trieb definiert die masochistischen Parameter der ursprünglichen »leidenschaftlichen Bindung« der Fundamentalphantasie, die für das Subjekt das Minimum an Sein garantiert. Subjektivität im eigentlichen Sinne tritt also durch das hysterische Leugnen dieser ursprünglichen »leidenschaftlichen Bindung« in Erscheinung, indem sich das Subjekt weigert, die Position des Objekt-Instruments der *jouissance* des Anderen einzunehmen – das hysterische Subjekt hinterfragt unaufhörlich seine/ihre Position (seine/ihre Grundfrage lautet »Was bin ich für den Anderen? Warum bin ich das, wovon der Andere sagt, daß ich es sei?«).

Das hysterische Begehren läßt sich also nicht nur als Leugnung der durch den Perversen gebilligten Fundamentalphantasie auffassen, sondern die Perversion selbst (das Annehmen der Position des Objekt-Instruments der *jouissance* des Anderen) kann auch als Flucht in die Selbstobjektivierung verstanden werden, die es mir ermöglicht, die Sackgasse der radikalen Ungewißheit, was ich als Objekt eigentlich bin, zu vermeiden (der Perverse hingegen weiß per definitionem, was für ein Objekt er für den Anderen ist).

Begehren und Trieb stehen hinsichtlich der Frage, wie sie sich auf die *jouissance* beziehen, in eindeutigem Gegensatz zueinander. Für Lacan besteht das Problem der *jouissance* nicht nur darin, daß sie nicht zu haben, stets schon verloren ist, sich für immer unserem Zugriff entzieht, sondern mehr noch darin, daß man sich ihrer nicht entledigen kann, daß dieser Makel sich nicht abschütteln läßt – hierauf beruht die Pointe von Lacans Konzept des Mehr-Genießens: Ausgerechnet der Verzicht auf die *jouissance* führt zu einem Residuum/»Mehr« an *jouissance*.

Das Begehren steht für eine Ökonomie, in der das Objekt, das wir zu fassen kriegen, »niemals genau *das*«, niemals das »reale Ding« ist, welches das Subjekt immer wieder zu erreichen versucht und das sich ihm ständig entzieht, während der Trieb für die entgegengesetzte Ökonomie steht, bei der der Makel der *jouissance* unsere Handlungen ständig begleitet. Das erklärt auch den Unterschied hinsichtlich der Reflexivität von Trieb und Begehren: Das Begehren begehrt reflexiv seine eigene Nicht-Befriedigung, den Aufschub der Begegnung mit der *jouissance*. Die Grundformel der Reflexivität des Begehrens ist also die Umkehrung der Unmöglichkeit, das Begehren zu befriedigen, in das Begehren nach Nicht-Befriedigung; der Trieb hingegen findet Befriedigung in genau jener Bewegung, mit der die Befriedigung »unterdrückt« werden soll.

Was also ist der Trieb, vor allem im Hinblick auf seine radikalste Form, den Todestrieb? Ein Blick auf die Helden der Wagneropern kann bei der Beantwortung dieser Frage hilfreich sein. Von ihrem ersten paradigmatischen Fall, dem Fliegenden Holländer, an, sind diese Helden besessen von der unbedingten Leidenschaft, zu sterben und im Tod Frieden und Erlösung zu finden. Ihr Dilemma besteht darin, daß sie irgendwann in der Vergangenheit eine unsäglich böse Tat begangen haben und dafür den Preis bezahlen müssen – nicht den Tod, sondern ein

Leben voller Leiden und ziellosen Umherwanderns, in dem sie außerstande sind, ihre symbolische Funktion zu erfüllen.

Wo findet sich hier der Todestrieb? Eben *nicht* in ihrer Sehnsucht, zu sterben und Frieden im Tod zu finden: Der Todestrieb ist vielmehr *das genaue Gegenteil des Sterbens,* er ist eine Bezeichnung für das »untote« ewige Leben, für das schreckliche Schicksal, in einem sich endlos wiederholenden Kreislauf schuld- und leidvoll umherwandern zu müssen. Das finale Ableben des Wagnerschen Helden (der Tod des Holländers, Wotans, Tristans, Amfortas') ist daher der Augenblick ihrer *Befreiung* aus den Fängen des Todestriebs. Tristan ist im 3. Akt von »Tristan und Isolde« nicht deswegen so verzweifelt, weil er zu sterben fürchtet, sondern weil er ohne Isolde *nicht sterben kann* und zu ewigem Sehnen verurteilt wäre. Die Aussicht, vor der er sich fürchtet, ist also nicht die, ohne Isolde zu sterben – die übliche Klage Liebender –, sondern vielmehr ein endloses Leben ohne sie.

Dies gibt uns das Stichwort für das exemplarische Wagnersche Lied, die *Klage* des Helden darüber, daß er zu einem Leben endlosen Leidens verurteilt ist, daß er umherirren oder als »untotes« Ungeheuer sein Dasein fristen und sich nach Frieden im Tod sehnen muß (vom ersten Beispiel, dem großen Anfangsmonolog des Holländers, über die Klage des sterbenden Tristan bis hin zu den beiden großen Klagen des leidenden Amfortas). Obwohl wir von Wotan keine solche große Klage hören, weisen Brünhilds Worte beim Abschied von ihm in dieselbe Richtung: »Ruhe, ruhe, du Gott!« Wenn das Gold endlich wieder im Rhein ist, darf Wotan friedlich sterben. Die geläufige Kritik, die den angeblichen »Widerspruch« in der Handlung des »Rings« betont (»Warum gehen die Götter zugrunde, obwohl ihre Schuld bezahlt, das Gold in den Rhein zurückgekehrt ist?«), zielt also an der Sache vorbei: Die unbezahlte Schuld, die »Ursünde«, das natürliche Gleichgewicht gestört zu haben, ist das, was Wotan am Sterben *hindert* – er kann erst dann sterben und Frieden finden, wenn er seine Schuld beglichen hat.

Man kann also sehen, warum »Tannhäuser« und »Lohengrin« eigentlich keine »echten« Wagneropern sind[37] – ihnen fehlt ein richtiger Wagnerscher Held. Tannhäuser ist »zu gewöhnlich«, einfach nur hin- und hergerissen zwischen der reinen spirituellen Liebe (zu Elisabeth) und dem Exzeß irdischen erotischen Genießens (das ihm Venus verschafft), außerstande, irdischen Lüsten zu entsagen, und sich zugleich danach sehnend, sie zu überwinden; Lohengrin hingegen ist »zu himmlisch«, eine göttliche Kreatur – ein Künstler –, der sich danach sehnt, wie ein gewöhnlicher Sterblicher mit einer treuen Frau zu leben, die ihm ihrerseits völlig vertraut. Keiner der beiden befindet sich in der Position des eigentlichen Wagnerschen Helden, der zur »untoten« Existenz ewigen Leidens verurteilt ist.[38]

Wagnersche Helden leiden also an einer »Krankheit zum Tode«, aber im steng Kierkegaardschen Sinne des Begriffs. Kierkegaards »Krankheit zum Tode« ist eine Umkehrung der gängigen Verzweiflung des Individuums, das zwischen der Gewißheit, daß der Tod das Ende ist und daß es kein Jenseits des ewigen Lebens gibt, und dem unauslöschlichen Begehren zu glauben, daß der Tod nicht das letzte Wort ist, daß es ein anderes Leben mit seinem Versprechen der Erlösung und ewigen Glücks gibt, hin- und hergerissen ist. Kierkegaards »Krankheit zum Tode« meint das entgegengesetzte Paradox. Das Subjekt weiß, daß der Tod nicht das Ende ist und daß er/sie eine unsterbliche Seele hat, kann aber die außerordentlichen Anforderungen, mit denen er/sie dadurch konfrontiert wird, nicht erfüllen (die Notwendigkeit, nichtigen ästhetischen Vergnügungen zu entsagen und an der eigenen dereinstigen Erlösung zu arbeiten) und möchte verzweifelt glauben können, daß der Tod das Ende *ist* und daß es keine göttliche unbedingte Forderung gibt, die ihren Druck auf ihn/sie ausübt.

Wir haben es hier also mit einem Individuum zu tun, das sich verzweifelt danach sehnt, zu sterben und für immer zu verschwinden, das aber zugleich weiß, daß es das nicht kann, da es zu ewigem Leben verurteilt ist: Die Unsterblichkeit, nicht der

Tod wird zum eigentlich Grauenerregenden. Diese Umkehrung entspricht in gewisser Weise dem erwähnten Lacanschen Übergang vom Begehren zum Trieb: Das Begehren versucht verzweifelt, *jouissance* zu erlangen, doch sein ultimatives Ziel entzieht sich ihm ständig, während der Trieb mit der entgegengesetzten Unmöglichkeit zu kämpfen hat – *sich der* jouissance *zu entledigen*. Die Lektion des Triebes lautet, daß *wir zur* jouissance *verdammt sind*. Was immer wir tun, die *jouissance* wird nicht lockerlassen, wir werden sie nicht los, selbst in unseren hartnäckigsten Bemühungen, uns ihrer zu entledigen, wird sie dieses Bestreben kontaminieren. (Der Asket genießt es auf perverse Weise, sich selbst zu geißeln.)

Der Fortschritt der zeitgenössischen Gentechnologie impliziert offenbar ein Grauen, das demjenigen Kierkegaards entspricht. Sie eröffnet eine schreckliche Aussicht auf die Unsterblichkeit. Die Genmanipulation ist nicht deswegen so unheimlich, weil sie unsere Existenz vollständig objektiviert (das Genom konfrontiert mich mit der Formel dessen, was ich »objektiv bin«, es wird als die ultimative Version der alten indischen Formel »Ta twam atsi« – »Du bist das!« fungieren), sondern vor allem dadurch, daß ich gewissermaßen unsterblich und unzerstörbar, endlos reproduzierbar werde, so daß es überall Doppelgänger von mir gibt.[39]

Um es nochmals zu sagen: Dieser Bereich ist der der Triebe, der asexuellen Unsterblichkeit durch endloses repetitives Kloning. Der entscheidende Punkt, um den es hier geht, ist der Gegensatz zwischen genetischem Klonen und sexueller Fortpflanzung: Das genetische Klonen signalisiert das Ende der sexuellen Differenz als des Unmöglichen/Realen, das unsere Leben strukturiert, und als solches auch das Ende des symbolischen Universums, in dem wir als endliche, sterbliche, durch Sprache definierte Wesen leben. Diese Idee einer gespenstischen untoten Existenz bietet uns auch eine Erklärung für das fundamentale Paradox des Freudschen/Lacanschen Todestriebs: Wie die Kierkegaardsche Krankheit zum Tode ist der Todestrieb nicht das

Merkmal der menschlichen Endlichkeit, sondern, ganz im Gegenteil, der Name für ein »ewiges (gespenstisches) Leben«, Index einer Dimension der menschlichen Existenz, die für immer insistiert, jenseits unseres physischen Todes, und die wir nicht loswerden können. Dies ist die mit dem Lacanschen Theoriegebäude kompatible »Unendlichkeit«, nicht die »trügerische (schlechte) Unendlichkeit« des endlosen Bemühens, das finale Ziel oder Ideal zu erreichen, das sich für immer unserem Zugriff entzieht, sondern eine noch viel schlimmere Unendlichkeit der *jouissance*. Lacans Antwort auf die schlechte Unendlichkeit ist also nicht die pseudohegelianische Behauptung einer wahren positiven Unendlichkeit der Idee, sondern eine Geste des »vom Regen in die Traufe«: Die noch schlechtere Unendlichkeit eines »unteilbaren Rests« *jouissance* haftet sich regelmäßig allem an, was wir tun.

II ALLEGRO DI MOLTO: DER NÄCHSTE ALS EIN DING

Über fools *und* knaves

Wie funktioniert die Dimension der *jouissance* im ideologischen Prozeß? In seinem Seminar über die Ethik der Psychoanalyse erläutert Lacan den Unterschied zwischen zwei Typen des zeitgenössischen Intellektuellen: *fool* und *knave*.

»Der *fool* ist ein Unschuldslamm, ein Zurückgebliebener, aus dessen Mund jedoch Wahrheiten kommen, die nicht bloß geduldet werden, sondern eine Funktion übernehmen durch den Umstand, daß dieser *fool* bei Gelegenheit die Insignien des Hofnarren trägt. Dieser glückliche Schatten, diese fundamentale *foolery* macht in meinen Augen den Wert des Linksintellektuellen aus.

Ich würde dem eine Bezeichnung entgegensetzen, in der dieselbe Tradition uns einen Term zur Verfügung stellt, der streng zeitgenössisch ist und der im Zusammenhang mit dem ersten verwendet wird ... den des *knave*.

Knave ist auf einer bestimmten Verwendungsebene mit *Diener* zu übersetzen. Aber es ist etwas, das weiter geht. Es meint nicht den Zyniker mit allem, was dessen Position an Heroischem mit sich führt. Es ist, was Stendhal *den abgefeimten Schurken* nennt, alles in allem ein Herr Jedermann, jedoch ein Herr Jedermann von größter Entschiedenheit.

Jeder weiß, daß eine bestimmte Art, sich zu geben, die zur Ideologie des Rechtsintellektuellen gehört, eben darin besteht, sich als das auszugeben, was er tatsächlich ist, ein *knave*, mit anderen Worten, nicht zurückzuweichen vor den Folgen des Realismus, wie man das nennt, das heißt, sich, wenn nötig, als Erzschuft zu bekennen.«[1]

Kurzum, der Rechtsintellektuelle ist ein *knave*, ein Konformist, der die bloße Existenz der bestehenden Ordnung als Argument für diese akzeptiert und sich über die Linke wegen ihrer »utopischen« Pläne lustig macht, die zwangsläufig in die Katastrophe führen. Der Linksintellektuelle hingegen ist ein Hofnarr bzw. *fool*, der öffentlich die Verlogenheit der bestehenden Ordnung anprangert, aber auf eine Weise, die die Wirksamkeit seiner Rede massiv schmälert. Heute, nach dem Zusammenbruch des Sozialismus, ist der *knave* ein neokonservativer Advokat des freien Marktes, der jegliche Form gesellschaftlicher Solidarität gnadenlos als kontraproduktive Sentimentalität zurückweist, während der *fool* als dekonstruktiver Kulturkritiker auf spielerische Weise die bestehende Ordnung »unterminieren« will, doch in Wahrheit als ihr Supplement dient.

Die Psychoanalyse kann uns dabei helfen, den vertrackten *fool-knave*-Zyklus zu durchbrechen, indem sie die diesem zugrunde liegende libidinöse Ökonomie bloßlegt, den libidinösen Gewinn, das »Mehr-Genießen«, das beide Positionen aufrechterhält. Zwei vulgäre Witze aus Osteuropa, in denen es um Hoden geht, veranschaulichen den Gegensatz von *fool* und *knave* auf drastische Weise. Ein Kunde sitzt an der Bar und trinkt Whisky. Über den Tresen kommt ein Affe getanzt, macht am Glas des Kunden halt, wäscht sich darin seine Hoden und schlendert weiter. Der unangenehm überraschte Kunde bestellt einen neuen Whisky. Die Prozedur wiederholt sich. Der erboste Kunde fragt daraufhin den Barkeeper: »Wissen Sie, warum der Affe seine Hoden in meinem Whisky wäscht?« Der Barkeeper antwortet: »Ich habe keine Ahnung – fragen Sie den Zigeuner, der weiß alles!« Der Kunde wendet sich an den Zigeuner, der die Gäste der Bar mit seinem Geigenspiel und seinen Liedern unterhält: »Wissen Sie, warum der Affe seine Hoden in meinem Whisky wäscht?« Der Zigeuner antwortet: »Ja, natürlich!« und beginnt ein trauriges melancholisches Lied anzustimmen: »Oh, warum wäscht der Affe seine Hoden in meinem Whisky, o warum ...« Die Pointe besteht darin, daß Zigeuner angeblich

Hunderte von Liedern kennen und sie auf Wunsch der Kunden zum besten geben. Der Zigeuner hatte die Frage des Kunden also als Aufforderung verstanden, ein Lied zu singen, in dem ein Affe seine Hoden im Whisky wäscht.

Der zweite Witz spielt im mittelalterlichen Rußland. Ein berittener Tatar begegnet auf einer einsamen Landstraße einem Bauern mit seiner jungen Frau. Der Tatar verlangt nicht nur, mit ihr zu schlafen, sondern demütigt den Bauern zusätzlich, indem er ihm befiehlt, während des Beischlafs seine (des Tataren) Hoden in den Händen zu halten, damit sie nicht mit Straßenkot beschmutzt werden. Nachdem der Tatar mit der Frau geschlafen hat und davongeritten ist, gluckst der Bauer selbstzufrieden. Als ihn seine Frau fragt, was denn so lustig daran sei, daß sie gerade in Gegenwart ihres Ehemanns vergewaltigt wurde, antwortet er: »Ja, begreifst du denn nicht? Ich hab' ihn reingelegt – ich habe seine Hoden gar nicht gehalten, sie sind völlig verdreckt!«

Während also der konservative *knave* gewissermaßen dem Zigeuner ähnelt, da auch er als Antwort auf eine konkrete Klage (»Warum macht man uns / Schwulen, Schwarzen, Frauen / das Leben so schrecklich schwer?«) sein tragisches Lied vom unabänderlichen Schicksal anstimmt (»O warum geht es uns / Schwulen, Schwarzen, Frauen / immer so schrecklich schlecht, o warum?«), also sozusagen ebenfalls einfach die Tonart wechselt, indem er von einer konkreten Frage auf die abstrakte Akzeptanz des rätselhaften Schicksals umschwenkt, ähnelt die Zufriedenheit des progressiven *fool* bzw. des Gesellschaftskritikers derjenigen des armen russischen Bauern. Es ist die hysterische Zufriedenheit, dem Herrn ein kleines Stückchen seiner *jouissance* geraubt zu haben: Wäre das Opfer im ersten Witz ein *fool,* hätte es dem Affen erlaubt, seine Hoden noch ein drittes Mal in dem Whisky zu waschen, hätte aber zuvor sein Glas mit irgendeiner schmutzigen oder klebrigen Substanz eingerieben, so daß er danach triumphierend hätte verkünden können: »Ich habe ihn reingelegt! Seine Hoden sind jetzt noch schmutziger als vorher!«

Es ist nicht schwer, sich eine wesentlich sublimere Version der von dem Zigeuner dargebotenen Umkehrung vorzustellen. Findet sich nicht bei kastrierten Sängern dieselbe Umkehrung im Hinblick auf ihre Subjektposition? Sind sie nicht explizit kastriert worden, um »zum Himmel zu schreien«? Nachdem sie eine schreckliche Verstümmelung erfahren haben, wird von ihnen erwartet, daß sie ihre Klage direkt an den Himmel richten, statt ihr irdisches Unglück und Leid zu bejammern und nach den Schuldigen zu suchen. Sie werden gewissermaßen gezwungen, alle ihre irdischen Klagen gegen eine Klage *einzutauschen*, die sich an das göttliche Schicksal selbst richtet – nur dieser Tausch erlaubt es ihnen, ihr irdisches Leben in vollen Zügen zu genießen. Dies ist die (singende) *Stimme* in ihrer reinsten Form: Die Verkörperung des »Mehr-Genießens« im Sinne der paradoxen »Lust am Schmerz«.

Wenn Lacan also den Begriff *plus-de-jouir* verwendet, muß man eine naive, aber entscheidende Frage stellen: Worin besteht dieses Mehr? Handelt es sich lediglich um einen quantitativen Zugewinn an gewöhnlicher Lust? Entscheidend ist hier die Doppeldeutigkeit der französischen Formulierung, die sowohl »ein Mehr an Genießen« als auch »kein Genießen« bedeuten kann: Das Mehr an Genießen gegenüber der reinen Lust wird durch die Präsenz des reinen Gegenteils von Lust, das heißt durch Schmerz erzeugt. Schmerz erzeugt Mehr-Genießen *durch* die magische Vertauschung, vermittels deren die materielle Textur des Ausdrucks unseres Schmerzes (die schreiende Stimme) Lust erzeugt. Geschieht nicht genau dies am Ende des Witzes über den Affen, als der Zigeuner die wütende Beschwerde in eine selbstgenügsame Melodie verwandelt? Und gilt nicht dasselbe für Liebesgedichte und ihren ultimativen Gegenstand: Die Klage des Dichters, der seine Geliebte verloren hat (weil sie seine Liebe nicht erwidert, weil sie gestorben ist, weil die Eltern gegen diese Beziehung sind und ihn von ihr fernhalten ...)? Dichtung, die spezifisch dichterische *jouissance*, entsteht da, wo die symbolische Artikulation dieses Verlustes eine eigenständige Lust hervorruft.

Auf demselben Prinzip beruht die Frage, die den verlassenen Liebhaber zur Verzweiflung treibt: »O mein Gott, warum hat sie mich verlassen? Was habe ich bloß falsch gemacht? Habe ich etwas Falsches gesagt? Hat sie einen anderen kennengelernt?« Um die Natur solcher Fragen deutlich zu machen, genügt es, dem trauernden Liebhaber direkt und brutal ins Gesicht zu sagen: »Ich weiß, warum sie dich verlassen hat. Möchtest du es wirklich wissen?« Seine Antwort wird mit Sicherheit ein verzweifeltes »Nein!« sein, da seine Frage ihm, sofern sie unbeantwortet bleibt, eine Befriedigung eigener Art verschafft, als ihre eigene Antwort dient.

Und ist nicht der jüdischen Identität dieselbe elementare ideologische Geste eingeschrieben? Juden evakuieren die *jouissance* aus der Domäne des Gesetzes: Sie sind das »Volk des Buches«, das sich an die Regeln hält und keine ekstatische Erfahrung des Heiligen zuläßt; doch zugleich genießen sie ihren Umgang mit dem Text des Buches exzessiv – das »talmudische« Genießen der Frage, wie dieser Text angemessen zu lesen ist, wie wir ihn interpretieren sollen, damit es zum Schluß doch den von uns gewünschten Sinn ergibt. Ist nicht die Tradition der lebhaften Debatten und Dispute, die Fremden (Nicht-Juden) wie sinnlose Haarspaltereien vorkommen, ein schönes Beispiel dafür, wie ausgerechnet die Ablehnung der Ding-*jouissance* ihre eigene *jouissance* (nämlich die der Textdeutung) erzeugt? Vielleicht war Kafka selbst als westlicher »protestantischer« Jude schockiert, als er diesen obszönen Aspekt des jüdischen Gesetzes entdeckte. Tritt diese *jouis-sense* am Buchstaben nicht in der Diskussion zwischen dem Priester und Joseph K. am Ende des *Proceß*, nach der Parabel über das Tor zum Gesetz deutlich in Erscheinung? Was hier so verblüfft, ist die »sinnlose« detailversessene Haarspalterei, die die offensichtliche Bedeutung unterminiert. Dabei versucht sie nicht, zwischen Schichten »tieferer« analoger Bedeutung zu unterscheiden, sondern insistiert auf einer zu detaillierten, zu buchstäblichen Lektüre (»Zunächst einmal hat niemand dem Mann vom Lande den Auftrag erteilt, sich dorthin zu begeben« usw.).

Jede dieser beiden Positionen, die des *fool* wie die des *knave*, wird von ihrer je eigenen Form von *jouissance* aufrechterhalten: zum einen der Genuß, sich von seinem Herrn einen Teil der *jouissance* zurückzuholen, die dieser uns geraubt hat (im Fall des *fool*), zum anderen ein Genuß, der unmittelbar mit dem Schmerz des Subjekts (im Falle des *knave*) zusammenhängt. Die Psychoanalyse kann die Ideologiekritik dadurch unterstützen, daß sie den Status dieser paradoxen *jouissance* klärt, die dem Ausgebeuteten, dem Knecht, dafür zuteil wird, daß er dem Herrn dient. Diese *jouissance* entsteht natürlich immer in einem bestimmten phantasmatischen Feld: Die entscheidende Vorbedingung für das Durchbrechen der Ketten der Knechtschaft besteht daher darin, »die Phantasie zu durchqueren«, die unsere *jouissance* so strukturiert, daß wir an den Herrn gebunden bleiben, das heißt, die uns den Rahmen der gesellschaftlichen Beziehung der Herrschaft akzeptieren läßt.

Warum die jouissance *nicht historisch ist*

In diesem Zusammenhang erweist sich eine Analyse von Charles Russells Film »Die Maske« (1994) als aufschlußreich. Der Film erzählt die Geschichte eines schwachen alltäglichen Bankangestellten, der sowohl von seinen Kollegen als auch von Frauen immer wieder erniedrigt wird, dem jedoch außergewöhnliche Fähigkeiten zuwachsen, wenn er sich eine alte geheimnisvolle Maske anlegt, die er am Strand gefunden hat. Eine Reihe von Details sind für das Verständnis dieser Geschichte von entscheidender Bedeutung. Als die Maske an den Meeresstrand gespült wird, haftet sie sich an die zerfallenden, schleimigen Reste eines Leichnams und bezeugt so, was vom »Menschen hinter der Maske« übrigbleibt, nachdem er sich vollständig mit der Maske identifiziert hat, nämlich ein formloser Schleim.[2] Der Held wird uns, bevor er in den Besitz der Maske gelangt, als ein zwanghafter Konsument von Comicsendungen vorgeführt. Wenn er nun die grüne Holzmaske anlegt und diese sich seiner bemächtigt, kann er sich im »wirklichen Leben« wie ein Comicheld verhalten (Kugeln ausweichen, wie ein Geistesgestörter tanzen und lachen, im Erregungszustand seine Augen und seine Zunge weit aus dem Kopf hervortreten lassen) – kurzum, er wird »untot«, tritt in die gespenstische phantomatische Domäne der ungezügelten Perversion, des »ewigen Lebens« ein, in der es keinen Tod und keinen Sex gibt, in der die Plastizität der Körperoberfläche keinen physischen Gesetzen mehr unterliegt (Gesichter lassen sich unendlich dehnen, Kugeln, die einem in den Körper geschossen werden, ohne weiteres wieder ausspucken, und wenn der Held von einem Hochhaus auf die Straße stürzt und dort wie platt gewalzt liegt, setzt er sich einfach wieder zusammen und geht davon.)

Dieses Universum ist inhärent *zwanghaft*. Selbst diejenigen, die es bloß beobachten, können sich seinem Zauber nicht entziehen. Das führt uns die vielleicht eindrucksvollste Szene des Films vor Augen: Der Held, der seine grüne Maske trägt, wird von einem Großaufgebot der Polizei in die Zange genommen (Dutzende von Einsatzwagen, Hubschraubern usw.). Um zu entkommen, tut er so, als gälten die auf ihn gerichteten Scheinwerfer einer Bühnenshow, und beginnt mit der Darbietung der verrückten Hollywood-Musicalversion eines südamerikanischen Verführungsliedes. Die Polizisten können sich diesem Zauber nicht entziehen, beginnen zu tanzen und zu singen, als seien sie Teil der Choreographie dieses Musicals. (Eine junge Polizistin kämpft sichtlich gegen die Macht der Maske, vergießt sogar Tränen, muß sich dann aber doch ihrem Zauber überlassen und macht bei der Tanz- und Gesangsnummer des Helden mit.) Daß diese Zwanghaftigkeit so schwachsinnig ist, zeigt, wie jeder von uns der unerklärlichen Magie der idiotischen *jouissance* unterliegt, etwa wenn wir ständig irgendein blödsinniges Lied pfeifen müssen, dessen Melodie uns nicht aus dem Kopf geht. Diese Zwanghaftigkeit ist das, was Lacan als *extim* bezeichnet, sie ist uns von außen aufgezwungen und doch zugleich nichts weiter als die Realisierung unserer innersten Marotten. Der Held des Filmes formuliert es in einem verzweifelten Moment einmal so: »Wenn ich die Maske anlege, verliere ich die Kontrolle über mich – ich kann dann machen, was ich will.«

Erfolgreiche »Selbstbeherrschung« beruht also keineswegs einfach auf der Abwesenheit von Hindernissen bei der Realisierung unserer Absichten. Ich bin nur insoweit imstande, Kontrolle über mich selbst auszuüben, als irgendein grundlegendes Hindernis es mir unmöglich macht, »zu tun, was immer ich tun möchte«. In dem Augenblick, in dem dieses Hindernis nicht mehr existiert, unterliege ich einem dämonischen Zwang, einer Marotte von »jemandem in mir, der mehr ist als ich selbst«. Wenn die Maske – das tote Objekt – lebendig wird, indem sie sich unserer bemächtigt, ist diese Macht diejenige eines »lebenden Toten«, eines monströsen *automaton,* der sich uns aufdrängt. Ist die Lehre hieraus nicht die, daß unsere Fundamentalphantasie, der Kern unseres Seins, selbst solch ein monströses Ding, solch eine *jouissance*-Maschine ist?

Die *jouissance* berührt die Grundlagen dessen, was man als psychoanalytische Ontologie zu bezeichnen versucht ist. Die Psychoanalyse dreht sich um die fundamentale ontologische Frage »Warum gibt es etwas und nicht nichts?« im Hinblick auf den »Realitätsverlust«, der eintritt, wenn eine traumatische, außerordentlich intensive Begegnung die Fähigkeit des Subjekts beeinträchtigt, das volle ontologische Gewicht seiner Welterfahrung auf sich zu nehmen. Von Anfang an betonte Lacan in seinen Schriften den inhärenten und irreduziblen *traumatischen* Status der Existenz: »Jede Existenz hat per definitionem etwas derart Unwahrscheinliches, daß man in der Tat fortwährend über ihre Realität mit sich zu Rate gehen muß.«[3] Später, nach der entscheidenden Wende in seiner Lehre, verbindet er die Existenz (»als solche« ist man versucht zu sagen) mit der *jouissance* als demjenigen, was im eigentlichen Sinne traumatisch ist, das heißt, dessen Existenz nie voll angenommen werden kann und was daher immer als gespenstisch bzw. präontologisch wahrgenommen wird:

»Ich bin an dem Ort, von dem der Schrei aufsteigt, daß ›das Universum einen Fehler in der Reinheit des Nicht-Seins darstellt‹. Und dies nicht ohne Grund, denn hütet man sich, so läßt dieser Ort sogar das Sein schmachten. Er nennt sich *jouissance*. Und deren Nichtvorhandensein würde das ganze Universum überflüssig machen.«[4]

Die *jouissance* ist also die ontologische Aberration, das gestörte Gleichgewicht (*clinamen*, um nochmals den alten philosophischen Begriff zu verwenden), das für den Übergang vom Nichts zum Etwas verantwortlich ist. Sie ist die minimale Kontraktion (im Schellingschen Sinne des Begriffs), die für die Dichtigkeit der Realität des Subjekts sorgt. Jemand kann glücklich verheiratet sein, eine gute Stelle und viele Freunde haben und ist dennoch von irgendeiner spezifischen Formation (»sinthom«) der *jouissance* abhängig, die ihn eher alles andere aufs Spiel setzen läßt, als daß er *diese* aufgibt (Drogen, Tabak, Alkohol, eine bestimmte sexuelle Perversion). Obwohl das symbolische Universum wunderbar gestaltet und eingerichtet sein kann, wirft dieser völlig bedeutungslose Eindringling, dieser *clinamen*, alles durcheinander, ohne daß sich daran etwas ändern ließe, da das Subjekt nur in diesem »sinthom« der Dichtigkeit des Seins begegnet – ohne dieses »sinthom« ist das Universum des Subjekts nichtig.

Dasselbe gilt für jede authentische intersubjektive Begegnung. Wann begegne ich tatsächlich dem Anderen »jenseits der Mauer der Sprache« im Realen seines oder ihres Seins? Nicht, wenn ich ihn oder sie beschreiben kann, noch nicht einmal, wenn ich seine oder ihre Werte, Träume usw. kennenlerne, sondern nur, wenn ich dem Anderen im Augenblick seiner oder ihrer *jouissance* begegne, wenn ich an ihm oder ihr ein winziges Detail entdecke (eine zwanghafte Geste, einen exzessiven Gesichtsausdruck, einen Tick), der mir die Intensität des Realen der *jouissance* anzeigt. Diese Begegnung mit dem Realen ist immer traumatisch, es hat immer etwas zumindest andeutungsweise Obszönes, ich kann es nicht ohne weiteres in mein Universum integrieren. *Jouissance* ist also der »Ort« des Subjekts, man ist versucht zu sagen, sein »unmögliches« Da-Sein, und aus eben diesem Grund ist das Subjekt im Bezug hierauf immer-schon disloziert und »aus-den-Fugen-geraten«. Hierauf beruht die ursprüngliche »Dezentrierung« des Lacanschen Subjekts. Wesentlich radikaler und elementarer noch als die Dezentrierung des Subjekts im Hinblick auf den »großen Anderen«, die symbolische Ordnung als äußeren Ort der Wahrheit des Subjekts ist jedoch die Dezentrierung im Hinblick auf die traumatische Ding-*jouissance*, die das Subjekt niemals »subjektivieren«, annehmen, integrieren kann.

Was die fundamentale subjektive Position eines *Hysterikers* kennzeichnet (man sollte dabei nicht vergessen, daß für Lacan der Status des Subjekts als solcher hysterisch ist), ist eben jene endlose Hinterfragung seiner oder ihrer Existenz *qua* Genießen, das heißt die Weigerung, sich völlig mit dem Objekt zu identifizieren, das er oder sie »ist«, das ewige Sichverwundern ob dieses Objekts – »Bin *das* wirklich ich?«.

Jacques-Alain Miller definiert den Analytiker als jemanden, der, im Gegensatz zu uns »gewöhnlichen«, in unserem alltäglichen symbolischen Kreislauf befangenen Individuen, das, was er hört (*j'ouis*), nicht mehr mit dem verwechselt, was er genießt (*jouir*). Miller spielt hier natürlich auf Lacans berühmtes Wortspiel von der »Subversion des Subjekts« an: »Würde nämlich das Gesetz befehlen: *Jouis*, genieße, so könnte das Subjekt nicht anders antworten als mit einem j'ouïs, ich höre, wobei der Gedanke an Genuß nur noch der Hintergedanke wäre.«[5] Das Subjekt kann diese Verwirrung nur vermeiden, indem es »die Phantasie durchquert«, da seine Fundamentalphantasie den Rahmen bildet, der seine *jouissance* in dem verankert, was das Subjekt zu hören/verstehen imstande ist. Wenn ich auf Distanz zu dem phantasmatischen Rahmen gehe, beschränkt sich die *jouissance* für mich nicht mehr auf das, was ich höre/verstehe, also den Bedeutungsrahmen. Die schwierigste und schmerzlichste Seite dessen, was Lacan als »Absonderung« bezeichnet, ist die Distanz zwischen dem harten Kern der *jouissance* und der Art und Weise, wie dieser Kern in verschiedene ideologische Felder eingebunden ist – die *jouissance* ist »unentscheidbar«, »frei treibend«.

Der Enthusiasmus, den Rockfans ihren Idolen entgegenbringen, und die religiöse Trance eines gläubigen Katholiken in Gegenwart des Papstes sind in libidinöser Hinsicht dasselbe *Phänomen*, sie unterscheiden sich lediglich hinsichtlich des unterschiedlichen symbolischen Netzes, das sie trägt. Ein Essay Sergej Eisensteins mit dem provozierenden Titel »Die Zentrifuge des Grals« lenkt unsere Aufmerksamkeit auf diese »unhistorische« Neutralität der Ekstase (Eisensteins Name für *jouissance*). Im Grunde ist die Ekstase eines Ritters in Gegenwart des Grals und die Ekstase eines Liebenden in Gegenwart der Geliebten dasselbe wie die Ekstase eines Kolchosebauern angesichts einer neuen Zentrifuge zur Entrahmung der Milch. Eisenstein selbst bezieht sich auf Ignatus von Loyola, der in seinen Ausführungen über die Technik der religiösen Ekstase einräumt, daß die Figur Gottes zunächst hinter dem Moment der »gegenstandslosen« Ekstase zurücktritt: Zuerst machen wir die Erfahrung der gegenstandslosen Ekstase, und erst in der Folge wird diese Erfahrung mit einer historisch determinierten Repräsentation verknüpft.

Wir begegnen hier einem exemplarischen Fall des Realen als dem, was »in allen möglichen (symbolischen) Universen dasselbe bleibt«. Wenn also jemand bei der Beschreibung seiner profunden religiösen Erfahrungen seinen Kritikern emphatisch entgegenhält: »Sie verstehen es ja überhaupt nicht. Es steckt mehr dahinter, etwas, das Worte nicht vermitteln können!« – ist er das Opfer einer Art perspektivischer Täuschung. Das kostbare *agalma*, das er als den einzigartigen unaussprechlichen Kern wahrnimmt, der sich anderen Menschen (Nicht-Gläubigen) nicht mitteilen läßt, ist nichts anderes als die *jouissance*, als dasjenige, was stets dasselbe bleibt. Jede Ideologie haftet sich an irgendeinen Kern der *jouissance* an, der gleichwohl den Status eines mehrdeutigen Exzesses behält. Die einzigartige »religiöse Erfahrung« muß daher in zwei Komponenten aufgeteilt werden, wie das Essen in Terry Gilliams Film »Brazil«: Der symbolische Rahmen ist eine Farbaufnahme des Essens über dem Teller, doch tatsächlich essen wir den formlosen Schleim der *jouissance*.

Das Problem, mit dem wir es hier zu tun haben, betrifft die Spannung zwischen einem historisch spezifizierten Akt und dessen »ewiger« metaphysischen Dimension. Der *Film noir* zum Beispiel kombiniert die Darstellung eines spezifischen historischen Moments (die verfallende amerikanische Megalopolis in den 1940er Jahren) mit einer »metaphysischen« Vision der Verderbtheit des Universums als solchem und einem Gefühl des Ekels gegenüber dem Leben schlechthin. Dieselbe Ambiguität kennzeichnet Robert Penn Warrens großartigen »roman noir« »All the King's Men«. Einerseits porträtiert dieser Text einen dem amerikanischen Populismus inhärenten Fehler (dessen Versprechen, die Armen zu erlösen, endet in politischer Korruption und Autoritarismus), und andererseits konfrontiert er uns mit dem festverwurzelten Glauben an eine mit der menschlichen Existenz konsubstantielle Erbsünde, der mit der Auffassung einhergeht, das Leben selbst sei eine Art böser Traum.

Entscheidend ist auch hier, daß die historistische Reduktion der ontologischen Haltung auf die verzerrte Widerspiegelung einer konkreten gesellschaftlichen Konstellation[6] ebenso auf einem Irrtum beruht, wie die traditionelle metaphysische Vorstellung, konkrete Verfallsformen seien lediglich Beispiele für die allgemeine ontologische Verderbtheit, für den »Weg allen Fleisches«. Virginia Woolf hat dieses Paradox in ihrer Beobachtung, daß es irgendwann um 1910 zu einer fundamentalen Veränderung in der menschlichen Natur kam, anschaulich auf den Punkt gebracht. Ihr geht es dabei nicht um den trivialen Sachverhalt, daß die menschliche Natur historisch, also kulturell-gesellschaftlich konditioniert ist, sondern, viel radikaler noch, darum, daß die »Ewigkeit« selbst dem zeitlichen Wandel und den Kategorien der Zeitlichkeit unterworfen ist.

Man ist daher versucht, die geläufige Vorstellung, derzufolge die Atmosphäre eines ontologischen Verfalls und einer ontologischen Katastrophe als die ideologische »Übertreibung« (die überzogene Universalisierung) eines begrenzten Wahrheitsgehalts gelesen werden muß (der Sackgasse der gesellschaftlichen Situation einer bestimmten Klasse), umzudrehen. Mehr als irgendwo sonst gilt hier Adornos Diktum: »An der Psychoanalyse ist nichts wahrer als ihre Übertreibungen.«[7] Wenn es beispielsweise heißt, daß Pascal – ein »schwarzer« Philosoph, sofern es je einen gab – mit seinem melancholischen Pessimismus die gesellschaftliche Auflösung und den schwindenden Einfluß des alten Adels artikuliert, der mit dem Aufkommen des Absolutismus einherging, sollte man nicht übersehen, daß das Moment der Wahrheit in dieser »Übertreibung« der ideologischen Form hinsichtlich des von ihr bezeichneten konkreten gesellschaftlichen Inhalts enthalten ist (so wie sich in der Psychoanalyse die Wahrheit des hysterischen Symptoms daran erkennen läßt, wie dieses Symptom die Tatsachen verdreht).

Es empfiehlt sich, dabei an die zentrale Freudsche Unterscheidung zwischen den latenten Traumgedanken und dem unbewußten, in einem Traum artikulierten Wunsch zu denken: Beides ist keineswegs dasselbe, da der unbewußte Wunsch sich durch die Entstellung des latenten Traumgedankens artikuliert, also durch die Übersetzung aus der Alltagssprache der öffentlichen Kommunikation in die Traumsprache. (In Freuds Traum von Irmas Injektion etwa ist der latente Traumgedanke einfach Freuds Wunsch, sich der Verantwortung für das Scheitern von Irmas Behandlung zu entledigen, ein ihm selbst völlig bewußter Wunsch, der ihn Tag und Nacht beschäftigte, während der unbewußte Wunsch einen wesentlich unheimlicheren Bereich primitiver sexueller Phantasien und Begierden betrifft.) Insoweit ein ideologischer Text als chiffrierte Formation des Unbewußten gelesen werden muß, ist die Reduktion seines manifesten

Inhalts (Pascals jansenistische Theologie) auf seinen latenten Gedanken (die verfahrene gesellschaftliche Situation des Adels) zwar angemessen, erklärt aber nicht seine erstaunliche Wirkung, die Faszination, die er auf Generationen von Lesern ausübt. Hierzu bedarf es der Intervention eines dritten Elements: und zwar der Ökonomie der *jouissance*.

Die Banalität des Bösen?

Ein interessantes, in den ehemaligen kommunistischen Ländern zu beobachtendes Phänomen ist der Haß auf die kommunistischen Regierungen und ihre überlebenden Repräsentanten, den jene Schriftsteller und Journalisten an den Tag legen, die sich seinerzeit nicht nur nicht ernsthaft an den Aktivitäten der Dissidenten beteiligt, sondern über das für das persönliche und berufliche Überleben notwendige Maß hinaus mit dem Regime »kollaboriert« haben. In Slowenien etwa fordert ein älterer Dichter regelmäßig eine radikale Säuberung von den »Relikten der Vergangenheit« und behauptet, daß die Kommunisten insgeheim noch immer das wirtschaftliche und gesellschaftliche Leben bestimmen, obwohl sie offiziell die Macht verloren hätten. Dessenungeachtet war dieser Dichter noch vor wenigen Jahren ein äußerst willfähriger Journalist, der unter anderem den exquisiten kulturellen Geschmack eines kommunistischen Funktionärs pries, der heute wegen der Organisation politischer Schauprozesse angeklagt ist. Für das berufliche Überleben des Dichters waren diese Elogen keineswegs erforderlich. Solche Menschen hassen jetzt die alte Regierung, weil diese sie erniedrigte, indem sie sie zu einem »Mehr-Gehorsam« verleitete, zu einer Geste der Unterwürfigkeit, die sich der reinen *jouissance* verdankte, die ihnen ihre Beteiligung an dem tyrannischen ideologischen Ritual des Kommunismus verschaffte.

Die Frage, die sich in diesem Zusammenhang stellt, lautet: Wo verläuft die Grenze zwischen einem für das eigene Überleben erforderlichen Gehorsam und dem »Mehr-Gehorsam«? Dafür gibt es weder »objektive« Kriterien, noch genügt es zu sagen, daß wir es mit einem »Mehr-Gehorsam« zu tun haben, wenn die Person Dinge tat, die weit über das für sein oder ihr bescheidenes Überleben Erforderliche hinausgingen und ihm oder ihr beträchtliche materielle und berufliche Vorteile oder Macht verschafften. Die einzige plausible Erklärung ist die, daß wir es, auch wenn die eigentliche Geste der Unterwürfigkeit eher bescheiden war, immer dann mit einem »Mehr-Gehorsam« zu tun haben, wenn diese Geste beim Subjekt eine eigenständige *jouissance* erzeugt.

Auf einer wesentlich traumatischeren Ebene macht dieser Verweis auf die *jouissance* deutlich, daß Hannah Arendts Begriff »die Banalität des Bösen« keine hinreichende Erklärung ist. In ihrem berühmten Bericht über den Eichmann-Prozeß zeigt sie, daß Eichmann keineswegs von einem dämonischen Willen getrieben wurde, Leiden zu verursachen und Menschenleben zu zerstören, sondern vielmehr ein mustergültiger Beamter war, der seinem Beruf nachging, Anweisungen ausführte und sich nicht weiter um deren moralische Implikationen kümmerte. Für ihn zählte lediglich die reine »langweilige« symbolische Form einer Ordnung, die von allen imaginären Spuren – dem Grauen, das die Ausführung der Anweisungen mit sich brachte, privaten Bereicherungsmotiven, der Befriedigung sadistischer Gelüste usw. – befreit war.

Dies ändert freilich nichts an der Tatsache, daß die Durchführung des Holocaust vom Naziapparat selbst als eine Art obszönes Geheimnis behandelt wurde, über das man in der Öffentlichkeit nicht sprach und das sich nicht ohne weiteres in die anonyme bürokratische Maschinerie übersetzen ließ. Zum besseren Verständnis der Frage, wie die Maßnahmen zur Durchführung des Holocaust vollstreckt werden konnten, sollte man daher die rein *symbolische* bürokratische Logik, die in der Vorstellung von der »Banalität des Bösen« impliziert ist, um zwei weitere Komponenten ergänzen: Erstens den *imaginären*

Schutzschirm aus Befriedigungen, Mythen usw., der es den Subjekten ermöglichte, zu dem Grauen, in das sie verwickelt und über das sie informiert waren, Abstand zu halten (durch die Vermutung, daß die Juden ja lediglich in einige neue Lager im Osten gebracht werden, durch die Behauptung, daß nur einige wenige dieser Juden tatsächlich getötet worden seien, oder auch indem sie am Abend klassische Musik hörten und sich auf diese Weise davon überzeugten, daß man »ja trotz allem sehr kultiviert sei, nur eben bedauerlicherweise nicht umhinkönne, einige unangenehme, aber notwendige Dinge zu tun«, usw.), sowie zweitens, und vor allem, das *Reale* der perversen (sadistischen) *jouissance* ihrer Taten (das Foltern, Verstümmeln und Abschlachten der Opfer).

Man darf dabei vor allem nicht vergessen, daß die »Bürokratisierung« dieses Verbrechens hinsichtlich seiner libidinösen Wirkung eine zweischneidige Angelegenheit war. Einerseits ermöglichte sie es einigen der Beteiligten, das Grauen zu neutralisieren und die Angelegenheit als »Job wie jeden anderen« aufzufassen, andererseits bestätigt sich auch hier die Grunderkenntnis des perversen Rituals: Die »Bürokratisierung« selbst war eine Quelle zusätzlicher *jouissance,* denn es stellt einen zusätzlichen Reiz dar, wenn man die Mordaktionen als eine komplexe administrativ-kriminelle Operation durchführt. Ist es nicht wesentlich befriedigender, die Gefangenen im Rahmen eines genau festgelegten Verfahrens zu quälen (etwa durch die »Morgengymnastik« in den Lagern, die lediglich dem Zweck diente, die Opfer zusätzlich leiden zu lassen? Verschaffte es den Wächtern nicht eine zusätzliche Befriedigung, wenn sie den Gefangen nicht dadurch Leid zufügten, daß sie sie persönlich quälten, sondern ihren körperlichen Verfall und Tod mittels einer Aktivität herbeiführten, die offiziell der Aufrechterhaltung ihrer Gesundheit dienen sollte?).

In diesem Zusammenhang lohnt es sich, noch einmal auf Goldhagens heftig diskutiertes Buch »Hitlers willige Vollstrecker« zu sprechen zu kommen, dessen Ablehnung aller geläufigen Antworten auf die Frage, wie »ganz normale, anständige« Deutsche in der Lage waren, sich am Holocaust zu beteiligen, unbestreitbar eine Wahrheit enthält. Denn man kann nicht behaupten, die große Mehrheit der Deutschen habe nicht gewußt, was sich abspielte, oder sei von der Minderheit der »Nazibande« terrorisiert worden (einige linke Intellektuelle propagierten diese Auffassung, um das deutsche »Volk« vor der kollektiven Verurteilung zu bewahren). Die Deutschen wußten *es*, es waren genügend Gerüchte, Dementi und Selbstrechtfertigungen im Umlauf. Man kann auch nicht sagen, daß die Täter graue, indifferente Bürokraten waren, die im Einklang mit der deutschen autoritären Tradition des bedingungslosen Gehorsams einfach nur Befehle ausführten. Zahlreiche Zeugenberichte belegen, daß die Vollstrecker bei der Ausübung ihrer Verbrechen ein *exzessives Genießen* empfanden (man denke nur an die zahlreichen Beispiele, wie Menschen »unnötig« zusätzlich Leid oder Erniedrigungen zugefügt wurden, etwa indem man einer älteren jüdischen Frau auf den Kopf urinierte). Es läßt sich auch nicht behaupten, daß die Vollstrecker ein Haufen verrückter Fanatiker waren, denen selbst die grundlegendsten moralischen Normen abhanden gekommen waren: Dieselben Menschen, die den Holocaust in die Tat umsetzten, verhielten sich in ihrem Privatleben häufig »anständig«, beteiligten sich an einem vielfältigen Kulturleben, protestierten gegen soziale Ungerechtigkeiten usw. Und auch die Erklärung, man habe diese Menschen durch Terror gefügig gemacht, da jede Weigerung, einen Befehl auszuführen, bestraft worden wäre, trifft nicht zu. Vor jeder Aktion von Polizeieinheiten, bei der man sich »die Hände schmutzig« machen mußte, wurden die Beteiligten gefragt, ob sie in der Lage seien, den Befehl auszuführen, und diejenigen, die dies verneinten, wurden nicht bestraft. Auch wenn Goldhagens Buch hinsichtlich mancher historischer Details problematisch sein mag, seine Grundthese läßt sich nicht bestreiten: Die Vollstrecker *hatten eine Wahl*, sie waren in der Regel voll verantwortliche, reife, »zivilisierte« Deutsche.

Nur: Goldhagens Erklärung – die Tradition des eliminatorischen Antisemitismus, die als zentraler Bestandteil der »deutschen Ideologie« und damit der kollektiven Identität der Deutschen bereits im 19. Jahrhundert fest etabliert gewesen sei – weist eine zu große Nähe zu der Standardthese der »Kollektivschuld« auf, die über den Verweis auf das kollektive Schicksal eine gar zu schlichte Ausflucht bietet (»Was sollten wir denn machen? Das kollektive ideologische Erbe hat uns prädeterminiert.«) Darüber hinaus berücksichtigt Goldhagen in seinen konkreten Beschreibungen (oder vielmehr in seinen Interpretationen konkreter Zeugnisse) offenbar nicht, wie Ideologie und Macht auf »mikrophysikalischer« Ebene funktionieren.

Er hat völlig recht, daß es Arendts Begriff von der »Banalität des Bösen« versäumt, das, mit Lacan zu sprechen, obszöne, in der Öffentlichkeit verschwiegene Mehr-Genießen in Rechnung zu stellen, das durch die Ausführung von Befehlen hervorgerufen wurde und sich in den »unnötigen« Exzessen bei der Ausführung dieser Befehle manifestierte. (Goldhagen zeigt, daß höhere Offiziere diese Exzesse nicht nur nicht gutgeheißen, sondern Untergebene häufig dafür gerügt haben, freilich nicht aus Mitleid mit den Juden, sondern weil solche Exzesse als unvereinbar mit der »Würde« eines deutschen Soldaten galten.) Doch trotz der Unverhohlenheit des nationalsozialistischen Antisemitismus änderte sich nichts am Verhältnis zwischen den beiden Ebenen, dem Text der öffentlichen Ideologie und seinem »obszönen« Über-Ich-Supplement: Die Nazis selbst behandelten den Holocaust als eine Art kollektives »schmutziges Geheimnis«. Doch dieser Sachverhalt stellte nicht nur kein Hindernis für die Durchführung dar, sondern diente vielmehr als libidinöse Stütze, da das Bewußtsein, daß »wir alle im selben Boot sitzen«, daß wir an einer gemeinsamen Überschreitung teilhaben, als Zement des nationalsozialistischen kollektiven Zusammenhalts diente.

Goldhagens Insistieren darauf, daß die Vollstrecker sich in der Regel ihrer Taten nicht schämten und daß dieses fehlende

Schamgefühl zeige, in welchem Ausmaß das Foltern und Morden von Juden als etwas völlig Akzeptables ins ideologische Bewußtsein der Deutschen eingegangen war, geht also an der Sache vorbei. Eine genaue Lektüre der Zeugenaussagen, die Goldhagen anführt, belegt jedoch, daß die Vollstrecker *ihre Taten als eine Art »grenzverletzende« Aktivität erlebten,* als eine Art pseudo-Bachtinschen »karnevalesken« Vorgang, bei dem die Beschränkungen des »normalen« Alltagslebens zeitweilig aufgehoben waren. Und eben jene »Grenzverletzung« (der öffentlich anerkannten Normen der Nazi-Gesellschaft selbst) war für das »Mehr-Genießen«, das durch das exzessive Quälen der Opfer erzeugt wurde, verantwortlich. Scham, sofern sie empfunden worden ist, würde daher keineswegs beweisen, daß die Vollstrecker »nicht völlig korrumpiert« waren, sondern war vielmehr das Zeichen für das Übermaß an *Genuß,* das diese Handlungen den Tätern bereiteten.

Wenden wir uns also nochmals der entscheidenden Stelle von Goldhagens Argumentation zu: Vor der Erstürmung des Gettos und der gewaltsamen Verhaftung von Juden wurden die Mitglieder der deutschen Einheiten ausdrücklich gefragt, ob sie diese unerfreuliche Aufgabe erfüllen können, und diejenigen, die dies verneinten, erlitten dadurch keine Nachteile. Besteht deshalb nicht ein begründeter Verdacht für die Annahme, daß wir es zumindest teilweise mit einem Fall von *erzwungener Wahl* zu tun haben? Dies war gewissermaßen noch schlimmer als offener Zwang, denn die Subjekte wurden nicht nur veranlaßt, an widerwärtigen obszönen Gewaltakten teilzunehmen, sondern sie mußten auch noch so tun, als geschehe dies aus freien Stücken. (Die Minderheit, die die Teilnahme verweigerte, wurde wahrscheinlich genau deswegen toleriert, um den *Schein* der freien Wahl zu wahren.)

Aber, um es nochmals zu sagen: Uns geht es darum, deutlich zu machen, daß dieser subtile Zwang unter dem Deckmantel der freien Wahl das Subjekt keineswegs aus seiner Verantwortung entläßt. Man ist insoweit verantwortlich, als man *die Tat genießt,* und es ist klar, daß der subtile (implizite) Zwang eine zusätzliche *jouissance* gewährte, weil man Teil eines größeren, transindividuellen Körpers war und »in der Masse mitschwamm«.

Die stalinistische Perversion

Heinrich Himmler hat diesen Sachverhalt in seiner infamen Äußerung, daß die Judenvernichtung eines der glorreichsten Kapitel der deutschen Geschichte sei, das bedauerlicherweise für immer ungeschrieben bleiben müsse, deutlich gemacht. Dieser Äußerung liegt die Vorstellung zugrunde, daß man seine wahre Hingabe an das Vaterland nicht einfach demonstriert, indem man edle Dinge tut – das eigene Leben für die Heimat opfert usw. –, sondern dadurch, daß man, wenn sich die Notwendigkeit ergibt, bereit ist, Schreckliches zu tun, die Forderungen des Vaterlandes über die kleinliche Sorge um die persönliche Integrität und Ehre zu stellen: Der wahre Held ist bereit, sich die Hände im Dienst an der edlen Sache schmutzig zu machen.

Obgleich uns in der stalinistischen Rechtfertigung des revolutionären Terrors dieselbe Logik begegnet, bedeutet dies keineswegs, daß der Nazismus die *jouissance* auf dieselbe Weise freisetzte wie der Stalinismus, das heißt gemäß irgendeinem universellen »totalitären« Mechanismus. Der fundamentale Unterschied zwischen dem stalinistischen und dem faschistischen »Totalitarismus« läßt sich an einem winzigen, aber vielsagenden Detail festmachen. Wenn der faschistische Führer eine öffentliche Rede beendet hat und die Masse applaudiert, versteht der Führer sich selbst als Adressaten des Beifalls, indem er auf einen Punkt in der Ferne starrt, sich vor dem Publikum verbeugt und dergleichen mehr, während der stalinistische Führer – etwa der Generalsekretär der Partei, nachdem er seinen Bericht für den Kongreß beendet hat – *selbst aufsteht und applaudiert*. Dieser Unterschied deutet auf eine fundamental andere diskursive Position: Der wahre Adressat des Applauses des

Volkes ist nicht der Führer, sondern der große Andere der Geschichte, als dessen Werkzeug er fungiert.

Insoweit als, Lacan zufolge, die Ökonomie des Perversen durch die Position des Objekt-Instruments der *jouissance* des großen Anderen gekennzeichnet ist, kann man auch sagen, daß es sich dabei um den Unterschied zwischen dem faschistischen Paranoiker und dem stalinistischen Perversen handelt. Der Paranoiker ist überzeugt, daß er während der sexuellen Aktivität beobachtet wird, er »sieht einen Blick, wo in Wirklichkeit keiner ist«, während der Perverse den Blick des Anderen selbst organisiert, etwa indem er einen Freund oder eine unbekannte Person bittet, ihm beim Beischlaf mit seiner Frau zuzusehen. Und handelte es bei der Vorstellung einer Verschwörung gegen das Regime nicht um denselben Sachverhalt? Die paranoiden Nazis glaubten tatsächlich an eine jüdische Verschwörung, während die perversen Stalinisten aktiv »konterrevolutionäre Verschwörungen« organisierten oder erfanden, um dem Feind unter allen Umständen zuvorzukommen. Die größte Überraschung für den stalinistischen Ermittler war, wenn sich herausstellte, daß ein als deutscher oder amerikanischer Spion Angeklagter tatsächlich ein Spion war: Im Stalinismus im eigentlichen Sinne zählten Geständnisse nur dann, wenn sie falsch und erpreßt waren.

Worauf läßt sich dieser Unterschied zurückführen? Im Hinblick auf das Paar Stalinismus und Faschismus räumt Heidegger stillschweigend dem Faschismus den Vorrang ein, doch in diesem Punkt teilen wir seine Meinung nicht und folgen statt dessen Alain Badiou, der die Auffassung vertritt, daß der stalinistische Kommunismus im Prinzip und trotz der in seinem Namen verübten Greueltaten (oder vielmehr im Namen der spezifischen Form dieser Greueltaten) mit einem tatsächlichen Ereignis zusammenhing – der Oktoberrevolution –, während der Faschismus ein Pseudoereignis war, eine Lüge unter dem Deckmantel der Authentizität.

Badiou bezieht sich hier auf den Unterschied zwischen *désastre* (die stalinistische »Ontologisierung« des wahren Ereignisses zu einer positiven Seinsstruktur) und *désêtre* (die faschistische Nachahmung/Inszenierung eines »faschistische Revolution« genannten Pseudoereignisses): *mieux vaut un désastre qu'un désêtre* [besser ein *désastre* als ein *désêtre*], da *désastre* immerhin noch irgendwie mit dem tatsächlichen Ereignis zusammenhängt, dessen desaströse Folge es ist, während *désêtre* das Ereignis lediglich als ein ästhetisches, jeglicher Wahrheitssubstanz beraubtes Spektakel imitiert. Aus eben diesem Grund waren die Säuberungen im Stalinismus so furchtbar und in gewisser Weise sogar wesentlich »irrationaler« als die faschistische Gewalt: Im Faschismus war es selbst in Nazideutschland möglich zu überleben, den Schein eines »normalen« Alltagslebens zu wahren, wenn man sich nicht an irgendwelchen oppositionellen politischen Aktivitäten beteiligte (und wenn man – natürlich – nicht jüdischer Herkunft war), während im Stalinismus der späten dreißiger Jahre niemand sicher war, *jeder* überraschend denunziert, verhaftet und als Verräter erschossen werden konnte.

Mit anderen Worten, die »Irrationalität« des Nationalsozialismus verdichtete sich in seinem Antisemitismus, in seinem Glauben an die jüdische Weltverschwörung, während die stalinistische »Irrationalität« den gesamten Staatskörper durchzog. Aus diesem Grund suchten die Nazischergen weiter nach Beweisen und Spuren tatsächlicher Aktivitäten gegen das Regime, während die stalinistischen Ermittler sich mit reinen Hirngespinsten befaßten, Verschwörungen und Sabotageakte erfanden usw. Diese Gewalt, die der kommunistische Staat seinen eigenen Mitgliedern zufügte, zeugt von dem radikalen Widerspruch, der diesem Regime innewohnte, von der inhärenten Spannung zwischen dem Projekt des Kommunismus und dem *désastre* seiner Umsetzung, das heißt von der Tatsache, daß am Ursprung ein »authentisches« revolutionäres Projekt existierte.

Die unaufhörlichen Säuberungen waren nicht nur notwendig, um die Spuren des Ursprungs des Regimes auszulöschen, sondern auch als eine Art »Rückkehr zum Verdrängten«, als Erinnerung an die radikale Negativität im Herzen des Regimes – ein Sachverhalt, den Nikita Michalkow »Burned By the Sun« (1994) ausgezeichnet veranschaulicht. Der Film erzählt die Geschichte des letzten Tages, den Oberst Kotov, hochrangiges Mitglied der Nomenklatura und berühmter, glücklich verheirateter Revolutionsheld, in Freiheit verbringt. Im Sommer 1936 genießt Kotov mit seiner schönen jungen Frau einen idyllischen Sonntag auf seiner Datscha. Dimitri, ihr ehemaliger Liebhaber, stattet ihnen einen Überraschungsbesuch ab. Was als nettes Treffen mit Spielen, Gesang und dem Schwelgen in gemeinsamen Erinnerungen beginnt, verwandelt sich schon bald in einen Alptraum. Während Dimitri mit Kotovs Frau flirtet und ihre Tochter mit Geschichten und Musik unterhält, realisiert Kotov rasch, daß Dimitri ein Agent der stalinistischen Geheimpolizei ist und ihn am Ende des Tages als Verräter verhaften wird.

Entscheidend dabei ist die völlige Willkür und das Unsinnige von Dimitris gewaltsamem Eindringen, das den Frieden des idyllischen Sommertages zerstört. Diese Idylle muß als emblematisch für die neue Ordnung gelesen werden, in der die Nomenklatura ihre Regierung stabilisierte, so daß die Intervention des NKWD-Agenten, der die beschauliche Szene in ihrer traumatischen Willkürlichkeit oder, Hegelsch gesprochen, »abstrakten Negativität« stört, das fundamental Falsche dieses Idylls verdeutlicht, das heißt die Tatsache, daß die neue Ordnung auf dem Verrat an der Revolution gründet. Die stalinistische Vernichtung hoher Parteifunktionäre beruhte auf diesem fundamentalen Verrat: Die Angeklagten waren insoweit schuldig als sie, Mitglieder der neuen Nomenklatura, die Revolution verrieten. Der stalinistische Terror ist daher nicht einfach nur der Verrat an der Revolution, der Versuch, die Spuren der authentischen revolutionären Vergangenheit auszulöschen, sondern es wohnt ihm zugleich ein perverses Element inne, indem er die nachrevolutionäre neue Ordnung dazu zwingt, ihren Verrat an der Revolution sich selbst (wieder)einzuschreiben, ihn unter dem Deckmantel willkürlicher Verhaftungen und Liquidierungen, die allen Mitgliedern der Nomenklatura drohten, zu »reflektieren« oder zu »markieren«: Wie in der Psychoanalyse verbirgt das stalinistische Schuldeingeständnis die wahre Schuld. (Stalin rekrutierte für den NKWD absichtlich Leute niedriger sozialer Herkunft, damit diese ihren Haß auf die Nomenklatura ausagieren konnten, indem sie hohe Apparatschiks verhafteten und folterten.)

Diese inhärente Spannung zwischen der Stabilität der Herrschaft der neuen Nomenklatura und der pervertierten »Rückkehr des Verdrängten« unter dem Deckmantel wiederholter Säuberungen in den Reihen der Nomenklatura bildet das Zentrum des stalinistischen Phänomens: Säuberungen sind jene Form, in der das verratene revolutionäre Erbe überlebt und das Regime verfolgt. Der Traum Gennadi Sjuganows, des kommunistischen Präsidentschaftskandidaten des Jahres 1996 – alles in der Sowjetunion hätte ein gutes Ende gefunden, wenn Stalin nur fünf Jahre länger gelebt, mit dem Kosmopolitismus aufgeräumt und die Versöhnung zwischen dem russischen Staat und der orthodoxen Kirche herbeigeführt hätte, mit anderen Worten, wenn Stalin seine antisemitische Säuberung realisiert hätte –, zielt genau auf diesen Punkt der »Beruhigung«, an dem die revolutionäre Regierung schließlich ihre innere Spannung überwunden und sich stabilisiert hätte. Das Paradox besteht natürlich darin, daß die Voraussetzung für das Erlangen dieser Stabilität das Gelingen von Stalins letzter Säuberung gewesen wäre, der geplanten »Mutter aller Säuberungen«, die im Sommer 1953 stattfinden sollte und durch seinen Tod verhindert wurde.

Fassen wir zusammen: Der Unterschied zwischen Stalinismus und Faschismus besteht darin, daß der Stalinismus in gewissem Sinne wesentlich radikaler war. Selbst in seiner schrecklichsten Ausprägung – im Nationalsozialismus – rührte der Faschismus letztlich die gesellschaftliche Substanz nicht an. Das Grundgefüge der Gesellschaft, von der Familienstruktur bis zu den Produktionsverhältnissen, blieb erhalten – eben darum ging es, der marxistischen Standardlektüre zufolge, bei der »faschistischen Revolution«: die wahre Revolution sollte verhindert werden –, während es dem Stalinismus bei seinem Bemühen, die Zwangskollektivierung ins Werk zu setzen, tatsächlich darum zu tun war, die Gesellschaftsstruktur als solche zu zerstören. Aus dieser Perspektive betrachtet, fand die wahre Revolution nicht 1917, sondern 1928, mit der stalinistischen Kollektivierung der Landwirtschaft statt. Erst der Stalinismus, nicht schon der Leninismus, war eine wirklich einschneidende und radikale Zäsur im Gesellschaftsgefüge.

Das Ergebnis war jener Schreckenszyklus, in dem nicht nur die meisten »gewöhnlichen« Sowjetbürger gefangen waren, sondern auch die hochrangigsten Vertreter der Nomenklatura – jeder (mit Ausnahme des Einen, also Stalins selbst) befand sich in ständiger Gefahr, liquidiert zu werden. Der Stalinismus war also keineswegs einfach eine Art thermidorartige Stabilisierung der Revolution, um die Dominanz der Neuen Klasse zu gewährleisten, wie uns trotzkistische und andere linke Kritiker glauben machen wollen, sondern er repräsentierte die Tatsache, daß es der Nomenklatura unmöglich war, die eigene Herrschaft systemisch zu stabilisieren. Die großen Säuberungen der dreißiger Jahre waren mithin der einzigartige Moment einer entfesselten Negativität; nach dem Zweiten Weltkrieg, als Stalin es noch einmal versuchte (das Komplott der Ärzte, die geplante antisemitische Säuberung usw.), wiederholte sich die Tragödie, doch diesmal als Farce. Der Widerstand der Nomenklatura wuchs, und Stalin wurde zunehmend zum isolierten Paranoiker, dessen Worte keine unmittelbar bindende performative Kraft mehr besaßen. Auf dem Parteikongreß 1952 griff Stalin Molotow und Mikojan als Verräter und britische Spione an, doch nach seiner Rede standen beide einfach auf und erklärten, der Genosse Stalin habe sich geirrt, sie seien gute Bolschewiken, und es geschah *nichts*. Erst nach Stalins Tod haben wir es mit dem neuen »Pakt«, der stabilisierten, nun fest im Sattel sitzenden Nomenklatura zu tun. Dieses Zwischenstadium des »Wahnsinns« entfesselter revolutionärer Paranoia, des »verschwindenden Vermittlers« zwischen der authentischen frühen Revolution und ihres bürokratischen Thermidors, wird in den Standarddarstellungen der Oktoberrevolution und ihres Nachspiels in der Regel nicht gewürdigt.

Die Poesie der ethnischen Säuberungen

Derselbe Verweis auf die *jouissance* ermöglicht es uns auch, die Schrecken des Bosnienkrieges, wie sie sich im Emir Kusturicas Film »Underground« spiegeln, in neuem Licht zu sehen. Aus der philosophischen Phänomenologie wissen wir, daß die Wahrnehmung eines Objekts durch die Einstellung des Subjekts ihm gegenüber maßgeblich beeinflußt wird. Das Beispiel schlechthin hierfür ist ein nackter Körper. Dieser Körper kann uns sexuell erregen, er kann als Objekt unseres »interesselosen« ästhetischen Blickes dienen, er kann Gegenstand wissenschaftlicher (biologischer) Untersuchungen sein, und unter Verhungernden kann er *in extremis* sogar Gegenstand des kulinarischen Interesses sein. Auch bei Kunstwerken stößt man häufig auf dieses Problem. Wenn sie politisch zu aufgeladen sind, ist es nahezu unmöglich, von diesem politischen Aspekt abzusehen und eine indifferente ästhetische Haltung einzunehmen. Dies ist auch das Problem mit »Underground«: Man kann den Film zum einen unter ästhetischen Gesichtspunkten betrachten; insoweit Politik ebenso sehr mit Leidenschaft zu tun hat wie Sex, läßt er sich aber auch als eine Waffe in unseren politisch-ideologischen Auseinandersetzungen auffassen; ebensogut kann er als Gegenstand wissenschaftlichen Interesses dienen (etwa für diejenigen, die den Film durch die Brille des Historikers betrachten, um darin etwas über die Hintergründe der Jugoslawienkrise zu erfahren), und *in extremis* kann er auch Gegenstand eines rein technischen Interesses sein (»Wie wurde er gemacht? usw.«).

Bedenkt man die leidenschaftlichen Reaktionen, die »Underground« vor allem in Frankreich hervorgerufen hat, gewinnt man den Eindruck, daß seine Funktion als Waffe im politischen Kampf um die Bedeutung von Nachkriegs-Jugoslawien seine ästhetischen Qualitäten völlig in den Hintergrund gedrängt hat. Auch wenn ich diese Ansicht *in ultima analysis* teile, ist der Sachverhalt, um des es mir hier geht, komplexer. Die politische Bedeutung von »Underground« beruht nicht primär darin, daß der Film hinsichtlich seiner Darstellung der Konflikte im ehemaligen Jugoslawien offensichtlich tendenziös ist (heroische Serben gegen die verräterischen, nazifreundlichen Slowenen und Kroaten), sondern vielmehr auf seiner »entpolitisierten« ästhetizistischen Einstellung. Wenn Kusturica in seinen Gesprächen mit den Journalisten von *Cahiers du cinema* darauf beharrt, daß »Underground« kein politischer Film sei, sondern eine Art tranceartige subjektive Schwellenerfahrung, ein »aufgeschobener Selbstmord«, legt er damit unbewußt seine wahren *politischen* Karten auf den Tisch und deutet an, daß »Underground« den »apolitischen« phantasmatischen Hintergrund der ethnischen Säuberungen und Grausamkeiten im ehemaligen Jugoslawien inszeniert. Wie das?

Im Hinblick auf den Bosnienkrieg hört man häufig die Warnung, man müsse das Klischee einer Dämonisierung der Serben vermeiden. Aber abgesehen davon, daß diese Warnung (die auf der Neigung beruht, zu allen in den Konflikt involvierten Seiten die gleiche Distanz zu wahren, nach dem Motto »Man kann nicht alle Schuld nur bei der einen Seite suchen, in diesem mörderischen Bruderzwist ist niemand unschuldig«) selbst eines der Hauptklischees des Bosnienkrieges ist, läßt diese ambige Dämonisierung die Lücke zwischen »offiziellem« und wahrem Begehren deutlich zutage treten. Das heißt, in dieser »offiziellen« öffentlichen Verdammung der Serben und dem damit kontrastierenden Mitleid für die Bosnier, wobei die Serben als unbesiegbare Krieger und Gewinner wahrgenommen werden, während man die Bosnier auf den Part der leidenden Opfer festlegt, war es das Hauptanliegen des Westens, den phantasmatischen Rahmen, auf dem diese Wahrnehmung beruht, möglichst unverändert zu lassen.

Aus diesem Grund erhöhte der Westen sofort den Druck und beendete den Krieg, als die Serben auf dem Schlachtfeld zu verlieren begannen: Die Bosnier *mußten Opfer bleiben* – denn von jenem Moment an, in dem sie nicht mehr die Verlierer waren, wurden sie als fanatische muslimische Fundamentalisten wahrgenommen. Die Wahrheit der sogenannten »Dämonisierung der Serben« beruhte auf der Faszination durch ihre Opfer, die in der Haltung des Westens gegenüber den grauenerregenden Bildern verstümmelter Leichen, verwundeter und weinender Kinder usw. deutlich zum Ausdruck kam. Man war entsetzt von diesen Bildern, konnte aber zugleich »die Augen nicht davor verschließen«.

Ein anderes beliebtes Klischee besagt, die Balkanbewohner seien in einem phantasmatischen Strudel historischer Mythen gefangen. Kusturica selbst leistet dieser Auffassung Vorschub, wenn er in einem Interview mit den *Cahiers du cinema* erklärt: »In dieser Region ist Krieg ein natürliches Phänomen. Es ist wie eine Naturkatastrophe, wie ein Erdbeben, das von Zeit zu Zeit stattfindet. In meinem Film habe ich versucht, den Zustand in diesem chaotischen Teil der Welt zu klären. Es scheint so, als sei niemand imstande, die Wurzeln dieses schrecklichen Konflikts zu lokalisieren.« Hier haben wir es mit einem exemplarischen Fall von »Balkanismus« zu tun, der auf ähnliche Weise funktioniert wie Edward Saids »Orientalismus« – der Balkan als der zeitlose Raum, auf den der Westen seinen phantasmatischen Inhalt projiziert.

Aus diesem Grund sollte man nicht in die Falle des »Verstehen-Wollens« gehen, sondern *genau das Gegenteil* tun. Hinsichtlich des Krieges im ehemaligen Jugoslawien muß man sich um eine Art umgekehrter phänomenologischer Reduktion bemühen und die Vielfalt der *Bedeutungen* ausklammern – die vielfältigen Gespenster der Vergangenheit, die es einem ermöglichen, die Situation zu »verstehen«. Man sollte der Versuchung, »verstehen« zu wollen, widerstehen und sich so verhalten, als drehe man den Ton am Fernseher ab. Plötzlich erscheinen die ihrer vokalen Stütze beraubten Bewegungen der Personen auf dem Bildschirm als bedeutungslose, lächerliche Gesten. Nur eine solche Annullierung des »Begreifens« ermöglicht eine Analyse dessen, was in dieser Krise wirtschaftlich, politisch und ideologisch auf dem Spiel steht: des politischen Kalküls und der strategischen Entscheidungen, die zu dem Krieg im ehemaligen Jugoslawien geführt haben.

Der Schwachpunkt des universellen multikulturalistischen Blicks besteht nicht in seiner Unfähigkeit, »das schmutzige Badewasser auszuschütten, ohne dabei das Kind mit auszuschütten«. Sondern es ist *per se* völlig falsch zu behaupten, wenn man das nationalistische schmutzige Wasser (den »exzessiven« Fanatismus) ausschütte, müsse man sich davor hüten, zugleich auch das Kind der »gesunden« nationalen Identität mit auszuschütten, das heißt, man müsse eine Trennlinie zwischen dem richtigen Maß eines »gesunden« Nationalismus, der das notwendige Minimum an nationaler Identität garantiere, und einem »exzessiven« (fremdenfeindlichen, aggressiven) Nationalismus ziehen. Solch eine »dem gesunden Menschenverstand folgende« Unterscheidung *reproduziert lediglich jene nationalistische Argumentation, die sich des »unreinen« Exzesses entledigen will.*

Man ist daher versucht, eine Parallele zur psychoanalytischen Behandlung zu ziehen, deren Ziel es ebenfalls nicht ist, das schmutzige Wasser (der Symptome, der pathologischen Ticks) loszuwerden, um das Kind (den Kern des gesunden Ichs) zu retten, sondern vielmehr das Kind auszuschütten (das Ich des Patienten auszuschalten), um den Patienten mit seinem »schmutzigen Wasser« zu konfrontieren, mit den Symptomen und Phantasien, die seine *jouissance* strukturieren. (Eine solche Umkehrung ist für den Fortgang der psychoanalytischen Behandlung von entscheidender Bedeutung: Am Anfang möchte der Patient die Konsistenz seines Selbst bewahren und einfach nur die peinlichen Symptome loswerden, die dieser Konsistenz im Wege stehen; doch im Verlauf der Analyse löst sich statt dessen das Selbst des Patienten auf. Er wird unmittelbar mit seinem Symptom konfrontiert und kann sich nicht länger hinter den Schutzschild seines Selbst zurückziehen. Auch im Hinblick auf die nationale Identität sollte man sich darum bemühen, das Kind – die spirituelle Reinheit der nationalen Identität – auszuschütten, um die phantasmatische Stütze sichtbar zu machen, die die *jouissance* im nationalen *Ding* strukturiert. Der Verdienst von »Underground« besteht darin, daß der Film, unwissentlich, dieses schmutzige Wasser sichtbar macht.

»Underground« fördert den obszönen »Untergrund« des öffentlichen, offiziellen Diskurses zutage, der im Film vom kommunistischen Regime Titos repräsentiert wird. Man sollte dabei nicht vergessen, daß der »Untergrund«, auf den sich der Titel des Filmes bezieht, nicht nur der Bereich des »aufgeschobenen Suizids« ist, der ewigen Alkohol-, Gesangs- und Kopulationsorgie, die in der Aufhebung der Zeit und außerhalb des öffentlichen Raumes stattfindet, sondern auch die Werkstatt im »Untergrund« bezeichnet, in der Sklavenarbeiter, die vom Rest der Welt isoliert sind und im Irrglauben belassen werden, der Zweite Weltkrieg sei noch nicht zu Ende, Tag und Nacht arbeiten und Waffen herstellen. Diese werden von Marko, dem Helden des Films, verkauft; er ist ihr »Besitzer« und der große Manipulator, der einzige, der zwischen dem »Untergrund« und der Welt »draußen« vermittelt. Kusturica bezieht sich hier auf das alte europäische Märchenmotiv der emsigen Zwerge, die sich in der Regel in der Macht eines bösen Zauberers befinden und in der Nacht, wenn die Leute schlafen, aus ihrem Versteck kommen und deren Arbeit verrichten (das Haus aufräumen, das Essen kochen), so daß die Menschen am nächsten Morgen bereits alles in schönster Ordnung vorfinden. Kusturicas »Untergrund« ist die jüngste Variation dieses Motivs, das von Richard Wagners »Rheingold« (die Nibelungen arbeiten in ihren unterirdischen Höhlen, angetrieben von ihrem grausamen Herrn, dem Zwerg Alberich) bis zu Fritz Langs »Metropolis« reicht, wo die versklavten Industriearbeiter tief unter der Erdoberfläche den Reichtum für die herrschenden Kapitalisten produzieren.

Dieses Dispositiv der von einem manipulatorischen bösen Herrn dominierten Sklaven im Untergrund spielt sich vor dem Hintergrund des Gegensatzes zwischen den beiden Figuren des Herrn ab. Einerseits die »sichtbare« öffentliche symbolische Autorität, andererseits die »unsichtbare« gespenstische Erscheinung. Wenn das Subjekt mit symbolischer Autorität ausgestaltet ist, handelt es als Appendix seines symbolischen Titels, das heißt, es ist der »große Andere«, die symbolische Institution, die durch ihn handelt. Man denke nur an einen Richter, der eine elende und korrupte Person sein mag, dessen Worte aber in dem Moment, in dem er seine Robe und andere Machtinsignien anlegt, zu den Worten des Gesetzes selbst werden. Der »unsichtbare« Herr hingegen (dessen Musterbeispiel die antisemitische Figur des »Juden« ist, der, vor den Augen der Öffentlichkeit verborgen, die gesellschaftlichen Drähte zieht) ist ein unheimlicher Doppelgänger der öffentlichen Autorität: Er muß im verborgenen agieren und unbemerkt von der Öffentlichkeit eine phantomhafte, gespenstische Allmacht verströmen. Der unglückselige Marko aus Kusturicas »Underground« muß zu dieser Ahnenkette des bösen Zauberers gerechnet werden, der ein unsichtbares Reich versklavter Arbeiter kontrolliert, er ist eine Art unheimlicher Doppelgänger von Tito als öffentlichem symbolischem Herrn.

Doch die entscheidende Frage lautet, was macht Kusturica mit dieser Dualität? »Underground« geht in die zynische Falle, diesen obszönen »Untergrund« aus wohlwollender Distanz zu betrachten. Selbstverständlich ist »Underground« ein vielschichtiger und extrem selbstreflexiver Film. Er spielt mit einer Mischung von Klischees (dem serbischen Mythos des echten Mannes, der auch dann, wenn die Bomben um ihn herum einschlagen, in aller Ruhe seine Mahlzeit zu Ende ißt); er ist voller Bezüge auf die Geschichte des Kinos bis hin zu Vigos »Atalanta« sowie anderer Formen postmoderner Selbstreferentialität. All das ist natürlich ironisch gemeint, soll nicht »wörtlich genommen« werden – doch es ist eben diese Distanz zu sich selbst, *welche die Funktionsweise der »postmodernen« zynischen Ideologie charakterisiert.*

Umberto Eco hat kürzlich eine Reihe von Merkmalen aufgelistet, die den Kern der faschistischen Einstellung definieren sollen: dogmatische Verbissenheit, Humorlosigkeit, Unempfänglichkeit für rationale Argumente. Er könnte nicht falscher liegen. Der heutige Neofaschismus wird immer »postmoderner«, ist zivilisiert, verspielt und durch eine ironische Distanz zu sich selbst charakterisiert, *aber deswegen keine Spur weniger faschistisch.* In gewisser Hinsicht hat Kusturica also durchaus recht, wenn er in seinem Interview mit *Cahiers du cinema* davon spricht, daß er irgendwie »den Zustand in diesem chaotischen Teil der Welt aufklärt«, indem er ein Licht auf deren »untergründige« phantasmatische Stütze wirft. Auf diese Weise präsentiert er uns, freilich ohne sich darüber im klaren zu sein, die libidinöse Ökonomie der serbischen ethnischen Säuberungen in Bosnien: die pseudo-Bataillesche Trance exzessiver Verausgabung, den kontinuierlichen verrückten Rhythmus des Trinkens-Essens-Singens-Vögelns. Und hierin besteht der »Traum« der ethnischen Säuberer, hierin liegt die Antwort auf die Frage »Wie waren sie imstande, so etwas zu tun?«. Entsprechend der üblichen Definition, der Krieg sei »eine Fortsetzung der Politik mit anderen Mitteln«, ist die Tatsache, daß Radovan Karadzic, der Führer der bosnischen Serben, ein Dichter ist, mehr als ein Zufall: In gewisser Hinsicht waren die ethnischen Säuberungen in Bosnien eine Fortsetzung (einer bestimmten Art) von Dichtung mit anderen Mitteln.

Der entsublimierte Nächste

Die Phantasie, auf der der öffentliche ideologische Text als seiner nicht-eingestandenen obszönen Stütze beruht, dient zugleich als ein Schutzschirm gegen das unmittelbare Eindringen des Realen. Einem populären rassistischen und sexistischen Mythos zufolge wollen italienische Männer, daß Frauen ihnen während des Geschlechtsaktes erzählen, was sie mit einem anderen Mann oder anderen Männern Obszönes getrieben haben. Nur mit Hilfe dieser mythischen Stütze können die »Latin Lovers« ihre Rolle als sprichwörtliche gute Liebhaber erfüllen. Hier haben wir es mit Lacans »il n'y a pas de rapport sexuel« (»es gibt keine sexuelle Beziehung«) in seiner reinsten Form zu tun. Theoretisch zutreffend an diesem Mythos ist, daß Liebende auch im Augenblick des intensivsten körperlichen Kontaktes nie völlig miteinander allein sind. Sie benötigen zumindest eine minimale phantasmatische Geschichte als symbolische Stütze, sie können sich nie »völlig gehenlassen«, nie ganz und gar »darin« aufgehen. *Mutatis mutandis* gilt dasselbe für religiöse oder ethnische Gewalt. Man muß sich stets die Frage stellen: »Welche Stimmen hört ein Rassist, wenn er Juden, Araber, Mexikaner, Bosnier usw. verprügelt? Was teilen ihm diese Stimmen mit?«

Für Tiere ist die elementarste Form, die »Nullform« der Sexualität, die Kopulation, während diese Nullform für Menschen das *Masturbieren und Phantasieren* ist. (In diesem Sinne ist phallische *jouissance* für Lacan masturbatorisch und idiotisch.) Jeder Kontakt mit einem realen anderen Wesen aus Fleisch und Blut, jedes sexuelle Vergnügen, das uns die Berührung *eines anderen* Menschen bereitet, ist nicht etwas Offensichtliches, sondern etwas inhärent Traumatisches und nur zu ertragen, wenn dieser andere in den phantasmatischen Rahmen des Subjekts integriert wird. Als im 18. Jahrhundert die Masturbation zu einem moralischen Problem mit einer entschieden modernen Note wurde[8], beunruhigte die moralistischen »Sexologen« weniger der unproduktive Samenverlust als die »unnatürliche« Weise, auf die bei der Masturbation das Begehren erregt wird – nicht durch einen realen Gegenstand, sondern durch einen eingebildeten, vom Subjekt selbst geschaffenen. Kant, der die Masturbation für derart unnatürlich hält, »daß selbst die Nennung eines solchen Lasters bei seinem eigenen Namen für unsittlich gehalten wird«, argumentiert folgendermaßen: »Unnatürlich heißt eine Wohllust, wenn der Mensch dazu nicht durch den wirklichen Gegenstand, sondern durch die Einbildung von demselben, also zweckwidrig, ihn sich selbst schaffend, gereizt wird.«[9]

Das Problem besteht natürlich darin, daß ein Minimum an »Synthese der Einbildungskraft«, um Kants eigenen Begriff zu verwenden, die ihr Objekt (wieder)erschafft, unerläßlich ist, damit die Sexualität normal funktioniert. Dieser »eingebildete Teil« läßt sich an einer unerfreulichen Erfahrung veranschaulichen, die den meisten von uns vertraut sein dürfte. Während des intensivsten Geschlechtsverkehrs kann es uns passieren, daß plötzlich »der Film reißt«. Völlig unvermittelt stellt sich die Frage: »Was mache ich hier eigentlich, warum vollführe ich hier im Schweiße meines Angesichts all diese blödsinnigen Bewegungen?« Die Lust schlägt in einem solchen Moment um in Ekel oder zumindest in ein befremdliches Gefühl der Distanz. Entscheidend dabei ist, daß sich *in Wirklichkeit nichts verändert hat, außer daß die Position des anderen innerhalb unseres phantasmatischen Rahmens nicht mehr dieselbe ist.* Das ist es, was in Kieslowskis »Kurzem Film über die Liebe«, einem Meisterwerk über die (Un-)Möglichkeit höfischer Liebe in unserer heutigen Zeit, geschieht. Der Held, der junge Tomek, praktiziert voyeuristische Masturbation, das heißt, er masturbiert, während er die geliebte Frau durch sein »Fenster zum Hof« beobachtet. Als er die phantasmatische Schwelle des Fensters überschreitet und von der Frau, die sich ihm anbietet, auf die andere Seite des Spiegels gelockt wird, löst sich für ihn alles auf, und er versucht, Selbstmord zu begehen.

Dieselbe Erfahrung der »Entsublimierung« findet sich bereits in der Tradition der höfischen Liebe in Gestalt der *Frau-Welt,* die die Welt bzw. das irdische Leben repräsentiert. Von weitem betrachtet, erscheint sie schön, doch in dem Augenblick, in dem ihr der Dichter oder Ritter, der ihr dient, zu nahe kommt bzw. in dem sie ihn bittet, sich ihr zu nähern, damit sie ihn für seine treuen

Dienste entlohnen kann, wendet sie ihm ihre Kehrseite zu, und was vorher faszinierend schön erschien, erweist sich plötzlich als eiterndes, madiges Fleisch, als ekelerregende Substanz des Lebens – so verwandelt sich in den Filmen von David Lynch ein Gegenstand in diese ekelerregende Substanz, sobald ihm die Kamera zu nahe kommt. Die Kluft, die das Schöne vom Häßlichen trennt, ist also genau dieselbe, die die Realität vom Realen trennt. Die Realität wird durch das Minimum an Idealisierung erzeugt, deren das Subjekt bedarf, um das Grauen des Realen zu ertragen.

In »Hamlet« begegnet uns diese Auflösung, als Ophelia für Hamlet nicht mehr das Objekt der Begierde verkörpert, sondern die ekelerregende, endlose Bewegung des primordialen Lebens, jenen Zyklus des Werdens und Vergehens, bei dem Eros und Thanatos eins werden und jede Geburt bereits den Beginn des Verfalls markiert. Im Verlauf dieses Prozesses beginnt sich Hamlets Phantasma aufzulösen. Als ihm Ophelia gewissermaßen unmittelbar zugänglich wäre, weiß er ohne den Schutzschirm des Phantasmas nicht mehr, wo er sie einordnen soll, und betrachtet sie merkwürdig distanziert, wie eine Art Alien. (In der Friedhofsszene im 5. Akt gelingt es Hamlet, sein Phantasma wiederherzustellen und erneut zum begehrenden Subjekt zu werden.) Wir sehen hier ganz deutlich, daß sich die Phantasie auf der Seite der Realität befindet, daß sie den »Realitätssinn« des Subjekts aufrechterhält. Wenn sich der phantasmatische Rahmen auflöst, erlebt das Subjekt einen »Realitätsverlust« und beginnt die Realität als ein »irreales« alptraumhaftes Universum zu empfinden, das kein stabiles ontologisches Fundament besitzt. Dieses alptraumhafte Universum ist keine »reine Phantasie«, sondern, im Gegenteil, *das, was von der Realität übrigbbleibt, wenn sie ihrer Stütze in der Phantasie beraubt wird.*

In Robert Schumanns »Carnaval« findet die »Regression« auf ein traumartiges Universum statt, in dem der zwischenmenschliche Verkehr zwischen »realen Personen« durch eine Art Maskenball ersetzt wird. Man weiß nie, was oder wer hinter der Maske verborgen ist, die uns wahnhaft angrinst, eine Maschine, die schleimige Lebenssubstanz oder einfach der »reale« Doppelgänger der Maske selbst (was zweifelsohne der grauenerregendste Fall ist). Wenn also dieser »Carnaval« E. T. A. Hoffmanns *Unheimliches* in Musik umsetzt, so haben wir es dabei nicht mit dem »Universum der reinen Phantasie« zu tun, sondern vielmehr mit einer einzigartigen künstlerischen Umsetzung der Auflösung des phantasmatischen Rahmens. Die in »Carnaval« musikalisch in Szene gesetzten Personen erinnern an die gespensterhaften Erscheinungen auf der Hauptstraße von Oslo in Munchs berühmtem Gemälde. Diese entsubjektivierten lebenden Toten, fragilen, ihrer materiellen Substanz beraubten Phantome haben bleiche Gesichter, doch zugleich leuchtet in ihren Augen ein schwaches, aber merkwürdig intensives Licht, das darauf hindeutet, daß der *Blick* als Objekt an die Stelle des betrachtenden Auges tritt.

Es ist weder verwunderlich, daß Schumann hinsichtlich seiner späteren Frau Clara ein »gespaltenes Subjekt« war, ihre Nähe begehrte und sie zugleich fürchtete, noch daß Beethovens »An die ferne Geliebte« von zentraler Bedeutung für ihn war. Schumann strebte auf eine schwer zu definierende Weise stets eine gewisse Distanz zwischen Clara und sich an, um ihren erhabenen Status zu wahren und sicherzustellen, daß sie nicht zu einer realen *Nächsten* würde, die ihn mit den abstoßenden Details ihres Alltagslebens konfrontiert hätte. In seinem Brief an Clara vom 10. 5. 1838 spricht Schumann, genau zu jenem Zeitpunkt, als sie nach langen Jahren alle Probleme, die ihrer Vereinigung im Wege standen, überwunden hatten und ihre unmittelbar bevorstehende Hochzeit planten, das Geheimnis unverhohlen aus: »Deine Gegenwart hier würde mich, glaub' ich, in allen meinen Plänen und Arbeiten lähmen – es würde mich ganz unglücklich machen …«[10] Noch unheimlicher ist der Traum, den er Clara am 14. 4. 1838 schildert: »Erzählen will ich Dir doch von neulich nacht. Ich wachte auf und konnte nicht wieder einschlafen – und da [ich] mich dann immer tiefer und tiefer in Dich und Dein Seelen- und Traumleben hineindachte, so sprach ich auf einmal mit innerster Kraft: ›Clara, ich rufe Dich‹ – und da hörte ich ganz hart wie neben mir ›Robert, ich bin ja bei Dir‹. Es überfiel mich aber eine Art Grauen, wie die Geister über die großen Flächen Landes mit einander verkehren können. Ich thue es aber nicht wieder dieses Rufen; es hatte mich ordentlich angegriffen.«[11] Begegnet uns hier nicht die grauenerregende Bürde der Begegnung mit einem Nächsten im Realen seiner oder ihrer Präsenz? Liebe deinen Nächsten? Nein, danke!

Die Gespaltenheit Schumanns, dieses radikale Oszillieren zwischen Anziehung und Abstoßung, zwischen der Sehnsucht nach der fernen Geliebten und dem Gefühl der Entfremdung und des Abgestoßenseins von ihrer Nähe, zeugt keineswegs von pathologischer Unausgeglichenheit seiner Psyche. Ein solches Oszillieren bildet vielmehr die Grundlage des menschlichen Begehrens, so daß das eigentliche Rätsel darin besteht, wie ein »normales« Subjekt es schafft, diesen Sachverhalt zu kaschieren und ein fragiles Gleichgewicht zwischen dem sublimen Bild der/des Geliebten und ihrer/seiner realen Präsenz herzustellen, so daß die Person aus Fleisch und Blut auch weiterhin den erhabenen Platz innehaben kann und so dem traurigen Schicksal entgeht, sich in ein ekelerregendens Exkrement zu verwandeln.

Jacques Rivettes Film »La belle noiseuse« (»Die schöne Querulantin«) kreist um das gespannte Verhältnis zwischen einem Maler (Michel Piccoli) und seinem Modell (Emmanuele Beart). Das Modell widersetzt sich dem Künstler, es provoziert ihn absichtlich, wehrt seine Annäherungsversuche ab, stachelt ihn an und ist auf diese Weise aktiv an der Schöpfung des Kunstwerks beteiligt. Das Modell ist also buchstäblich eine »schöne Querulantin«, das traumatische Objekt, das für Irritationen und Wutausbrüche sorgt und sich seiner/ihrer Einreihung in die Serie gewöhnlicher Objekte verweigert – *ça bouge*, wie es im Französischen heißt. Und was ist Kunst (der Akt des Malens), wenn nicht der Versuch, im Gemälde diese traumatische Dimension zu *deponieren*, »niederzulegen«, sie zu exorzieren, indem man sie im Kunstwerk externalisiert? Doch in »La belle noiseuse«

scheitert dieser Beschwichtigungsversuch: Am Ende des Films mauert der Künstler das Gemälde in einem Spalt zwischen zwei Wänden ein, wo es nun, ohne daß die anderen Hausbewohner davon wüßten, für immer bleiben wird.

Warum tut er das? Weil er *zu erfolgreich* dem Geheimnis seines Modells auf die Spur gekommen ist. Das fertige Werk gibt *zuviel* von diesem Modell preis, es durchbricht ihren Schönheitsschleier und zeigt sie als das, was sie wirklich ist, ein verabscheuungswürdiges kaltes Ding. Kein Wunder also, daß das Modell, als sie zum Schluß das fertige Gemälde erblickt, vor Entsetzen und Ekel davonläuft, denn was sie dort sieht, ist der Kern ihres Seins, ihr in ein Exkrement verwandeltes *agalma.* Das wirkliche Opfer ist daher nicht der Maler, sondern das Modell selbst. Durch ihre kompromißlose Verweigerungshaltung hatte sie den Maler dazu gebracht, *mehr* darzustellen als das, wonach sie gefragt hatte, nämlich sie selbst und den exkrementalen Überschuß, der ihren Wesenskern bildet. Dies ist der Grund, warum das Gemälde für immer hinter der Wand versteckt werden muß und es keinen Sinn hat, es physisch zu zerstören. Das Bild läßt sich nur begraben und auf diese Weise »in Schach halten«, denn das, was darin deponiert bzw. niedergelegt ist, ist *strictu sensu* unzerstörbar – es hat den Status dessen, was Lacan in den »Vier Grundbegriffen« als *lamella* bezeichnet, die mythische präsubjektive »untote« Lebenssubstanz, Libido als Organ.

Orson Welles war äußerst sensibel hinsichtlich der eigentümlichen Logik dieses »geheimen Schatzes«, des versteckten Kerns des Subjekts, der sich in eine giftige Gabe verwandelt, sobald das Subjekt ihn enthüllt. Man denke nur an die Grabinschrift des *Mr. Arkadin*: »Ein bedeutender und mächtiger König fragte einmal einen Dichter: ›Was, von all dem, was ich besitze, kann ich dir geben?‹ Dieser antwortete weise: »Alles, mein Herr ... außer Eurem Geheimnis.‹« Warum? Lacans Antwort lautet: *»Ich schenke mich dir ... doch diese Gabe meiner Person ... verwandelt sich auf unerklärlich Weise in eine Scheiß-Gabe«* – das exzessive Sichöffnen (die Enthüllung eines

Geheimnisses, eine Ergebenheitsadresse oder ein Treuegelöbnis) einer Person gegenüber einer anderen schlägt leicht um in eine exkrementale, abstoßende Aufdringlichkeit. Dies ist der Sinn des berühmten »No trespassing!«-(»Durchgang verboten!«)-Schilds am Anfang und am Ende von »Citizen Kane«: Es ist äußerst gefährlich, in diesen Bereich der äußersten Intimität einzudringen, da man mehr erhält als das, wonach man gefragt hat. Urplötzlich, wenn es bereits zu spät ist, den Rückzug anzutreten, befindet man sich auf einem schleimigen obszönen Terrain.

Die meisten von uns wissen aus persönlicher Erfahrung, wie unangenehm es ist, wenn eine Persönlichkeit, die wir sehr bewundern und über die wir gern mehr erfahren möchten, uns unseren Wunsch erfüllt, uns in intime Dinge einweiht, ihr ganz persönliches Trauma »mit uns teilt«. Das ganze Charisma dieser Persönlichkeit ist mit einemmal dahin, und wir verspüren nur noch das dringende Bedürfnis davonzulaufen. Womöglich besteht wahre Freundschaft genau in dem Wissen darum, wann man aufhören muß, darin, daß man eine gewisse Schwelle nicht überschreitet, einem guten Freund nicht »alles erzählt«. Nur unserem Psychoanalytiker erzählen wir alles, doch aus eben diesem Grund wird er auch nie unser Freund werden können.

Die häßliche Jouissance

Diese Beobachtung ermöglicht es uns, das »Häßliche« auf neue Weise zu verstehen. Im Gegensatz zu der geläufigen idealistischen Auffassung, das Häßliche sei die defekte Form des Schönen, also entstellte Schönheit, gilt es, das *ontologische Primat der Häßlichkeit* zu betonen. Schönheit ist eine Art Abwehr gegen das Häßliche in seiner widerwärtigen Existenz bzw. seiner Existenz *tout court*, da das Häßliche letztlich das brutale Faktum der Existenz/des Realen als solche-r/m ist.[12]

Das häßliche Objekt ist ein Objekt, das sich am falschen Platz befindet, ein Objekt, das »nicht dasein sollte«. Das bedeutet jedoch nicht, daß das häßliche Objekt nicht mehr häßlich ist, wenn es sich wieder an seinem angestammten Platz befindet. Vielmehr ist ein häßliches Objekt »an sich« fehl am Platz, und zwar aufgrund des gestörten Gleichgewichts zwischen seiner »Repräsentation« – den symbolischen Merkmalen, die wir wahrnehmen – und seiner »Existenz«. Häßlich, das heißt: fehl am Platz, ist der Exzeß der Existenz über die Repräsentation. Häßlichkeit ist also eine *topologische* Kategorie; sie bezeichnet ein Objekt, das gewissermaßen »größer ist als es selbst«, dessen Existenz größer ist als seine Repräsentation. Die ontologische Voraussetzung der Häßlichkeit ist daher eine Lücke zwischen einem Objekt und dem Raum, den es einnimmt, oder, anders gesagt, zwischen der Außenseite (Oberfläche) eines Objekts, die von der Repräsentation festgehalten wird, und seiner Innenseite (der formlosen Materie).

Beim Schönen handelt es sich in beiden Fällen um einen vollkommenen Isomorphismus, während beim Häßlichen die Innenseite eines Objekts irgendwie größer ist bzw. wirkt als die Außenseite seiner Oberflächen-Repräsentation – so sind die unheimlichen Gebäude in Kafkas Romanen innen wesentlich größer, als es von außen den Anschein hatte. Man könnte aber auch sagen: Ein Objekt wirkt deswegen »fehl am Platz«, weil es *mir* zu nahe ist, wie die Freiheitsstatue in Hitchcocks »Foreign Correspondent«: In extremer Nahsicht verliert sie ihre Würde und nimmt ekelerregende obszöne Züge an. Man erinnert sich in diesem Zusammenhang automatisch daran, wie Gulliver den gigantischen Körper einer schönen Frau in Brobdingnag erlebt: »Nichts ekelte mich so wie der Anblick ihrer ungeheuerlichen Brust, die von Flecken, Pickeln und Sommersprossen übersät war.« Aber auch den gegenteiligen Fall gilt es sich vor Augen zu führen: Wenn man dem ekelerregenden Gewimmel des Lebens ganz nahe kommt, wird es nicht mehr als etwas Lebendiges wahrgenommen, sondern nimmt abstrakte Formen an. Es ist eine bekannte Tatsache, daß der Mikrokosmos (Atome, Moleküle) oder zumindest die Art und Weise, wie wir ihn visualisieren, auf unheimliche Weise dem Makrokosmos (Planeten auf ihren Umlaufbahnen) ähnelt. Wenn wir uns der Materie »absolut« nähern, verliert sie ihre Dichte und löst sich in die Ondulation abstrakter Muster auf. Wir haben es also mit vier Ebenen zu tun: dem abstrakten planetarischen Makrokosmos, der gewöhnlichen Realität, dem Realen der »häßlichen Lebenssubstanz« und dem (wiederum abstrakten) planetarischen Mikrokosmos.

Die Kluft, die das Schöne vom Häßlichen trennt, ist also dieselbe Kluft, die die Realität vom Realen trennt. Der Kern der Realität ist das Grauen, das Grauen vor dem Realen, und das, was die Realität konstituiert, ist das Minimum an Idealisierung, dessen das Subjekt bedarf, um das Reale zu ertragen. Anders gesagt: Häßlichkeit ist der Exzeß der Materie, der durch die Poren in der Oberfläche eindringt und der von den Science-fiction-Aliens, deren flüssige Materialität ihre Oberfläche überschwemmt (etwa der böse Fremde aus »Terminator 2« oder der Alien aus dem gleichnamigen Film), bis zu den Filmen David Lynch' (insbesondere »Dune«) reicht, in denen das rohe Fleisch ständig unter der Oberfläche hervorzubrechen droht. Entsprechend unserer phänomenologischen Einstellung gegenüber dem Körper einer anderen Person empfinden wir deren Oberfläche, ein Gesicht zum Beispiel, als unmittelbaren Ausdruck seiner oder ihrer »Seele« – und verdrängen das Wissen darum, was sich unmittelbar unter der Oberfläche befindet (Drüsen, Fleisch usw.). Der Schock des Häßlichen ereignet sich dann, wenn die Oberfläche tatsächlich aufgeschnitten wird, so daß der Anblick der realen Tiefe des hautlosen Fleisches die spirituelle, immaterielle Pseudotiefe zunichte macht.

Beim Schönen ummantelt das Äußere eines Dings sein Inneres, während beim Häßlichen diese Proportionalität durch den Exzeß der inneren Materie gestört wird, die das Subjekt zu überwältigen und verschlingen droht. Dies eröffnet den Raum für den gegenteiligen Exzeß, den Exzeß von etwas, das dasein sollte, aber nicht da ist, wie etwa die fehlende Nase, die das

»Phantom der Oper« so häßlich erscheinen läßt. Hier haben wir es mit einem Mangel zu tun, der zugleich als Exzeß fungiert, als Exzeß einer geisterhaften, gespenstischen Materialität auf der Suche nach einem »richtigen«, »realen« Körper. Geister, Vampire sind schattenhafte Gestalten auf der Suche nach der Lebens-Substanz (Blut) in uns tatsächlich existierenden Menschen. Der Exzeß der Materie ist daher dem Exzeß der gespenstischen Form streng korrelativ.

Bereits Deleuze hat hervorgehoben, daß der »Ort ohne Subjekt« durch ein »Objekt, das eines richtigen Orts entbehrt«, aufrechterhalten wird. Beide Mängel können sich aber nicht wechselseitig aufheben. Wir haben es hier mit den beiden Seiten des Realen zu tun – einerseits Existenz ohne Eigenschaften, andererseits ein Objekt mit Eigenschaften, aber ohne Existenz. Diesen Sachverhalt illustriert die bereits erwähnte berühmte Szene aus Terry Gilliams Film »Brazil«: Der Kellner eines Luxusrestaurants offeriert seinen Gästen die besten Angebote des Tagesmenüs (»Heute ist unser Tournedos wirklich ganz besonders gut!« usw.). Doch nachdem die Kunden ihre Wahl getroffen haben, erhalten sie zweierlei: ein prächtiges Farbfoto der Mahlzeit auf einem Ständer über dem Teller sowie auf dem Teller selbst einen ekelerregenden Brei. Diese Spaltung zwischen dem Bild der Speise und dem Realen ihres amorphen, exkrementalen Restes versinnbildlicht auf vollkommene Weise die beiden Modi des Häßlichen: die gespenstische substanzlose Erscheinung (»Repräsentation ohne Existenz«) und den »Rohstoff« des Realen (»Existenz ohne Erscheinung«).

Man sollte die Bedeutung dieser Kluft, die das »häßliche« Reale von den vollständig ausgeformten Objekten in der »Realität« trennt, nicht unterschätzen. Lacans fundamentale These lautet, daß ein Minimum an »Idealisierung«, also die Einschaltung des phantasmatischen Rahmens, durch den das Subjekt eine gewisse Distanz zum Realen wahrt, für unser »Realitätsgefühl« konstitutiv ist. »Realität« ereignet sich insoweit, als sie uns nicht »zu nahe« kommt. Gegenwärtig ist häufig die Rede davon, daß wir den Kontakt zum »authentischen« Realen unserer äußeren und inneren Natur immer mehr verlieren. So sind wir inzwischen an aseptische, pasteurisierte Milch derart gewöhnt, daß frische Milch abstoßend auf uns wirkt. Diese »echte« zähflüssige Milch erscheint uns ekelhaft und ungenießbar.

Freud hat die Realität als das definiert, was dem Begehren in die Quere kommt: »Häßlichkeit« steht letztlich für die Existenz selbst, für den Widerstand der Realität aufgrund dessen die materielle Realität nie einfach nur ein ätherisches Medium ist, das wir problemlos gestalten können. Die Realität ist häßlich, sie »sollte nicht dasein« und sich unserem Begehren widersetzen. Doch die Situation, mit der wir es hier zu tun haben, ist komplizierter, da das, was dem Begehren »in die Quere kommt«, zugleich der Schauplatz der unerträglichen, ekelhaften, exzessiven Lust, also der *jouissance* ist. Das, was nicht dasein sollte, ist letztlich die *jouissance* selbst: die träge Materie ist die Materialisierung der *jouissance*. Der springende Punkt ist also, daß die *jouissance* im Hinblick auf den Gegensatz zwischen Begehren und Wirklichkeit, die sich der Realisierung dieses Begehrens widersetzt (indem sie uns Schmerzen und Unlust bereitet und uns daran hindert, das Gleichgewicht der Lust zu erlangen), auf der Seite der »harten Wirklichkeit« steht. Die *jouissance* als »reale« ist das, was sich – der symbolischen Integration – widersetzt, was dicht und undurchdringlich ist, und genau in diesem Sinne ist die *jouissance* »jenseits des Lustprinzips« angesiedelt. *Jouissance* entsteht da, wo jene Realität, die die Quelle der Unlust und des Schmerzes ist, als Quelle einer traumatisch-exzessiven Lust erfahren wird. Anders gesagt, das Begehren ist an sich »rein«, es versucht, jegliche »pathologische« Fixierung zu vermeiden.[13] Die »Reinheit« des Begehrens wird dadurch gewährleistet, daß das Begehren in der Kluft zwischen einem bestimmten Objekt des Begehrens und dem Begehren selbst angesiedelt ist – die fundamentale Erfahrung des Begehrens lautet: »ce ne pas ça«, *das* ist es nicht. Im eindeutigen Gegensatz hierzu ist die *jouissance* (bzw. die Libido bzw. der Trieb) per definitionem »schmutzig« und/oder häßlich und immer »zu nah«: Begehren ist Absenz, Libido/Trieb Präsenz.

All dies ist von absolut zentraler Bedeutung dafür, daß die Ideologie im Fall unseres »alltäglichen« Sexismus oder Rassismus funktioniert. Das Problem besteht letztlich darin, das bedrohliche Innere so unter Kontrolle zu halten, daß es nicht nach außen dringt und uns völlig überschwemmt. Ist nicht die weibliche Periode der exemplarische Fall eines solchen häßlichen, nach außen dringenden Inneren? Und werden Schwarze nicht deswegen als bedrohlich empfunden, weil man ihre Präsenz als zu intensiv, als »zu nah« erlebt? Um sich das zu veranschaulichen, genügt es, sich das rassistische karikaturistische Klischee schwarzer Köpfe und Gesichter in Erinnerung zu rufen – hervorquellende Augen, überdimensionierte Münder, als ob die Oberfläche jeden Augenblick aufplatzen und das Innere preisgeben würde. (In diesem Sinne deckt sich die rassistische phantasmatische Dualität von Schwarzen und Weißen mit der Dualität von formloser Materie und schattenhafter-gespenstischer-impotenter Form ohne Materie.)

Ist nicht die Sorge darum, wie man sich der eigenen Exkremente entledigt, die, nach Lacan, einer der entscheidenden Unterschiede zwischen Mensch und Tier ist, zugleich ein Beispiel für die Frage, wie man das nach außen tretende Innere los wird? Das Problem der Intersubjektivität besteht letztlich in dem Ausmaß, in dem wir bereit sind, den anderen, unseren (sexuellen) Partner, im Realen seiner oder ihrer Existenz zu akzeptieren. Lieben wir ihn oder sie immer noch, wenn er oder sie scheißt und unangenehme Geräusche verursacht? (Man denke nur an das unglaubliche Ausmaß, in dem Joyce bereit war, seine Frau Nora in der »häßlichen« *jouissance* ihrer Existenz zu akzeptieren.) Das Problem besteht natürlich darin, daß das Leben in gewissem Sinne selbst »häßlich« ist. Wenn wir uns dieser Häßlichkeit wirklich entledigen wollen, sind wir früher oder später gezwungen, die Einstellung eines Katharers anzunehmen, für den das irdische Leben die Hölle ist und Gott, der diese Welt schuf, der Satan selbst, der Herr der Welt. Um zu überleben, benötigen wir also ein Minimum an Realem – in einem kontrollierten, veredelten Zustand.

Der Lacansche Beweis für die Existenz des Anderen ist die *jouissance* des Anderen – im Unterschied etwa zum Christentum, wo dieser Beweis die Liebe ist. Um sich das zu verdeutlichen, genügt es, sich eine intersubjektive Begegnung vorzustellen: Wann begegne ich tatsächlich dem/der Anderen »jenseits der Mauer der Sprache« im Realen seines oder ihres Seins? Nicht, wenn ich imstande bin, die Person zu beschreiben oder wenn ich ihre Werte, Träume usw. kennenlerne, sondern nur, wenn ich sie im Moment ihrer *jouissance* erlebe: Wenn ich sie an einem winzigen Detail erkenne, einer zwanghaften Geste, einem exzessiven Gesichtsausdruck, einem Tick, der mir die Intensität des Realen der *jouissance* signalisiert. Diese Begegnung mit dem Realen ist immer traumatisch, besitzt zumindest im Ansatz etwas Obszönes. Ich kann das Reale nicht einfach in mein Universum integrieren, da es immer eine Kluft gibt, die mich von ihm trennt.

Das ist der entscheidende Punkt, um den es bei der »Intersubjektivität« geht, nicht um Habermas' »ideale Sprechsituation«, bei der eine Gruppe pfeiferauchender Akademiker am runden Tisch beisammensitzt und mittels unverstellter Kommunikation irgendein Thema erörtert: Ohne das Element des Realen der *jouissance* bleibt der Andere letztlich eine Fiktion, ein rein symbolisches Subjekt strategischen Vernünftelns, wie es die »Rational Choice Theory« exemplifiziert. Aus diesem Grund ist man versucht, den Begriff »Multikulturalismus« durch den des »Multirassismus« zu ersetzen: Der Multikulturalismus suspendiert den traumatischen Kern des Anderen, reduziert ihn auf eine aseptische folkloristische Entität.

Die historistische/kulturalistische Darstellung der ethnischen Identität muß also, insoweit sie für die beschriebene Gruppe performativ verbindlich ist und nicht einfach nur als distanzierte ethnologische Beschreibung fungiert, »etwas mehr« enthalten, irgendeinen transkulturellen »Kern des Realen«. (Der postmoderne Multikulturalist verschiebt dieses Pathos lediglich auf den angeblich »authentischeren« Anderen. Die »Marseillaise« läßt ihn völlig kalt, doch wenn er dem Ritual eines afrikanischen Stammes lauscht, gerät er in Ekstase. Hier haben wir es eindeutig mit einer invertierten Form von Rassismus zu tun.)

Das »Reale« ist der unergründliche Rest jener ethnischen Substanz, deren Prädikate verschiedene kulturelle Merkmale sind, die unsere Identität konstituieren; in diesem präzisen Sinne verhält sich die Rasse zur Kultur wie das Reale zum Symbolischen. Das »Reale« ist das unergründliche X, das bei unseren kulturellen Auseinandersetzungen auf dem Spiel steht, es ist das, weswegen jemand, der zuviel über unsere Kultur erfährt, uns diese stiehlt, das, weswegen jemand, der sich einer anderen Kultur anschließt, uns »verrät« usw. Solche Erfahrungen beweisen, daß es es irgendein X geben muß, das in der kulturellen Menge aus Werten, Einstellungen, Ritualen usw. »ausgedrückt« werden muß, in denen sich unsere Lebensweise manifestiert. Gestohlen bzw. verraten wird immer ein kleines Stück des Realen.

Die häßliche Stimme des Nächsten

Heinrich von Kleists Legende »Die heilige Cäcilie oder Die Gewalt der Musik« ist eine perfekte Darstellung des unheimlichen Status der singenden Stimme als Verkörperung der »häßlichen« *jouissance*. Die Erzählung spielt am Ende des 16. Jahrhunderts in Aachen, einer zwischen Katholiken und Protestanten gespaltenen Stadt. Vier protestantische Brüder planen mit zahlreichen Mitstreitern während des Hochamtes zum Fronleichnamsfest in einer großen katholischen Kirche einen Bildersturm. Doch dieser wird in letzter Minute verhindert, als eine schöne, mutmaßlich todkranke Nonne auf dem Altar der Kirche erscheint und mit dem Chor ein herrliches Oratorium aufführt. Dieses Werk verzaubert die vier »Bösewichter« derart, daß sie außerstande sind, das vereinbarte Zeichen zu geben. Doch auch nachdem die Messe vorüber ist, bleiben die vier Brüder wie gelähmt am Boden knien. Sie werden in eine Anstalt eingeliefert, wo sie den Rest ihres Lebens mit unablässigem Beten verbringen. Nur um Mitternacht erheben sie sich und intonieren das »gloria in excelsis«, das sie während jener schicksalhaften Fronleichnamsmesse gehört hatten. An diesem Punkt freilich bricht sich das Grauen Bahn, denn das, was ursprünglich ein himmlischer Gesang von Nonnen war, der auf wundersame Weise lindernd und beschwichtigend wirkte, ist nun, in der Wiederholung, eine grauenhafte, obszöne Imitation. Mit anderen Worten, wir haben es hier mit einem exemplarischen Fall der hegelianischen Tautologie des höchsten Widerspruches »Stimme ist ... Stimme« zu tun, das heißt, die ätherisch-sublime Stimme eines Kirchenchors begegnet sich selbst in ihrer Andersheit in dem grotesken Gesang der Wahnsinnigen. Dieser groteske Gesang invertiert die geläufige Version der obszönen Umkehrung – ein liebenswürdiges unschuldiges Mädchen, dessen Gesicht plötzlich haßverzerrt ist, zu fluchen beginnt und unglaubliche Blasphemien von sich gibt (das besessene Mädchen in »Der Exorzist« usw.).

Diese geläufige Version macht das Grauen und die Verderbtheit sichtbar, die unter der liebenswürdigen Oberfläche lauern. Der Anschein der Unschuld löst sich auf, und unvermittelt stellen wir fest, daß sich dahinter das intensiv Obszöne befindet. Läßt sich etwas Schlimmeres denken? Ja, und zwar genau das, was sich in Kleists Geschichte ereignet. Das ultimative Grauen wird nicht dadurch ausgelöst, daß sich die Maske auflöst, daß ein freundliches Mädchengesicht Flüche von sich gibt, sondern vielmehr dadurch, daß sich ein falscher, korrumpierter Sprecher den erhabenen Text mißbräuchlich aneignet. In der geläufigen Version befindet sich das richtige Objekt (ein freundliches unschuldiges Gesicht) an der falschen Stelle (indem es blasphemische Flüche ausstößt), während sich bei Kleist das falsche Objekt (brutale häßliche Bösewichter) an der richtigen Stelle befindet (die Bösewichter versuchen, das erhabene religiöse Ritual zu imitieren). Auf der Ebene der ethnischen Identität geschieht etwas Ähnliches, wenn ein Subjekt, das nicht »zu uns gehört«, unsere Sprache erlernt und sich bemüht, sie zu sprechen, sich so zu verhalten, als sei es Teil unserer »Gemeinschaft«. Jeder richtige Rassist reagiert automatisch: genau dadurch raube uns der Fremde die Substanz unserer Identität.

Um ein ganz ähnliches Phänomen handelt es sich, wenn ein Ehemann seiner Mätresse ein hübsches Kleid kauft, das dann aber von seiner Frau entdeckt wird, die es anzieht und ihm enthusiastisch präsentiert, weil sie natürlich annimmt, es sei für sie bestimmt. Und findet nicht etwas Ähnliches auch in Hitchcocks »Vertigo« statt, als Midge, die gewöhnliche bebrillte Freundin des Helden, der seine Vernarrtheit in das Porträt der seit langem toten fatalen Schönheit Carlotta nicht entgangen ist, ein Bild malt, das dieses Bildnis Carlottas exakt kopiert, mit Ausnahme des Gesichts – anstelle des Gesichts von Carlotta malt sie ihr eigenes alltägliches Gesicht mit der Brille. Der Anblick dieses falschen Objekts (Midges Gesicht) am richtigen Ort löst im Helden tiefe Depressionen aus. Warum? Normalerweise wird erhabene Schönheit als Köder denunziert, als trügerisches Bild, hinter dem sich das verdorbene Fleisch verbirgt – doch genau als eine solche »reine Erscheinung« wird die Erscheinung auch gerettet, während im zweiten Fall (der von Kleists Legende bis zu Hitchcocks »Vertigo« reicht) die erhabene Erscheinung sozusagen *von innen ausgehöhlt wird,* indem das falsche Subjekt sich ihrer bemächtigt.

Ein völlige Entsprechung hat dieser Sachverhalt im Verhältnis zwischen dem entsetzlichen Inhalt (wilde Promiskuität) hinter der erhabenen Maske der Ehe und der *Ehe zwischen gleichgeschlechtlichen Partnern,* diesem traumatischen Punkt, dieser ultimativen *bête noire* der »moralischen Mehrheit«. Die Ehe zwischen gleichgeschlechtlichen Partnern ist für die moralische Mehrheit deswegen so traumatisch, weil sie der These widerspricht, Homosexuelle strebten lediglich nach rascher körperlicher Befriedigung und seien außerstande, sich auf eine feste persönliche Beziehung einzulassen. Die unheimliche Nähe der Ehe zwischen Gleichgeschlechtlichen zu einer »normalen« Ehe würde die Einzigartigkeit der letzteren unterminieren. Das Paradox besteht daher darin, daß die moralische Mehrheit insgeheim *will*, daß Homosexuelle promiskuöse Hedonisten bleiben. Wenn sie hingegen »mehr wollen«, nämlich die Eheschließung als jenes symbolische Ritual, das ihre tiefe persönliche Verbundenheit bestätigt, empfindet die moralische Mehrheit dies zwangsläufig als eine obszöne Travestie des wahren Ehebundes, so wie für Kant die Verurteilung und Hinrichtung eines Monarchen eine obszöne Travestie der Gerechtigkeit ist und als solche ein unverzeihliches Verbrechen, unendlich viel schlimmer als jede spontane blutige Erhebung.

Totemismus heute

Unsere Auseinandersetzung mit der symbolischen Effizienz der Maske erlaubt es uns, noch einmal auf Charles Russells Film »Die Maske« zurückzukommen, dessen narrative Auflösung das gängige Klischee von »der wahren Person hinter der Maske« vermeidet. Am Ende des Films schleudert der Held die Maske ins Meer zurück; er ist dazu imstande, weil er in sein tatsächliches Verhalten Elemente dessen einfließen läßt, was er tat, als er unter dem Bann der Maske stand. Unser »Reifungsprozeß« besteht nicht darin, daß wir einfach unsere Masken ablegen, sondern darin, daß wir auf ihre symbolische Wirksamkeit vertrauen – im Gerichtssaal, wenn ein Richter *seine* Maske, das heißt seine Amtsinsignien anlegt, behandeln wir ihn faktisch so, als stünde er unter dem Bann der symbolischen Institution des Gesetzes, das jetzt durch ihn spricht. Dennoch wäre es falsch, hieraus die Folgerung zu ziehen, die Maske sei einfach nur eine »primitivere« Version der symbolischen Wirksamkeit, jener Macht, die die symbolische Autorität über uns ausübt. Es ist wichtig, an einem entscheidenden Unterschied zwischen der eigentlichen symbolischen Autorität, die auf strikt »metaphorischer« Ebene funktioniert, und der obszönen »totemischen« Buchstäblichkeit der Maske festzuhalten. So ist es nicht weiter überraschend, daß der Held, wenn er eine Maske trägt, häufig das Gesicht eines Tieres hat: Im phantasmatischen Raum der Comics werden Tiere ja eben als Menschen mit Tiermasken und/oder Tierkleidung wahrgenommen (siehe die übliche Szene, in der die Haut eines Tieres aufgeritzt wird und den Blick auf die darunter liegende *Haut eines Menschen* freigibt).

Um Claude Levi-Strauss zu paraphrasieren, die »Maske« präsentiert uns einen Fall von »Totemismus heute«, den Fall der phantasmatischen Effizienz der animalischen Totemmaske, die jedoch in unserem heutigen gesellschaftlichen Umfeld nicht mehr funktioniert: Der Psychologe, der einen Bestseller über Masken verfaßt hat, beantwortet die Fragen des Helden ganz unaufgeregt mit der Bemerkung, daß wir alle Masken trügen. Daraufhin will der Held in einer entscheidenden Szene des Films den Psychologen davon überzeugen, daß die Maske in seinem Fall wirklich ein magisches Objekt sei. Doch als er sie aufsetzt, ist sie nichts weiter als ein totes Stück Holz, und die magische Wirkung bleibt aus.

John Woos »Face/Off« (1997) enthält eine weitere interessante Variation des Motivs der Maske. Der Film erzählt die Geschichte des FBI-Agenten Sean Archer (Travolta) und des verspielt-sadistischen Terroristen Castor Troy (Cage), die beide Teil desselben tödlichen Spieles sind. Während Cage im Koma liegt, erfährt der FBI, daß irgendwo in Los Angeles eine riesige Giftbombe tickt. Da Cage nicht ansprechbar ist, besteht die einzige Möglichkeit, etwas über das Versteck der Bombe zu erfahren und eine Katastrophe zu verhindern, darin, das Vertrauen von Cages verkrüppeltem jüngeren Bruder zu gewinnen. Mittels High-Tech-Medizin läßt die Polizei die Gesichtshaut von Cage und Travolta ablösen, Travoltas Gesicht in einer durchsichtigen Spezialflüssigkeit aufbewahren und dann auf seinen Kopf Cages Gesichtshaut transplantieren. Mit Cages Gesicht, so der Plan, wird Travolta imstande sein, das Vertrauen von Cages Bruder zu gewinnen.

Unglücklicherweise erwacht Cage jedoch aus dem Koma, steht von seinem Krankenbett auf, blickt in den Spiegel und sieht das rohe Fleisch seines Gesichtes sowie Travoltas Gesichtshaut in der Konservierungsflüssigkeit. Er begreift, was geschehen ist, nimmt Kontakt zu seiner Bande auf, die daraufhin das Krankenhaus besetzt, und zwingt die Ärzte, ihm Travoltas Gesichtshaut anzunähen. Dann töten er und seine Komplizen alle Beteiligten und zerstören sämtliche Dokumente, so daß niemand etwas von diesem Austausch erfährt. Cage, der Erzverbrecher, kann sich nun als Travolta, der Superagent, wieder ins »normale« Alltagsleben begeben, während Travolta dazu verurteilt ist, lebenslänglich in einem Hochsicherheitstrakt zu schmoren und für den Verbrecher Cage gehalten zu werden.

Doch während Cage (mit Travoltas Gesicht) Travoltas Job und Familie übernimmt (mit dessen Frau schläft usw.), gelingt es Travolta, zu entkommen und die Kontrolle über Cages Bande zu erlangen. Cage und Travolta tauschen also die Rollen. Wir befinden uns hier im halluzinatorischen Bereich der *realisierten Phantasie* – der Ausdruck »das Gesicht verlieren«, mit dem man normalerweise Schande und moralische Erniedrigung verbindet, erhält hier eine wörtliche Bedeutung: Die Hautoberfläche unserer Gesichter wird buchstäblich das Gesicht, das wir tragen, das heißt eine Maske, die austauschbar ist, die durch eine andere ersetzt werden kann. Was hier verschwindet, ist die Vorstellung einer Hautoberfläche unseres Körpers im eigentlichen Sinne: Wir tragen Masken, die sich ersetzen lassen, und das, was sich unter der künstlichen austauschbaren Maske befindet, ist nicht mehr die eigentliche physische Hautoberfläche, sondern das grauenerregende Fleisch aus Blut und Muskeln: »Ich« bin nicht mehr das Gesicht, das jeder sehen kann. Dieses Gesicht kann ersetzt werden, das heißt, mein Gesicht ist eine Maske, die ich ablegen kann.

Das Duell zwischen Travolta und Cage ist eine perfekte Inszenierung des Lacanschen Spiegelstadiums, insoweit bei dem tödlichen Kampf mit meinem Doppelgänger im Spiegel jeder Schlag gegen ihn ein Schlag gegen mich ist und umgekehrt und ich meinen Gegner dadurch verwunde, daß ich mich selbst verwunde. Tatsächlich kreist eine ganze Reihe von Szenen darum, daß jeweils einer der beiden Hauptdarsteller mit seinem Spiegelbild – in Gestalt seines Erzfeindes – konfrontiert wird. Dieser Vorgang wird in der letzten Begegnung der beiden auf ein höheres ironisches Niveau gehoben. Zwischen Travolta und Cage befindet sich eine dünne Wand, die auf beiden Seiten verspiegelt ist. Die beiden ziehen ihre Pistolen und wenden sich dem Spiegel zu, in dem sie ihr eigenes Gesicht sehen, in dem sie also sehen, wer der Feind hinter der Spiegelwand wirklich ist (da das Gesicht, das Cage sieht – das Gesicht Travoltas –, das wahre Gesicht des Menschen hinter dem Spiegel ist, und vice versa). Man kann also gut verstehen, warum Travolta zögert, Cages Gesicht zu malträtieren: Da die Haut dieses Gesichts seine eigene ist, würde er durch dessen Zerstörung sein eigenes Gesicht zerstören und endgültig die Chance zunichte machen, es jemals unversehrt zurückzuerhalten. Hingegen versucht der sterbende Cage verzweifelt, sein Gesicht zu zerschneiden und zu beschädigen: Er weiß, daß er dadurch verhindern würde, daß Travolta es jemals wiederbekommt.

Dieses Spiegelverhältnis ereignet sich auf der Ebene der Interaktion zwischen dem Realen (dem rohen Fleisch) und dem Imaginären (den austauschbaren Masken, die wir tragen), enthält jedoch noch nicht die ganze Wahrheit des Films. Um die Spuren einer dritten, symbolischen Dimension zu erkennen, muß man diesen Tausch der Gesichter im Zusammenhang damit lesen, daß Travolta dem Charakter Cages (des »bösen« verspielt-zynischen Sadisten) viel eher entspricht, während Cage, der normalerweise aktive und starke, doch zugleich zarte und mitfühlende Männer spielt, der »echten« Person Travoltas in diesem Film viel näherkommt. Es überrascht daher nicht, daß der Zuschauer es als gerechtfertigte Wiederherstellung des »eigentlichen« Zustands empfindet, daß die beiden die Gesichter tauschen. Travolta wirkt äußerst überzeugend, wenn er sich wie der sadistisch-verspielte Erzschurke verhält, und Cage als verzweifelt aufrechter Polizist, der seine Familie von seiner wahren Identität überzeugen möchte, steht Travolta in nichts nach. Hier haben wir es bereits mit der symbolischen Effizienz der Maske zu tun: Es ist, als habe sich das Verhältnis zwischen der Maske und dem »wahren Gesicht« verkehrt, als seien die »wahren Gesichter« Travoltas und Cages bereits Masken, die ihren eigentlichen Charakter verbergen, so daß es dem Subjekt freisteht, sein »wahres Selbst« zum Ausdruck zu bringen, indem es die Gesichtsmaske der anderen Person anlegt.

Vor diesem Hintergrund erscheint das Ende des Films, als jeder sein wahres Gesicht zurückerhält – sogar Travoltas Tocher, eine Teenagerin, die sich während des ganzen Films als Punkerin stylt, zeigt am Ende ihr »natürliches« Gesicht ohne Make-up und Piercing –, zweischneidiger, als es zunächst den Anschein hat. Travoltas verzweifeltes Bemühen, sein eigen(tlich)es Gesicht zurückzuerlangen, gilt nicht so sehr seinem wahren Selbst, sondern vielmehr seinem Bestreben, die sogenannte finstere Seite seiner Persönlichkeit in Schach zu halten, indem er sie verdrängt.

Oder ist diese Seite vielleicht gar nicht immer so finster? Als Cage-mit-dem-Gesicht-von-Travolta der Tochter seines Feindes begegnet und sich nicht wie der übliche strenge Vater verhält, wie Travolta selbst dies tat, sondern mit ihr flirtet und ihr Zigaretten anbietet, erahnt man die Möglichkeit einer anderen Tochter-Vater-Beziehung, in der der Vater die Maske der strengen paternalen Autorität fallen läßt und Verständnis für den Lebensstil der Tochter aufbringt. Vielleicht erklärt diese Tatsache eine der eindrucksvollsten Szenen des Films: Cage und Travolta kämpfen vor den Augen von Travoltas Tochter, die eine Pistole in der Hand hält, miteinander. Die Tochter steckt in der bekannten Groucho-Marx-Zwickmühle (»Wem glaubst du, deinen Augen oder meinen Worten?«). Sie weiß nicht, ob sie ihren Augen trauen soll, die ihr sagen, daß der Mann, der das Gesicht ihres Vaters hat, ihr Vater ist, oder den Worten ihres leiblichen Vaters, der sie verzweifelt bittet, ihm zu glauben, daß er es wirklich sei. Sie trifft die falsche Entscheidung, indem sie sich auf ihre Augen verläßt: Sie schießt auf ihren Vater und verwundet ihn am Arm. Aber ist diese Entscheidung wirklich falsch? Ist die Tochter wirklich nur das Opfer des trügerischen Augenscheins? Könnte es nicht sein, daß sie absichtlich die Person wählte, die im Vergleich zu ihrem leiblichen, aber rigiden und autoritären Vater die sympathischere paternale Figur ist?

Bei seinem Versuch, sein »wahres Gesicht« zurückzuerlangen, flieht die von Travolta gespielte Figur also vor der Tatsache, daß die Gesichter, die wir präsentieren, per se trügerische Köder sind, daß keines von ihnen unser »wahres Gesicht« ist. In letzter Konsequenz ist das »wahre Gesicht« des Subjekts unter allen Masken, also unser wirklicher Nächster, das amorphe, gehäutete, rohe, rote Fleisch, dieses Stück des Realen, das die verschiedenen Masken trägt, die wir darüberstülpen.

III ADAGIO SOSTENUTO: »DER GROSSE ANDERE EXISTIERT NICHT«

Wenn, wie wir im zweiten »Satz« zu zeigen versucht haben, die traumatische Wirkung der *jouissance* eine zentrale Rolle dabei spielt, wie sich ein Subjekt zu seinem/ihrem »Nächsten« verhält, wie funktioniert die *jouissance* und/oder ihr Verbot dann hinsichtlich der grundlegenden Matrix der Etablierung eines gesellschaftlichen Bandes?

Freud formulierte seine Theorie der Etablierung eines gesellschaftlichen Bandes in *Totem und Tabu* (*T & T*), und hier sehen wir uns bereits mit dem ersten Rätsel konfrontiert. Warum gesellte Freud dem Ödipusmythos eine andere mythische Erzählung, nämlich diejenige des »Ur-Vaters«, bei? Wir dürfen nicht übersehen, daß wir es in *T & T* keineswegs mit einer phylogenetischen, auf die Vorgeschichte der ganzen menschlichen Spezies bezogenen Erweiterung der ontogenetischen Darstellung der Geburt des Individuums, wie sie der Ödipusmythos verkörperte, zu tun haben. Die Lektion des Mythos vom »Ur-Vater« ist vielmehr die exakte Umkehrung derjenigen des Mythos des Ödipus: Wir haben es nicht mit einem Vater zu tun, der als ein Dritter interveniert und auf diese Weise den direkten Kontakt mit dem inzestuösen Objekt verhindert (und so die Illusion aufrechterhält, daß seine Beseitigung uns freien Zugang zu diesem Objekt verschaffen würde), sondern mit dem Umstand, daß erst die Tötung des Vaters, also die *Realisierung* des ödipalen Wunsches, zu dem symbolischen Verbot führt (der tote Vater kehrt als sein Name zurück).

Die These dieses dritten »Satzes« lautet, daß das, was sich heute anläßlich des häufig beschworenen »Untergangs des Ödipus« (der paternalen symbolischen Autorität) ereignet, nichts anders ist als die Rückkehr von Figuren, die gemäß der Logik des »Ur-Vaters« funktionieren, von »totalitären« politischen Führern bis zu sexuell-aufdringlichen Vätern. Warum? Wenn die »beschwichtigende« symbolische Autorität suspendiert wird, läßt sich der tote Punkt des Begehrens, seine inhärente Unmöglichkeit, nur dadurch vermeiden, daß man die Ursache seiner Unzugänglichkeit in einer despotischen Figur lokalisiert, die für den ursprünglichen *jouisseur* steht: Wir können nicht genießen, weil *er* das ganze Genießen auf sich zieht.

Die drei Väter

Beim Ödipuskomplex hat der Vatermord (und der Inzest mit der Mutter) den Status des unbewußten Begehrens. »Wir«, gewöhnliche (männliche) Subjekte, träumen alle davon, da uns die väterliche Figur den Zugang zu dem mütterlichen Objekt verwehrt, unsere Symbiose mit der Mutter verhindert, während Ödipus selbst die große Ausnahme ist, der Eine, der *es wirklich tat*. In *T & T* hingegen ist der Vatermord nicht der Gegenstand unserer Träume, das Ziel unseres unbewußten Wunsches, sondern, wie Freud immer wieder betont, eine prähistorische Tatsache, die sich wirklich ereignen mußte. Der Mord am Vater mußte vollzogen werden, um den Übergang vom animalischen Zustand zur Kultur möglich zu machen. Das traumatische Ereignis ist also nichts, was wir erträumen und für die Zukunft erwarten, sondern etwas, das nie wirklich stattfindet, und dadurch, daß es immer wieder verschoben wird, den Zustand der Kultur aufrechterhält. Die Realisierung dieses Wunsches, das heißt der Vollzug der inzestuösen Vereinigung mit der Mutter, würde die symbolische Distanz bzw. das symbolische Verbot, das das Universum der Kultur definiert, zunichte machen. Das traumatische Ereignis ist vielmehr das, was in dem Moment, in dem wir uns innerhalb der Ordung der Kultur befinden, immer *bereits hatte geschehen müssen*.

Wie also läßt sich erklären, daß das Ergebnis des tatsächlich erfolgten Vatermordes nicht die ersehnte inzestuöse Vereinigung ist? Auf diesem Paradox beruht die zentrale These von *T & T*. Der eigentliche Träger des Verbots, das, was unseren Zugang zu dem inzestuösen Objekt verhindert, ist nicht der lebende, sondern der *tote* Vater, der Vater, der nach seinem Tod als sein Name wiederkehrt, mithin als Verkörperung des symbolischen Gesetzes/Verbots. Die Matrix von *T & T* stellt also die strukturelle Notwendigkeit des Vatermordes dar: Der Übergang von der direkten brutalen Gewalt zur Herrschaft der symbolischen Autorität, des ge- und verbietenden Gesetzes gründet immer auf einem (geleugneten) ursprünglichen Verbrechen. Hierin besteht die Dialektik des »Nur indem du mich betrügst, kannst du beweisen, daß du mich liebst«. Erst nachdem er verraten und ermordet wurde, wird der Vater zum verehrten Symbol des Gesetzes erhoben. Diese Problematik eröffnet auch die mit dem Nichtwissen – nicht des Subjekts, sondern des großen Anderen – einhergehende Unberechenbarkeit: »Der Vater ist tot, aber er ist sich dessen nicht bewußt«, das heißt, er weiß nicht, daß ihn seine ihn liebenden Gefolgsleute (immer-bereits) betrogen haben. Andererseits bedeutet dies, daß der Vater »wirklich denkt, er sei der Vater«, daß seine Autorität direkt von seiner Person ausgeht, nicht nur von dem leeren symbolischen Ort, den er besetzt und/oder ausfüllt.

Das, was die getreuen Gefolgsleute vor der paternalen Figur des Führers verbergen müssen, ist genau diese Kluft zwischen dem Führer in der Unmittelbarkeit seiner Person und dem symbolischen Platz, den er einnimmt, die Kluft, aufgrund deren der Vater *qua* wirkliche Person völlig ohnmächtig und lächerlich ist. Das beste Beispiel hierfür ist König Lear, der auf besonders brutale Weise mit diesem Verrat und der anschließenden Demaskierung seiner Ohnmacht konfrontiert wird. Seines symbolischen Titels beraubt, wird er zu einem keifenden alten Narren. Die häretische Legende, derzufolge Christus selbst Judas den Befehl gegeben haben soll, ihn zu verraten, oder ihm seinen Wunsch zumindest angedeutet hat, ist daher wohlbegründet. Auf dieser Notwendigkeit des Betrugs des Großen Mannes, der seinen Ruhm gewährleistet, beruht letztlich das Geheimnis der Macht.

Gleichwohl fehlt in dieser Matrix von *T & T* noch etwas. Es genügt nämlich nicht, daß der ermordete Vater als die Instanz des symbolischen Verbots zurückkehrt. Damit dieses Verbot wirksam werden und seine Macht ausüben kann, muß es mit einem »positiven« Willensakt einhergehen. Aus diesem Grund fügte Freud in »Der Mann Moses und der Monotheismus« (M & M) dem Ödipusdispositiv noch eine weitere und letzte Variante hinzu. Auch hier haben wir es mit *zwei* paternalen Figuren zu tun, doch die Dualität ist nicht dieselbe wie die in T & T. Bei diesen beiden Figuren handelt es sich um den alten ägyptischen Moses, der den Monotheismus einführt, also mit dem alten polytheistischen Aberglauben aufräumt und den Begriff eines Universums einführt, das von einer einzigen rationalen Ordnung determiniert und regiert wird, und dem semitischen Moses, der in Wirklichkeit kein anderer ist als Jehova (Jahwe), der eifersüchtige Gott, der sich fürchterlich rächt, wenn Er das Gefühl hat, von seinem Volk betrogen worden zu sein.

Kurzum, *M & M* kehrt das Dispositiv von *T & T* ein weiteres Mal um: Der Vater, der von seinen Gefolgsleuten/Söhnen »betrogen« und getötet wird, ist *nicht* die obszöne Ur-Vater-*Jouissance*, sondern der »rationale«, die symbolische Autorität verkörpernde Vater, die Figur, die die einheitliche rationale Struktur des Universums (*logos*) personifiziert. Statt mit dem obszönen präsymbolischen Ur-Vater, der nach seiner Ermordung in Gestalt seines Namens, in Gestalt der symbolischen Autorität zurückkehrt, haben wir es nun mit einer betrogenen symbolischen Autorität (*logos*) zu tun, die von ihren Gefolgsleuten, Söhnen getötet wurde und dann als eifer- und rachsüchtige, unerbittliche Über-Ich-Figur eines von mörderischer Wut erfüllten Gottes zurückkehrt.[1] Erst nach dieser zweiten Umkehrung der ödipalen Matrix gelangen wir zu der bekannten Pascalschen Unterscheidung zwischen dem Gott der Philosophen (Gott *qua* universelle Struktur des *logos*, Gott, der mit der rationalen Struktur des Universums identifiziert wird) und dem Gott der Theologen (dem Gott von Liebe und Haß, dem unergründlichen »finsteren Gott« einer unberechenbaren »irrationalen« Prädestination).

Der entscheidende Punkt ist, daß dieser letztere Gott *nicht* derselbe ist wie der obszöne Ur-Vater-*Jouisseur*. Im Gegensatz zu dem Ur-Vater, der *um die jouissance weiß*, besteht das fundamentale Merkmal dieses kompromißlosen Gottes darin, daß er die *jouissance* verbietet. Es handelt sich bei ihm um einen Gott, der, wie Lacan es formuliert, von einer wilden Ignoranz besessen ist (»*la feroce ignorance de Yahve*«[2]), von einer Haltung, die sich folgendermaßen charakterisieren ließe: »Ich möchte davon nichts wissen, ich möchte nichts von Euren schmutzigen und heimlichen *jouissance*-Angelegenheiten hören.« Dieser Gott verbannt traditionelle sexualisierte Weisheit aus dem Universum, einem Universum, in dem noch immer der Anschein ultimativer Harmonie zwischen dem großen Anderen (der symbolischen Ordnung) und der *jouissance* herrscht. Dieser Gott ist der protoexistenzialistische Gott, dessen Existenz, um Sartres anachronistische Definition des Menschen aufzugreifen, nicht einfach mit seinem Wesen zusammenfällt (wie beim mittelalterlichen Gott des Thomas von Aquin), sondern seinem Wesen vorausgeht. Aus diesem Grund spricht er in Tautologien, nicht nur hinsichtlich seiner eigenen *quidditas* (»Ich bin der, der ich bin!«), sondern auch und vor allem im Hinblick auf den *logos*, die *Gründe* für sein Wirken oder, genauer, für seine Gebote, für das, was er uns abverlangt oder verbietet: Die unerbittliche Insistenz seiner Befehle gründet letztlich auf der Aussage: »Es ist so, *weil ich sage, daß es so ist*.« Kurzum, dieser Gott ist der Gott des reinen Wollens und dessen unberechenbaren Abgrunds, der sich hinter jeder globalen rationalen Ordnung des *logos* auftut, ein Gott, der für sein Handeln keine *Rechenschaft* ablegen muß.[3]

Dieser Gott ist der Gott, der mit seinen Gefolgsleuten und

Söhnen, mit seinem »Volk« *spricht,* und das Eingreifen der *Stimme* ist dabei von entscheidender Bedeutung. Wie Lacan in seinem unveröffentlichten Seminar über Angst (von 1960/61) gesagt hat, bewirkt die Stimme – der tatsächliche »Sprechakt« – die *passage à l'acte* des bedeutungsgenerierenden Netzes, seine »symbolische Wirksamkeit«. Die Stimme an sich ist bedeutungslos, ja unsinnig, ist nichts als eine negative Geste, die Gottes bösartige, nach Rache schreiende Wut zum Ausdruck bringt (alle Bedeutung existiert bereits in der symbolischen Ordnung, die unser Universum strukturiert), doch genau als solche verwirklicht sie die rein strukturale Bedeutung und verwandelt sie in eine Sinnerfahrung.[4] Dies ist natürlich nur eine andere Formulierung dafür, daß Gott sich durch diese Äußerung der Stimme, die seinen Willen manifestiert, selbst subjektiviert. Der alte, von seinem Volk betrogene und getötete Ägypter Moses war der allumfassende Eine des *logos,* die rationale substantielle Struktur des Universums, die »Schrift«, die denen zugänglich war, die im »großen Buch der Natur« zu lesen verstanden, noch nicht der allumfassende Eine der Subjektivität, der seiner Schöpfung seinen unbedingten Willen aufzwingt.

Das Paradox, das wir hierbei im Auge behalten müssen, ist, daß dieser Gott des grundlosen Wollens und der heftigen »irrationalen« Wut jener Gott ist, der durch sein Verbot die alte sexualisierte Weisheit zerstört und so den Raum für das entsexualisierte »abstrakte« Wissen der modernen Naturwissenschaft öffnet. Das Paradox beruht also auf der Tatsache, daß es »objektives« wissenschaftliches Wissen (im modernen, nachcartesianischen Sinn des Begriffs) nur dann gibt, wenn das Universum des naturwissenschaftlichen Wissens um diese exzessive »irrationale« Figur des Verbote aussprechenden Vaters ergänzt und von ihr aufrechterhalten wird. Descartes' »Voluntarismus« (etwa seine berüchtigte Aussage, daß 2 + 2 5 ergäbe, wenn dies Gottes Wille wäre, also daß es keine ewigen Wahrheiten gibt, die konsubstantiell mit der göttlichen Natur sind) ist die notwendige Kehrseite des modernen naturwissenschaftlichen Wissens. Das vormoderne aristotelische und mittelalterliche Wissen war noch nicht das »objektive« rationale naturwissenschaftliche Wissen, weil es dieses überschüssige Element Gottes *qua* Subjektivität des reinen »irrationalen« Wollens noch nicht besaß. Der aristotelische Gott entsprach unmittelbar seiner eigenen ewigen rationalen Natur, er »ist« nichts als die logische Ordnung der Dinge. Ein weiteres Paradoxon besteht darin, daß dieser »irrationale« Gott als Verbote aussprechende Vaterfigur zugleich den Raum für die gesamte Entwicklung der Moderne eröffnet, bis hin zu der dekonstruktiven Vorstellung, daß unsere sexuelle Identität eine kontingente sozio-symbolische Formation ist. In dem Moment, in dem diese ge- und verbietende Figur im Rückzug begriffen ist, sind wir wieder bei der neo-obskurantistischen Jungschen Vorstellung von maskulinen und femininen Archetypen angelangt, die sich heute solch großer Beliebtheit erfreut. – Dieser Punkt ist von ganz zentraler Bedeutung, wenn wir nicht die Kluft, die die »richtige« Autorität des symbolischen Gesetzes/Verbots von der »Regulierung durch Regeln« trennt, gänzlich mißverstehen wollen. Paradoxerweise muß die Domäne symbolischer Regeln, wenn sie als solche zählen soll, auf einer tautologischen Autorität *jenseits der Regeln* basieren, welche verkündet: »Es ist so, weil ich es so gesagt habe!«

Man sieht jetzt, warum auf der Ebene der individuellen libidinösen Ökonomie dieser Verbote aussprechende Gott von Lacan als der »reale Vater«, als der »Agent der Kastration« bezeichnet wird. Die symbolische Kastration ist ein anderer Name für die Kluft zwischen dem großen Anderen und der *jouissance*, für die Tatsache, daß sich beide niemals »synchronisieren« lassen. Es wird nun auch deutlich, in welchem Sinne die Perversion das Leugnen der Kastration in Szene setzt. Die fundamentale Illusion des Perversen besteht in seiner Überzeugung, daß er über ein (symbolisches) Wissen verfügt, das es ihm ermöglicht, seinen Zugang zur *jouissance* zu regulieren. Um es zeitgenössischer zu formulieren: Der Perverse träumt davon, die sexuelle

Aktivität in eine instrumentale, zweckorientierte Aktivität zu verwandeln, die sich gemäß einem genau festgesetzten Plan vorbereiten und durchführen läßt. Wenn man also heute vom Niedergang der paternalen Autorität spricht, so ist damit *dieser* Vater, der Vater des kompromißlosen »Nein!« gemeint. In seiner Abwesenheit, in Abwesenheit des »Nein!«-Sagers können neue Formen einer phantasmatischen Harmonie zwischen der symbolischen Ordnung und der *jouissance* gedeihen. Darum geht es letztlich bei der sogenannten »holistischen« Einstellung der New-Age-Bewegung – die Erneuerung des Einklangs von Vernunft und Lebenssubstanz (die Erde oder der Makrokosmos selbst als lebende Entität) auf Kosten des Verbote aussprechenden »realen Vaters«.[5]

Die symbolische Wirksamkeit

Dieser Rückzug des ge- und verbietenden »realen Vaters« ist ein Indiz dafür, daß heute »der große Andere nicht mehr existiert«. Doch in *welchem* Sinne? Mit dem großen Anderen verhält es sich, Lacan zufolge, so ähnlich wie mit Gott (es ist nicht so, als ob Gott heute tot wäre, Gott war von Anfang an tot, er hat es nur nicht gewußt) – *er hat überhaupt nie existiert.* Die Nichtexistenz des »großen Anderen« entspricht letztlich dem Faktum, daß der große Andere die *symbolische* Ordnung ist, die Ordnung der symbolischen Fiktionen, die auf einer anderen Ebene als die direkte materielle Kausalität operiert. (In diesem Sinne ist das einzige Subjekt, für das der große Andere definitiv existiert, der Psychotiker, weil er der einzige ist, der Worten direkte materielle Wirksamkeit zuschreibt.) Kurzum, die »Nichtexistenz des großen Anderen« ist dem Begriff des Glaubens, des symbolischen Vertrauens, dem Credo, dem »Den-anderen-beim-Wort-Nehmen« strikt korrelativ.

Was ist symbolische Wirksamkeit? Wir alle kennen den alten abgedroschenen Witz von dem Geisteskranken, der sich für ein Getreidekorn hält. Unmittelbar nachdem man ihn endlich geheilt und nach Hause geschickt hatte, kehrt er wieder in die Anstalt zurück und erklärt dem Arzt aufgeregt: »Auf der Straße ist mir ein Huhn begegnet, und ich hatte Angst, daß es mich fressen könnte!« Auf die überraschte Aussage des Arztes: »Aber wo ist das Problem? Sie wissen doch, daß Sie kein Korn sind und von dem Huhn nicht gefressen werden können!« – antwortet der Verrückte: »Ja, *ich* weiß, daß ich kein Korn bin, *aber weiß das auch das Huhn?*« Diese Geschichte, die auf der Ebene der faktischen Realität blanker Unsinn ist – unabhängig davon, ob man ein Korn ist oder nicht –, ist durchaus sinnvoll, wenn man »Korn« durch irgendein Merkmal ersetzt, das meine *symbolische* Identität bestimmt.

Haben wir es im Alltag nicht häufig mit einem ähnlichen Phänomen zu tun, etwa wenn wir mit verschiedenen Ebenen der Bürokratie konfrontiert werden? Wenn etwa eine oben in der Hierarchie angesiedelte Stelle meiner Forderung nachkommt und mir einen höheren Titel verleiht, bedarf es noch einiger Zeit, bis alle mit dieser Beförderung einhergehenden Maßnahmen (Gehaltserhöhung etc.) eingeleitet sind und der Sachverhalt bis zu den hierarchisch niedrigeren Stellen durchgedrungen ist. Jeder von uns kennt die frustrierende Situation, wenn ein untergeordneter Beamter die Bescheinigung, die wir ihm vorlegen, kaum eines Blickes würdigt und uns gleichgültig mitteilt: »Es tut mir leid, aber davon ist mir nichts bekannt, ich kann Ihnen da leider nicht weiterhelfen ...« Ist das nicht so, als ob einem gesagt würde: »Tut mir leid, für uns sind Sie nach wie vor ein Getreidekorn und kein Mensch«? Es gibt offenbar einen gewissen mysteriösen Moment, in dem eine Maßnahme oder eine Verlautbarung effektiv in Kraft tritt und von dem »großen Anderen« der symbolischen Institution registriert wird.

Der mysteriöse Charakter dieses Moments läßt sich am besten anhand einer kleinen Geschichte veranschaulichen, die sich während des letzten Wahlkampfs in Slowenien zugetragen hat. Einer meiner Freunde, ein Mitglied meiner politischen Partei, wurde von einer alten Dame aus seinem Wahlkreis um Hilfe gebeten. Sie war davon überzeugt, daß ihre Hausnummer (nicht die übliche 13, sondern die 23) ihr Unglück bringe. Von dem Augenblick an, in dem ihr Haus aufgrund einer Verwaltungsmaßnahme eine neue Nummer erhalten hatte, wurde sie vom Pech verfolgt (Einbrecher drangen in ihr Haus ein, ein Sturm deckte das Dach ab, die Nachbarn begannen sie zu belästigen usw.). Sie bat daher meinen Freund, der in diesem Bezirk kandidierte, bei den städtischen Behörden eine neue Hausnummer zu erwirken. Mein Freund machte ihr einen schlichten Vorschlag: Warum ändert sie die Nummer nicht selbst? Warum übermalt oder ersetzt sie nicht einfach das Schild mit der Hausnummer, indem sie eine Ziffer oder einen Buchstaben hinzufügt (z. B. 23 a oder 231 statt 23)? Die alte Dame antwortete: »Das habe ich vor einigen Wochen schon versucht, ich habe ein a hinzugefügt, aber es funktioniert nicht, ich habe auch weiterhin ständig Pech – es läßt sich nicht überlisten, es muß ordnungsgemäß gemacht werden, von der zuständigen staatlichen Stelle ...«

Das »Es«, das sich nicht überlisten läßt, ist natürlich der »große Andere« der symbolischen Institution. Das ist das Entscheidende an der symbolischen Wirksamkeit: Sie betrifft dieses Minimum an »Verdinglichung« aufgrund dessen es nicht genügt, daß wir, die betroffenen Individuen, einen Sachverhalt kennen, damit er in Kraft tritt, sondern »Es«, die symbolische Institution, muß diesen Sachverhalt ebenfalls kennen/»registrieren«, damit die performativen Folgen, die mit der Konstatierung dieses Sachverhalts verbunden sind, tatsächlich eintreten.

Letztlich kann dieses »Es« im Blick des absoluten »großen Anderen«, Gottes selbst, verkörpert sein. Denn begegnen wir dem Problem der unglücklichen alten Dame nicht genauso bei jenen Katholiken, die keine direkte Verhütung betreiben, aber, um eine Schwangerschaft zu verhindern, nur an Tagen ohne Eisprung Geschlechtsverkehr haben? Wen betrügen sie auf diese Weise? Als ob Gott nicht ihre Gedanken lesen könnte und wüßte, daß sie nur um des reinen Vergnügen willen Sex haben und nicht, um Kinder in die Welt zu setzen! Die Kirche war immer höchst sensibel gegenüber dieser Kluft zwischen der bloßen Existenz und deren angemessener Einschreibung/Registrierung. Zum Beispiel durften Kinder, die vor der Taufe starben, nicht auf dem heiligen Grund des Kirchhofs bestattet werden, da sie nicht vorschriftsmäßig in die Gemeinschaft der Gläubigen eingeschrieben worden waren.

Der arme Verrückte, der dem Huhn begegnet, nimmt die Haltung ein: »Ich weiß natürlich, daß ich ein Mensch bin, aber weiß das auch der große Andere?« Er glaubt also, daß die Änderung seiner Identität vom großen Anderen noch nicht registriert worden ist, daß er für den großen Anderen noch immer ein Getreidekorn ist. Stellen wir uns nun den ziemlich alltäglichen Fall eines schüchternen und gehemmten Mannes im Cyberspace vor, der sich an einer virtuellen Gemeinschaft beteiligt, in der er die Bildschirmidentität (*screen persona*) einer promisken Frau annimmt. Er vertritt die Einstellung: »Natürlich weiß ich, daß ich in Wirklichkeit nur ein unauffälliger schüchterner Junge bin, aber warum sollte ich nicht für kurze Zeit als promiske Frau auftreten dürfen und Dinge tun, die ich im wirklichen Leben nie täte?« Ist der Sachverhalt wirklich so einfach und klar? Was, wenn die »screen persona« dieses Mannes (das Selbst, das er verkörpert, sein tatsächliches Sozialverhalten) eine Art sekundäre »Abwehrformation« ist, eine Identität, die er als Maske annimmt, um sein »inneres Selbst«, den harten Kern seiner phantasmatischen Identität (für den er nur in privaten Tagträumen oder in den Sexspielen einer anonymen virtuellen Gemeinschaft ein Ventil findet), zu verdrängen oder in Schach zu halten?

In seinem *Seminar XI* erwähnt Lacan das alte chinesische Paradox des Tschuang-Tse, der aus einem Traum erwacht, in dem er ein Schmetterling war, und sich daraufhin fragt: »Woher weiß ich denn, ob ich nicht ein Schmetterling bin, der jetzt träumt, ein Mann zu sein?« Gilt nicht vielleicht dasselbe für diesen Mann? Ist er nicht vielleicht in Wirklichkeit eine promiske Frau, die träumt, ein verklemmter Mann zu sein? Die Versuchung, der man hier widerstehen muß, ist der bequeme »postmoderne« Schluß, wir besäßen letztlich keine festgelegte sozio-symbolische Identität, sondern glitten frei zwischen einer inkonsistenten Fülle von »Selbsten«, von denen jedes einen Teilaspekt meiner Persönlichkeit artikuliert, ohne einen vereinheitlichenden Agenten, der die ultimative Konsistenz dieses »Pandämoniums« garantiert. Die Lacansche Hypothese des »großen Anderen« impliziert, daß diese verschiedenen partiellen Identifikationen hinsichtlich ihres symbolischen Status nicht gleichwertig sind: Es gibt eine Ebene, auf der die symbolische Wirksamkeit einsetzt, eine Ebene, die über meinen sozio-symbolischen Rang entscheidet.

Aber um es nochmals ausdrücklich zu sagen und damit einem fatalen Mißverständnis vorzubeugen: Diese Ebene ist nicht die der »Realität« im Gegensatz zum freien Spiel der Einbildungskraft. Lacan behauptet nicht, daß es hinter der Vielfalt phantasmatischer Identitäten einen harten Kern irgendeines »realen Selbst« gibt. Wir haben es mit einer symbolischen Fiktion zu tun, aber mit einer Fiktion, die aus kontingenten Gründen, die nichts mit ihrer inhärenten Natur zu tun haben, performative Macht besitzt, das heißt sozial wirksam ist und die sozioökonomische Realität strukturiert, an der ich beteiligt bin. Der Status derselben Person, einschließlich ihrer/seiner sehr »realen« Züge, kann in dem Moment in einem völlig anderen Licht erscheinen, in dem die Modalität seines/ihres Verhältnisses zum »großen Anderen« sich verändert.

In einem der Filme der Marx Brothers giftet Groucho Marx, als er beim Lügen ertappt wird, sein Gegenüber mit den Worten an: »Wem glaubst du, deinen Augen oder meinen Worten?« Diese scheinbar absurde Logik ist ein großartiges Beispiel dafür, wie die symbolische Ordnung funktioniert, bei der das symbolische Masken-Mandat mehr zählt als die unmittelbare Realität des Individuums, das diese Maske trägt und/oder dieses Mandat annimmt. Dieser Mechanismus besitzt die Struktur eines fetischistischen Leugnens: »Ich weiß sehr wohl, daß die Dinge so sind, wie ich sie sehe, (daß dieser Mensch ein korrupter Schwächling ist), aber ich behandle ihn dennoch respektvoll, da er die Amtsinsignien eines Richters trägt, so daß, wenn er spricht, das Gesetz selbst durch ihn spricht.« Gewissermaßen glaube ich also tatsächlich seinen Worten und nicht meinen eigenen Augen, ich glaube an einen Anderen Raum (die Domäne der reinen symbolischen Autorität), der mehr zählt als die Realität ihrer Sprecher. Die zynische Reduzierung auf die Realität greift also zu kurz: Wenn ein Richter spricht, dann enthalten seine Worte (die Worte der Institution des Gesetzes) gewissermaßen mehr Wahrheit als die direkte Realität der Person des Richters. Wenn man sich auf das beschränkt, was man sieht, entgeht einem der entscheidende Punkt. Auf dieses Paradox zielt Lacan mit seiner Bemerkung »*les non-dupes errent*« – diejenigen, die sich nicht von der symbolischen Täuschung/Fiktion überrumpeln lassen und auch weiterhin ihren Augen trauen, irren am meisten. Was einem Zyniker, der »nur seinen Augen traut«, entgeht, ist die Wirksamkeit der symbolischen Fiktion, die Art und Weise, wie diese Fiktion unsere Erfahrung der Realität strukturiert. Dieselbe Kluft ist selbst in unseren intimsten Beziehungen am Werk: Wir tun so, als wüßten wir nicht, daß unsere Nächsten schlecht riechen, Exkremente absondern usw., denn ein Minimum an Idealisierung, an fetischisierender Leugnung ist die Basis für unsere Koexistenz.

Der große Andere ist also die Ordnung der Lüge, des aufrichtigen Lügens. Um sich diesen Sachverhalt zu veranschaulichen, genügt es, sich noch einmal den Fall Bill Clinton und Monica Lewinsky vor Augen zu führen. Clintons Sexualverhalten gegenüber der unglückseligen Monica war durch die Akzeptanz eines fundamentalen Verbots gekennzeichnet: kein richtiger Geschlechtsverkehr, keine phallische Penetration, womöglich noch nicht einmal aktive Gesten Clintons in dieser Richtung. Auch wenn der Grund hierfür ganz offensichtlich darin bestand, daß Clinton sich einen juristischen Schlupfwinkel schaffen wollte, der ihm die Behauptung erlaubte, er habe keinen richtigen Sex mit Monica gehabt, stellt sich die Frage, ob die Öffentlichkeit nicht die übliche aggressive Machoaffäre im guten alten Kennedystil wesentlich leichter geschluckt, ja womöglich sogar gutgeheißen hätte? Man ist versucht, die These zu äußern, daß die konservative Öffentlichkeit vor allem darüber empört war, daß Clinton keinen »richtigen (Penetrations-)Sex« mit Monica Lewinsky hatte wie ein »echter Mann«, sondern mit ihr Telefonsexspielchen praktizierte, wechselseitige Masturbation betrieb, dabei seine Zigarre als phallischen Ersatz benutzte und danach an ihr roch, und sich insbesondere auf den passiven Akt der Fellatio einließ, so als ob der Umstand, daß Bill offenbar das Grundverbot der Penetration akzeptierte, die Affäre nicht harmloser gemacht hätte, sondern eine eigenständige exzessive Lust generierte, womit ein Bereich eröffnet wurde, in dem sich perverse Spiele entfalten konnten, die einem »echten Mann nicht geziemen«.

Es entbehrte daher nicht der Ironie, zu sehen, wie Clinton quasi-Lacansche Statements abgab, etwa, es gäbe »keine sexuelle Beziehung«. Selbst die Clinton freundlich gesonnenen Medien mokierten sich über seine sophistische Unterscheidung zwischen »Geschlechtsverkehr« und »sexueller Beziehung«. Doch für uns Lacanianer hatte Clinton sogar in einem gewissen Sinne recht, freilich, ohne sich selbst darüber im klaren zu sein: Lacan ist hier radikaler als Clinton, denn für Lacan gibt es selbst dann, wenn es zu einer richtigen Penetration (»Geschlechtsverkehr«) kommt, keine sexuelle Beziehung, da Sex, um zu funktionieren, von von einer bestimmten phantasmatischen Repräsentation gestützt werden muß, die nicht das »Ding selbst« ist.

Doch das wahre Problem Clintons bestand in etwas anderem. Wir alle wußten (oder nahmen zumindest an), daß er und Monica es miteinander trieben, und dennoch unterstützten wir Clinton, so lange dieses Verhältnis vor dem Blick des großen Anderen verborgen werden konnte. Wir haben es hier mit einem exemplarischen Fall des Paradoxes des großen Anderen zu tun. Die große Mehrheit glaubte, daß es etwas zwischen den beiden gab, daß Clinton log, als er dies bestritt, und dennoch unterstützte sie ihn. Auch wenn (die Mehrheit annahm, daß) Clinton log, als er seine Sexaffäre mit »dieser Frau«, Monica Lewinsky, bestritt, *log er aufrichtig,* mit innerer Überzeugung, glaubte irgendwie an diese Lüge.

Dieses Paradox muß ganz ernst genommen werden, denn es enthält den Schlüssel zur Wirksamkeit einer ideologischen Aussage. Solange Clintons Lüge nicht von dem großen Anderen wahrgenommen/registriert wird, so lange es möglich ist, den Schein (der »Würde« des Präsidenten) zu wahren, dient die Tatsache, daß wir alle wissen (oder annehmen), daß er lügt, als weiterer Grund für die Identifikation der Öffentlichkeit mit ihm. Ja, die Tatsache, daß die Öffentlichkeit wußte, daß er log und daß sich zwischen ihm und Monica tatsächlich etwas abspielte, schadete seiner Popularität nicht, sondern steigerte diese vielmehr noch. Warum sollte man sich auch nicht mit Clinton identifizieren, nachdem man wußte, daß er, hinter aller präsidialen Würde, dieselben Leidenschaften und Schwächen hatte wie man selbst? Und wer hätte als Ehemann einer frigiden Schlange wie Hillary, die sich wahrscheinlich entspannter fühlt, wenn sie mit Feministinnen und modischen Linksintellektuellen wie Anthony Giddens diskutiert, als bei einer Kopulation in Missionarsstellung, nicht gerne ein kleines harmloses Abenteuer? Die übliche moralistische Klage, die anhaltende Unterstützung der Bevölkerung für Clinton sei Ausdruck einer zynischen Einstellung (»Wen kümmert die Moral, solange die Wirtschaft läuft!«), ist falsch. Man sollte nicht vergessen, daß das Charisma eines »Führers« von genau jenen Merkmalen unterhalten wird, die dieses Charisma zu unterminieren scheinen (Zeichen der Schwäche, allgemeine »Menschlichkeit«).

Richtig ernst wurde die Lage jedoch, als es Clinton nach der offiziellen öffentlichen Enthüllung intimer sexueller Details im Starr-Report nicht mehr möglich war, den Schein zu wahren, das heißt, nachdem seine sexuelle Eskapade *vom großen Anderen registriert worden war*: Plötzlich konnte die Mehrheit weder Clintons Worten noch ihren eigenen Augen trauen. Das Problem bestand nicht darin, daß unsere Einsicht, das, was wir definitiv sahen, übermächtig wurde und sich nicht mehr ignorieren ließ, sondern darin, daß Clintons Worte plötzlich rein private Worte wurden, die von anderen Worten, nämlich den offiziellen Worten des juridischen Systems, über den Haufen geworfen wurden. Anders gesagt, bevor Clintons Eskapade vom großen Anderen registriert worden war, ließ sich auf ihn noch die Unterscheidung zwischen den »zwei Körpern des Königs« anwenden. Der gewöhnliche, physische Körper hatte Monica natürlich berührt, nicht aber sein anderer, erhabener Körper, die physische Stütze der Präsidentschaft. Mit dem Starr-Report fiel diese Unterscheidung in sich zusammen – es war Clinton *qua* Präsident, sein erhabener Körper, der sich auf den unwürdigen Verkehr eingelassen hatte.

Angesichts der neuen digitalen Technologien, die perfekte Fälschungen von Dokumentarfotos ermöglichen, ganz zu schweigen von der Virtuellen Realität, ist das Motto »Glaube meinen Worten (meiner Argumentation), nicht der Faszination deiner Augen!« heutzutage aktueller denn je. Entscheidend ist die Einsicht, daß die Logik des »Wem glaubst du, deinen Augen oder meinen Worten«, also die Logik des »Ich weiß wohl, aber dennoch … glaube ich«, auf ganz unterschiedliche Weise funktionieren kann, entweder als symbolische *Fiktion* oder als imaginäres *Simulakrum*. Im Falle der effizienten symbolischen Fiktion des Richters – »Ich weiß sehr wohl, daß diese Person ein korrupter Schwächling ist, aber ich behandle ihn dennoch, als ob ich glaubte, daß durch ihn der symbolische große Andere spräche« – leugne ich, was mir meine Augen sagen, und beschließe, an die symbolische Fiktion zu glauben. Im Falle des Simulakrums der Virtuellen Realität verhält es sich hingegen umgekehrt: »Ich weiß sehr wohl, daß das, was ich sehe, eine von der digitalen Maschinerie erzeugte Illusion ist, aber ich tauche dennoch darin ein und tue so, als glaubte ich daran.« In diesem Falle leugne ich das, was mir mein (symbolisches) Wissen sagt, und beschließe, nur meinen Augen zu trauen.

Mit dem unglückseligen Viagra werden wir in dieselbe Sackgasse der Suspendierung der symbolischen Effizienz geraten, wenn dieses Medikament tatsächlich sein Versprechen halten sollte und die Fähigkeit des Mannes zur Erektion auf rein biochemische Weise wiederherstellt. Für all diejenigen, die behaupten, daß der Feminismus zu einer Bedrohung der Männlichkeit führte – das Selbstbewußtsein des Mannes wurde dadurch ernsthaft unterminiert, daß er ständig von den emanzipierten Frauen attackiert wurde, die gleichzeitig von der patriarchalischen Dominanz befreit werden, die Initiative beim Sex behalten und zugleich von den Männern voll befriedigt werden wollten –, für all diejenigen bietet Viagra einen leichten Ausweg aus dieser Zwickmühle: Männer müssen sich keine Sorgen mehr machen, denn sie werden nun imstande sein, ihre Rolle angemessen zu erfüllen. Andererseits können Feministinnen behaupten, daß Viagra die männliche Potenz ihres Geheimnisses entkleidet und damit die Männer den Frauen effektiv gleichstellt.

Aber gegen dieses zweite Argument läßt sich mindestens einwenden, daß es die Art und Weise, wie die männliche Potenz funktioniert, grob simplifiziert. Was dieser ihren mythischen Status verleiht, ist nämlich gerade die Drohung möglicher Impotenz. In der sexuellen psychischen Ökonomie des Mannes ist der stets-präsente Schatten der Impotenz, die Drohung, daß mein Penis beim nächsten sexuellen Stelldichein die Erektion verweigert, von entscheidender Bedeutung für die Definition der männlichen Potenz. Erinnern wir uns an das grundlegende Paradox der Erektion: Die Erektion hängt völlig von mir selber ab, von dem, was in meinem Kopf vor sich geht (man denke an den Witz: »Was ist der leichteste Gegenstand in der Welt? Der Penis, weil er sich allein durch Gedanken bewegen läßt!«), doch zugleich ist der Penis etwas, über das ich letztlich keine Kontrolle habe. (Wenn ich nicht in der richtigen Stimmung bin, wird alle Konzentration der Welt mir nicht helfen, ihn hochzukriegen – weswegen die Tatsache, daß die Erektion sich meiner willentlichen Kontrolle entzieht, für Augustinus die göttliche Strafe für die Arroganz und Anmaßung des Menschen ist, für sein Bestreben, zum Herrn des Universums zu werden.) Im Sinne der Adornoschen Kritik an der Verdinglichung und Rationalisierung ist die Erektion eines der letzten Überbleibsel authentischer Spontaneität, etwas, das sich nicht völlig durch rational-instrumentelle Verfahren meistern läßt. Diese minimale Lücke – die Tatsache, daß es nie direkt »ich« ist, mein Selbst, das frei über eine Erektion bestimmen kann, ist von entscheidender Bedeutung: Ein sexuell potenter Mann besitzt nicht deswegen eine gewisse Anziehungskraft und erweckt Neid, weil er »es« nach Belieben tun kann, sondern weil dieses unergründliche X, das, obwohl es jenseits der Kontrolle durch das Bewußtsein liegt, über eine Erektion entscheidet, kein Problem für ihn darstellt.

Entscheidend ist hier der Unterschied zwischen dem Penis (dem Erektionsorgan selbst) und dem Phallus (dem Signifikanten der Potenz/Macht, der symbolischen Autorität, der symbolischen, nicht der biologischen Dimension, die mir Autorität und/oder Potenz/Macht verleiht). So wie der Richter, der selbst ein wertloses Individuum sein mag, in dem Moment Autorität ausübt, in dem er die Insignien anlegt, die ihm seine legale Autorität verleihen, und nicht mehr für sich selber spricht, da es nun das Gesetz ist, das durch ihn spricht, fungiert auch die Potenz des individuellen Mannes als Zeichen dafür, daß eine andere symbolische Dimension durch ihn aktiv ist.

Der »Phallus« bezeichnet die symbolischen Krücken, die meinem Penis die Dimension der eigentlichen Potenz verleihen. Aufgrund dieser Unterscheidung hat »Kastrationsangst« für Lacan nichts mit der Angst zu tun, den eigenen Penis zu verlieren; was uns Angst einflößt, ist vielmehr die Drohung, daß die Autorität des phallischen Signifikanten als Schwindel entlarvt werden könnte. Aus diesem Grund ist Viagra letztlich ein Agent der Kastration: Wenn ein Mann die Pille schluckt, funktioniert zwar sein Penis, aber er selbst ist der phallischen Dimension der symbolischen Potenz beraubt – der Mann, der dank Viagra zur Kopulation imstande ist, ist ein Mann mit Penis, aber ohne Phallus. Können wir uns wirklich vorstellen, wie die Tatsache, daß die Erektion zu etwas wird, das sich durch eine direkte medizinisch-mechanische Intervention (die Einnahme einer Pille) herbeiführen läßt, unsere Sexualökonomie verändern wird? Um es etwas männlich-chauvinistisch auszudrücken, was wird von der Vorstellung der Frau übrigbleiben, anziehend auf einen Mann zu wirken, ihn wirklich zu erregen? Und: Ist nicht die Erektion bzw. ihre Absenz eine Art Signal, das uns etwas über unsere wahre psychische Einstellung verrät? Die Erektion in einen mechanisch erzeugbaren Zustand zu verwandeln erinnert an den Verlust des Schmerzempfindens: Woher soll ein Mann wissen, was er wirklich empfindet? Wie sollen Unzufriedenheit oder Abneigung ein Ventil finden, wenn sie nicht mehr über das schlichte Zeichen des Phallus verfügen?

Die gängige Charakterisierung eines sexhungrigen Mannes lautet, er denke nicht mit dem Kopf, sondern mit dem Schwanz. Doch was geschieht, wenn sein Kopf völlig das Kommando übernimmt? Bedeutet dies nicht, daß sein Zugang zu jener Dimension, die gemeinhin als »emotionale Intelligenz« bezeichnet wird, immer weiter erschwert, ja vielleicht völlig blockiert wird? Es ist leicht, die Tatsache zu feiern, daß wir in Zukunft nicht mehr gegen unsere psychologischen Traumata ankämpfen werden müssen, daß verborgene Ängste und Hemmungen unsere sexuelle Kapazität nicht mehr beeinträchtigen werden. Doch diese verborgenen Ängste und Hemmungen werden deswegen nicht verschwinden, sondern vielmehr auf dem insistieren, was Freud den »Anderen Schauplatz« genannt hat, und ihres wichtigsten Ventils beraubt, werden sie dann letztlich auf wesentlich heftigere und (selbst)zerstörerische Weise explodieren. In letzter Konsequenz wird diese Verwandlung der Erektion in einen mechanischen Vorgang den Akt der Kopulation einfach *entsexualisieren.*

Wonach suchen wir im Grab Christi?

Das beste Beispiel für die Macht der symbolischen Fiktion als Medium der Universalität ist vielleicht das Christentum, also der Glaube an die Auferstehung Christi. Des Tod des »realen« Christus wird im Heiligen Geist, in der geistlichen Gemeinschaft der Gläubigen geleugnet. Dieser authentische Kern des Christentums, der so erstmals von Paulus formuliert wurde, sieht sich heute massiven Angriffen ausgesetzt. Die Gefahr geht von einer (falschen) gnostisch-dualistischen New-Age-Lesart aus, die die Auferstehung auf die Metapher vom »inneren« geistlichen Wachstum der individuellen Seele reduziert. Dabei geht freilich eine zentrale Glaubensaussage des Christentums verloren, nämlich der Bruch mit der alttestamentarischen Logik von Sünde und Bestrafung, das heißt der Glaube an das Wunder der Gnade, die rückwirkend unsere Sünden »ungeschehen« macht und deren Spuren auslöscht. Denn die »Frohe Botschaft« des Neuen Testaments besteht ja gerade darin, daß das Wunder der *creatio ex nihilo,* eines radikalen Neuanfangs möglich ist und man noch einmal »bei null« anfangen kann. (Natürlich ist die *creatio ex nihilo* nur innerhalb eines symbolischen Universums möglich, und zwar als die Etablierung einer neuen symbolischen Fiktion, die die vorausgegangene auslöscht.) Der springende Punkt dabei ist aber, daß dieser Neuanfang nur kraft der göttlichen Gnade möglich ist. Der entscheidende Impuls muß von *außen* kommen, ist ausdrücklich nicht das Resultat der inneren Bemühung des Menschen, seine/ihre Begrenzungen zu überwinden und seine/ihre Seele über selbstische materielle Interessen zu erheben. In diesem Sinne ist der christliche Neuanfang im eigentlichen Sinne völlig unvereinbar mit dem heidnisch-gnostischen Problem der »Reinigung der Seele«.

Das Ziel der aktuellen Bemühungen der New-Age-/Pop-Gnostik, neben dem offiziellen paulinischen Dogma eine christliche »Geheimlehre« zu etablieren, besteht also darin, das »Ereignis Christus«, seine radikale Neuheit auszulöschen und es in die ihm vorausgehende gnostische Abstammungslinie einzureihen. Ein weiterer wichtiger Aspekt dieser gnostischen (falschen) Lesart des Christentums ist die zunehmende Besessenheit, mit der sich diese populäre Pseudowissenschaft Christi mutmaßlichem Grab und/oder seinen Nachkommen aus der mutmaßlichen Ehe mit Maria Magdalena widmet. Davon zeugen Bestseller wie »Das heilige Blut und der heilige Gral« oder »Das Grab Gottes«, die in der Gegend um Rennes-le-Chateau in Südfrankreich spielen und den Gralsmythos, die Katharer, Tempelritter, Freimaurer usw. zu einer einzigen großen Geschichte verweben. Diese Romane versuchen, die abnehmende Macht der *symbolischen Fiktion* des Heiligen Geistes – der Gemeinschaft der Heiligen – durch das körperlich Reale Christi und/oder seiner Nachkommen zu ersetzen. Und die Tatsache, daß Christus seinen Körper bzw. leibliche Nachkommen zurückließ, dient dem Zweck, die christlich-paulinische Schilderung der Auferstehung zu unterminieren. Demnach ist Christus in Wirklichkeit gar nicht körperlich auferstanden: »Die wahre Botschaft Jesu ging mit der Auferstehung verloren.«[6] Diese »wahre Botschaft« besteht angeblich in der Verkündigung des »Wegs der Selbstbestimmung im Unterschied zum Gehorsam gegenüber dem geschriebenen Wort«[7]. Die Erlösung ist das Ergebnis der inneren Reise der Seele und nicht eines von außen kommenden Gnadenaktes: Die »Auferstehung« muß als innere Erneuerung/Wiedergeburt der Seele auf ihrem Weg zur Selbstreinigung verstanden werden. Die Behauptung der Verfechter dieser »Rückkehr des bzw. im Realen«, ihre Entdeckung habe das häretische und subversive Geheimnis ans Licht gebracht, das von der Kirche so lange unterdrückt worden sei, wirft jedoch die folgende Frage auf: Soll nicht vielmehr dadurch, daß dieses »Geheimnis« ans Licht gebracht wird, der wirklich traumatische, subversive Kern der christlichen Lehre, das Skandalon der Auferstehung und die retroaktive Vergebung der Sünden »ungeschehen gemacht« und damit der einzigartige Charakter des Ereignisses der Auferstehung aus der Welt geschafft werden?

Die Kultur der Klage

Diese Phänomene deuten darauf hin, daß »der große Andere« heute auf eine andere, radikalere Weise »nicht existiert«, als auf die, die mit der symbolischen Ordnung synonym ist. Das, was zunehmend unterminiert wird, ist genau dieses symbolische Vertrauen, das allen skeptischen Einwänden trotzt. Die womöglich auffälligste Facette dieses neuen Status der »Nicht-Existenz des großen Anderen« ist das allerorts zu beobachtende Hervorsprießen von »Komitees«, die hinsichtlich der Auswirkungen neuer technologischer Entwicklungen auf unsere Lebenswelt über sogenannte ethische Zweifelsfragen entscheiden sollen[8]: In der Medizin und Biogenetik (»Ab wann wird aus einem akzeptablen, ja wünschenswerten genetischen Experiment oder Eingriff eine unakzeptable Manipulation?«), bei der Anwendung universeller Menschenrechte (»Ab welchem Zeitpunkt wird aus der Verteidigung der Rechte des Opfers eine ungebührliche Verallgemeinerung westlicher Wertvorstellungen?«), im Sexualverhalten (»Was ist eine angemessen, nicht-patriarchalische Form der Verführung?«), ganz zu schweigen vom offensichtlichen Fall des Cyberspace (»Welchen Status hat die sexuelle Belästigung in einer virtuellen Gemeinschaft? Wie unterscheidet man zwischen ›bloßen Worten‹ und ›Taten‹?«). Um Antworten auf all diese Fragen zu finden, wird jeweils ein Komitee berufen, das letztlich willkürlich präzise Verhaltensweisen festlegen soll.

Diese Sackgasse veranschaulichen am besten die paradoxen Folgen, die das bekannte »politisch korrekte« Bemühen, die Regeln des Sexualverhaltens festzulegen, gezeitigt hat. Vor jedem weiteren Schritt sollte der Mann demnach die explizite Zustimmung der Frau erfragen (»Darf ich Ihre Bluse öffnen?« usw.). Wie uns die Psychologen immer wieder bestätigen, besteht das Problem jedoch darin, daß längst, bevor ein Paar explizit die Absicht äußert, miteinander ins Bett zu gehen, die Entscheidung durch Andeutungen, Körpersprache, wechselseitige Blicke usw. gefallen ist, so daß die explizite Formulierung der Regeln gewissermaßen *überflüssig* ist. Aus diesem Grund trägt ein solches Prozedere, bei dem man sich vor jedem weiteren Schritt der expliziten Zustimmung seines Gegenübers vergewissert, keineswegs zur Klärung der Situation bei, sondern bringt ein Moment radikaler Ambiguität ins Spiel, indem es das Subjekt mit dem Abgrund des Begehrens des Anderen konfrontiert (»Warum fragt er mich das, habe ich ihm nicht bereits deutliche Signale gegeben?«).

Es scheint fast so, als ob dieses Fehlen des »großen Anderen«, seine Unfähigkeit, uns die »Lösung« zu verraten, durch Ethikkomitees ersetzt wird, damit diese als viele »kleine große Andere« agieren, auf die das Subjekt seine Verantwortung überträgt und von denen er/sie eine Formel erwartet, die ihm/ihr den Weg aus der Sackgasse weist. Die Arbeit dieser Komitees vollzieht sich in einem symptomatischen Teufelskreis. Einerseits versuchen sie, ihre Entscheidungen durch das fortschrittlichste wissenschaftliche Wissen zu legitimieren (das uns hinsichtlich der Abtreibung mitteilt, daß der Fötus noch kein Selbstbewußtsein und Schmerzempfinden hat, und das im Fall einer unheilbar kranken Person die Schwelle definiert, jenseits deren Euthanasie die einzige sinnvolle Lösung ist), und andererseits müssen sie sich auf irgendein nicht-wissenschaftliches ethisches Kriterium berufen, um dem inhärenten naturwissenschaftlichen Drang eine Grenze zu setzen.

Die Psychoanalyse ermöglicht es uns, unser Augenmerk auf das obszöne, verleugnete »Supplement« dieses von den Zwängen der Natur und Tradition befreiten reflexiven Subjekts zu lenken: Lacan zufolge ist der Gegenstand der Psychoanalyse nichts anderes als der Gegenstand der modernen Wissenschaft. Betrachten wir nun zunächst die sogenannte »Kultur der Klage«[9] und die ihr zugrunde liegende Logik des *Ressentiments*.

Weit davon entfernt, die Nichtexistenz des großen Anderen freudig zu akzeptieren, gibt das Subjekt den Anderen die Schuld für sein Scheitern und/oder seine Ohnmacht, als ob *der Andere an der Tatsache seiner Nichtexistenz schuldig sei*, als ob seine Ohnmacht keine hinreichende Entschuldigung sei: Der große Andere ist dafür verantwortlich, daß er außerstande war, irgend etwas zu tun. Je »narzißtischer« die Persönlichkeitsstruktur des Subjekts ist, desto mehr sucht es die Schuld beim großen Anderen und bestätigt damit die eigene Abhängigkeit von ihm. Das grundsätzliche Kennzeichen der »Kultur der Klage« ist die Anrufung des großen Anderen, verbunden mit der Aufforderung, zu intervenieren und »die Sache in Ordnung zu bringen« (die geschädigte sexuelle oder ethnische Minderheit zu entschädigen usw.). Wie dies konkret zu geschehen hat, ist dann wieder ein Problem der verschiedenen Ethik- und Rechtskomitees.

Doch das *spezielle* Kennzeichen der »Kultur der Klage« ist sein juristischer Aspekt, also das Bemühen, die Klage in die rechtliche Verpflichtung des Anderen (in der Regel des Staates) zu übersetzen und mich zu entschädigen. Für was? Für das unergründliche *Mehr-Genießen*, dessen ich beraubt worden bin und dessen Absenz mir das Gefühl gibt, unterprivilegiert zu sein. Ist daher die »Kultur der Klage« nicht die heutige Version der Hysterie, der hysterischen, unmöglichen Forderung an den Anderen, eine Forderung, die in Wirklichkeit *abgelehnt werden möchte*, da das Subjekt seine/ihre Existenz auf seine/ihre Klage gründet: »Ich *bin* insoweit, als ich die Schuld und/oder die Verantwortung für mein Elend beim Anderen suche.« Statt die Position des Anderen zu unterminieren, wenden sich die Klage führenden Unterprivilegierten direkt an ihn. Indem sie ihre Forderung in eine juristische Klage übersetzen, *bestätigen sie den Anderen in seiner Position genau dadurch, daß sie ihn attackieren*. Unüberbrückbar ist hier die Lücke zwischen dieser

Logik der Klage und dem echten »radikalen« (»revolutionären«) Akt, der, statt sich beim Anderen zu beklagen und zu erwarten, daß dieser handelt, das heißt, statt den Handlungsbedarf ihm zuzuschieben, den existierenden rechtlichen Rahmen außer Kraft setzt und *den Akt selbst ausführt*. Folglich korreliert diese »Kultur der Klage« mit den sadomasochistischen Praktiken der Selbstverstümmelung. Sie bilden die beiden gegensätzlichen, aber komplementären Aspekte des gestörten Verhältnisses zum Gesetz und verhalten sich zueinander wie Hysterie und Perversion. Die sadomasochistische Praxis *agiert die phantasmatischen Szenarien* (Erniedrigung, Vergewaltigung, Zum-Opfer-gemacht-werden usw.) *aus, die das hysterische Subjekt traumatisieren*. Möglich wird dieser Übergang von der Hysterie zur Perversion durch das veränderte Verhältnis von Gesetz und *jouissance*. Für das hysterische Subjekt ist das Gesetz noch immer die Instanz, die den Zugang zur *jouissance* verbietet (so daß er/sie von der obszönen *jouissance* phantasieren kann, die sich hinter der Figur des Gesetzes verbirgt), während für den Perversen das Gesetz von derselben Figur herrührt, die auch die *jouissance* verkörpert, so daß er/sie die Rolle des Instruments der *jouissance* dieses obszönen Anderen übernehmen kann.[10]

Das paradoxe Resultat dieses Wandels in der Nicht-Existenz des großen Anderen, dieses zunehmenden Zerfalls der symbolischen Wirksamkeit, ist daher das Wuchern verschiedener Versionen eines *großen Anderen, der tatsächlich im Realen existiert* und nicht einfach nur als eine symbolische Fiktion. Der Glaube an den großen Anderen, der im Realen existiert, ist natürlich die bündigste Definition der Paranoia. Aus diesem Grund bedingen zwei Merkmale, die einen weitverbreiteten ideologischen Standpunkt charakterisieren, nämlich zynische Distanz und absolutes Vertrauen auf die paranoide Phantasie, einander wechselseitig. Das typische zeitgenössische Subjekt hegt einerseits ein zynisches Mißtrauen gegenüber jeglicher öffentlichen Ideologie und gibt sich andererseits bedenkenlos paranoiden Phantasien über Verschwörungen, Bedrohungen und exzessiven Formen des Genießens des Anderen hin. Das Mißtrauen gegenüber dem großen Anderen (der Ordnung der symbolischen Fiktionen), die Weigerung des Subjekts, »es ernst zu nehmen«, beruht auf dem Glauben, daß es einen »Anderen des Anderen« gibt, daß ein geheimer, unsichtbarer und allmächtiger Agent tatsächlich »die Fäden in der Hand hält« und das Geschehen bestimmt: Hinter der sichtbaren, öffentlichen Macht verbirgt sich eine andere obszöne, unsichtbare Machtstruktur. Dieser andere, verborgene Agent spielt die Rolle des »Anderen des Anderen« im Lacanschen Sinne, die Rolle des Meta-Garanten der Konsistenz des großen Anderen (die symbolische Ordnung, die das gesellschaftliche Leben reguliert).

Hier liegen die Wurzeln der aktuellen Krise des Erzählens, das Motiv des »Endes der großen Erzählungen«. In unserem Zeitalter, in dem – in der Politik und der Ideologie wie in der Literatur und im Film – globale umfassende Erzählungen à la »der Kampf der liberalen Demokratie gegen den Totalitarismus« offenbar nicht mehr möglich sind, ist die einzige Möglichkeit, zu einer Art globalem »kognitiven Koordinatensystem« zu gelangen, die paranoide Erzählung einer »Verschwörungstheorie«. Man macht es sich ein bißchen zu einfach, wenn man solche Theorien als paranoide protofaschistische Reaktion der berühmt-berüchtigten »Mittelklasse« abtut, die sich vom Prozeß der Modernisierung bedroht fühlt. Solche Erzählungen dienen vielmehr als eine Art gleitender Signifikant, den sich verschiedene politische Gruppierungen aneignen können und der ihnen ein minimales kognitives Koordinatensystem verschafft. Dies gilt nicht nur für den Rechtspopulismus und den Fundamentalismus, sondern auch für die liberale Mitte (das »Geheimnis« des Kennedyattentats) und die politische Linke (man erinnere sich an die Besessenheit, mit der die ehemalige amerikanische Linke an der Vorstellung festhielt, daß irgendeine mysteriöse Regierungsinstanz mit Nervengasen experimentiere, mit denen sich das Verhalten der Bevölkerung steuern ließe).[11]

Eine weitere Version der Rückkehr des Anderen im Realen

bietet die Jungsche New-Age-Resexualisierung des Universums (»Männer stammen vom Mars, Frauen von der Venus«). Demnach gibt es eine tief verwurzelte archetypische Identität, die uns angesichts unserer zeitgenössischen verwirrenden Vielfalt von Rollen und Identitäten einen Halt bietet. Aus dieser Sicht beruht unsere heutige Krise nicht auf der Schwierigkeit, die Tradition festgelegter Geschlechterrollen zu überwinden, sondern auf dem gestörten Gleichgewicht des modernen Menschen, der die männliche-rationale-bewußte-usw. Seite über Gebühr betont und die weibliche-mitfühlende-usw. vernachlässigt. Auch wenn diese Tendenz mit dem Feminismus den anticartesianischen und anti-patriarchalischen Impuls teilt, formuliert sie das feministische Programm um, so daß es die archetypischen weiblichen Wurzeln bestätigt, die in unserem vom Wettbewerb bestimmten männlichen mechanistischen Universum unterdrückt werden.

Eine weitere Version des *realen* Anderen ist die Figur des Vaters, der seine Töchter sexuell belästigt und im Zentrum des sogenannten »False Memory Syndrom« steht. Auch hier kehrt der suspendierte Vater als Agent der symbolischen Autorität, also als Verkörperung einer symbolischen Fiktion »im Realen zurück«. (Äußerst kontrovers diskutiert wurde dabei die Behauptung derjenigen, die die Reaktivierung der Erinnerung an sexuellen Mißbrauch im Kindesalter befürworten, daß die sexuelle Belästigung durch den Vater nicht einfach nur ein Phantasieprodukt oder zumindest ein unentwirrbares Knäuel von Dichtung und Wahrheit sei, sondern eine eindeutige Tatsache, etwas, das sich in den meisten Familien in der Kindheit der Tochter »tatsächlich zugetragen hat«. Die Verbohrtheit, mit der diese Position vertreten wird, ähnelt derjenigen, mit der Freud darauf beharrte, der Mord an dem »Ur-Vater« sei ein reales Ereignis in der Frühgeschichte der Menschheit gewesen.)

Es ist leicht, hier den Zusammenhang zwischen dem »False Memory Syndrom« und der Angst zu erkennen: Das »False Memory Syndrom« ist eine symptomatische Formation, die es dem Subjekt erlaubt, die Angst zu überwinden, indem es Zuflucht zu der antagonistischen Beziehung mit dem väterlichen Anderen/Belästiger sucht. Man sollte sich also daran erinnern, daß wir es nach Lacan und im Gegensatz zur Freudschen Lehrmeinung, nicht dann mit der Angst zu tun bekommen, wenn die Objekt-Ursache des Begehrens verlorengegangen ist (etwa wenn wir von Kastrationsangst sprechen und damit der Furcht Ausdruck verleihen, daß das männliche Subjekt seines männlichen Gliedes beraubt wird, oder wenn sogar von der Geburtsangst die Rede ist, die die Furcht zum Ausdruck bringt, von der Mutter getrennt zu werden), sondern, ganz im Gegenteil, dann, wenn die Objekt-Ursache des Begehrens uns zu nahe ist oder uns signalisiert, daß wir ihr zu nahe kommen. Es handelt sich hierbei um ein schönes Beispiel für Lacans Raffinesse: Entgegen der gängigen Auffassung, daß Furcht mit einem bestimmten Gegenstand in Zusammenhang steht, vor dem wir uns fürchten, während Angst eine von keinem bestimmten Gegenstand verursachte Veranlagung ist, ist es für Lacan, allem äußeren Anschein zum Trotz, die Furcht, die keine bestimmte Objekt-Ursache hat – wenn ich mich beispielsweise vor Hunden fürchte, fürchte ich nicht den Hund als solchen, sondern die nicht repräsentierbare »abstrakte« Leere hinter diesem –, während die Angst eine bestimmte Objekt-Ursache hat und von der übergroßen Nähe dieses Objekts ausgelöst wurde.[12]

Um Mißverständnisse zu vermeiden, müssen wir uns daran erinnern, daß aus Lacanscher Sicht das Begehren immer das Begehren des Anderen ist. Das Rätsel des Begehrens ist letztlich nicht die Frage »Was möchte ich wirklich?«, sondern »Was möchte der Andere wirklich von mir? Was für ein Objekt bin ich selbst für den Anderen?«. Das Objekt, dessen übergroße Nähe Angst auslöst, bin ich, das Subjekt, selbst als die Objekt-Ursache des Begehrens des Anderen. Ich bekomme es dann mit der Angst zu tun, wenn ich auf die Position des Objekts reduziert werde, das vom Anderen ausgetauscht bzw. benutzt wird. Und dementsprechend erlaubt mir, im Falle des »False Memory Syndrom«, das antagonistische Verhältnis zu dem parentalen Belästiger, die Angst zu überwinden, die dadurch hervorgerufen wird, daß ich das inzestuöse Objekt des väterlichen Begehrens *bin*, daß ich mich selbst als solches *begehre*.

Das letzte Beispiel: In seinem unpublizierten Aufsatz »Ideologie und ihre Paradoxe« lenkt Glyn Daly unsere Aufmerksamkeit auf das Thema des »Kode-Knackens« in der heutigen Populärideologie, von den pseudo-wissenschaftlichen New-Age-Versuchen, mit Hilfe der Computer-Technologie irgendeinen fundamentalen Kode (den Bibel-Kode, den in den ägyptischen Pyramiden verborgenen Kode usw.) zu »knacken«, der uns Aufschluß über das zukünftige Schicksal der Menschheit gibt, bis hin zu jener paradigmatischen Szene in Cyberspace-Thrillern, in denen der Held (oder häufiger noch die Heldin, wie Sandra Bullock in »Das Netz«) über einem Computer kauert und fanatisch versucht, an eine unzugängliche ultra-geheime Information zu gelangen (etwa über eine geheime Regierungsagentur, die an einem Komplott gegen Freiheit und Demokratie oder irgendeinem anderen ähnlich gravierenden Verbrechen beteiligt ist). Ist dies nicht ein exemplarischer Ausdruck für den verzweifelten Versuch, sich der Existenz des großen Anderen zu vergewissern, indem man einen geheimen Kode oder eine geheime Ordnung postuliert, die die Präsenz eines Agenten bezeugt, der insgeheim die Geschicke unsere chaotischen sozialen Lebens lenkt?

Die Risikogesellschaft und ihre Feinde

Die fundamentale Sackgasse, die sich in der Existenz verschiedener »Ethikkomitees« manifestiert, steht im Mittelpunkt des Interesses der derzeit populären Theorie der »Risikogesellschaft«.[13] Paradigmen für Risiken, auf die sich diese Theorie bezieht, sind die globale Erwärmung, das Ozonloch, der Rinderwahnsinn, die Gefahr, die von Atomkraftwerken ausgeht, die unvorhersehbaren Auswirkungen der Genforschung auf die Landwirtschaft und dergleichen mehr. Bei allen diesen Fällen handelt es sich um Risiken von niedriger Wahrscheinlichkeit und gravierenden Konsequenzen. Niemand weiß, wie groß die Risiken wirklich sind. Die Wahrscheinlichkeit einer globalen Katastrophe ist gering, doch wenn sie eintreten sollte, würde sie definitiv das Ende bedeuten. Biologen warnen, daß Drogen und die zunehmende Nutzung von Chemie in Lebensmitteln zum Aussterben der menschlichen Rasse führen könnte, nicht aufgrund einer unmittelbar eintretenden ökologischen Katastrophe, sondern dadurch, daß wir unfruchtbar werden. Dieses Ergebnis ist unwahrscheinlich, wäre aber katastrophal. Entscheidend ist, daß diese neuen Bedrohungen sogenannte »selbstgemachte Risiken« sind. Sie sind das Resultat ökonomischer, technologischer und wissenschaftlicher Eingriffe des Menschen in die Natur, die natürliche Prozesse so radikal durcheinanderbringen, daß es nicht mehr möglich ist, sich der Veranwortung hierfür zu entziehen und es der Natur selbst zu überlassen, das verlorene Gleichgewicht wiederherzustellen.

Ebenso absurd wäre es, sich in New-Age-Manier von der Naturwissenschaft abzuwenden, da diese drohenden Gefahren größtenteils unsichtbar und ohne die Diagnostik der Wissenschaft nicht zu entdecken sind. Alle unseren heutigen Vorstellungen von der ökologischen Bedrohung, vom Ozonloch bis zu der Frage, wie Düngemittel und chemische Zusätze in Lebensmitteln unsere Fruchtbarkeit bedrohen, beruhen auf wissenschaftlichen Erkenntnissen, meist solchen avanciertester Natur. Die Wirkungen des »Ozonlochs« sind zwar zu beobachten, doch ihre kausale Erklärung mit Hilfe der Bezeichnung »Ozonloch« ist eine wissenschaftliche Hypothese: es gibt kein reales »Ozonloch« am Himmel, das sich beobachten ließe. Diese Risiken werden also durch eine Art selbstreflexive Schleife erzeugt, das heißt, sie sind keine externen Risiken (wie ein gigantischer Komet, der auf die Erde stürzt), sondern das unvorhergesehene Ergebnis der technologischen und wissenschaftlichen Bemühungen einzelner Menschen, die versuchen, ihr Leben unter Kontrolle zu bringen und ihre Produktivität zu steigern.

Vielleicht ist das beste Beispiel für die dialektische Umkehrung, durch die eine neue wissenschaftliche Einsicht, statt unsere Naturbeherrschung zu steigern, neue Risiken und Ungewißheiten erzeugt, die Aussicht darauf, daß die Genetik in ein bis zwei Jahrzehnten nicht nur imstande sein wird, das gesamte genetische Erbe eines Individuums zu bestimmen, sondern auch auf technologischem Wege individuelle Gene manipulieren können wird, um bestimmte Veränderungen zu bewirken (etwa, die Bildung von Karzinomen zu verhindern usw.). Doch diese radikale Selbstobjektivierung, dank deren ich imstande sein werde, in Gestalt der genetischen Formel dem ins Auge zu blicken, was ich »objektiv bin«, wird keineswegs absolute Vorhersehbarkeit und Gewißheit zur Folge haben, sondern im Gegenteil noch wesentlich radikalere Ungewißheiten darüber erzeugen, was die tatsächlichen psychosozialen Folgen eines solchen Wissens und seiner Anwendungsformen sein werden. (Was wird aus den Begriffen Freiheit und Verantwortung werden?)

Diese Verknüpfung von niedriger Wahrscheinlichkeit und gravierenden Konsequenzen setzt die gängige aristotelische Strategie, beide Extreme zu vermeiden, außer Kraft. Es scheint heute praktisch unmöglich zu sein, eine moderate rationale Position zwischen Panikmache (Ökologen, die die drohende universelle Katastrophe beschwören) und Camouflage (Herunterspielen der Gefahren) zu beziehen. Die Strategie des Herunterspielens kann immer betonen, daß die Panikmache (bestenfalls) bestimmte Schlußfolgerungen, die keine sichere Fundierung in wissenschaftlichen Beobachtungen haben, als Gewißheiten betrachtet, während die Strategie der Panikmache völlig zu Recht darauf hinweist, daß es dann, wenn die Katastrophe mit hundertprozentiger Sicherheit vorausgesagt werden kann, per definitionem zu spät sein wird. Es gibt eben keine objektive wissenschaftliche oder andere Methode, um sich Klarheit über ihre Existenz und ihr Ausmaß zu verschaffen. Wir werden täglich mit neuen Entdeckungen bombardiert, die bis dahin gängige Ansichten über den Haufen werfen. Was, wenn sich herausstellt, daß Fett wirklich krebserregend ist? Was, wenn die globale Erwärmung in Wirklichkeit das Ergebnis eines natürlichen Kreislaufs ist und wir gut daran täten, noch mehr Kohlendioxid in die Luft zu pumpen?

Es gibt *a priori* kein angemessenes Verhalten zwischen dem »Exzeß« der Panikmache und dem unentschiedenen Hinauszögern nach der Devise: »Wir lassen uns nicht verrückt machen, wir haben noch keine sicheren Resultate.« So ist beispielsweise im Hinblick auf die globale Erwärmung die Logik des »Wir wollen beide Extreme vermeiden, die gedankenlose weitere Emission von Kohlendioxid ebenso wie die sofortige Schließung Tausender Fabriken, und statt dessen schrittweise vorgehen« eindeutig sinnlos.[14] Und, um es nochmals zu sagen, diese Undurchschaubarkeit ist nie einfach nur eine Frage der »Komplexität«, sondern auch eine der Reflexivität. Die neue Opakheit und Undurchschaubarkeit (die radikale Ungewißheit hinsichtlich der Konsequenzen unserer Handlungen) hat nichts damit zu tun, daß wir Puppen in den Händen irgendeiner transzendentalen globalen Macht – des Schicksals, der historischen Notwendigkeit, des Marktes – wären. Sondern sie beruht ganz im Gegenteil darauf, daß »niemand verantwortlich ist«, daß es *keine solche Macht* gibt, keinen »Anderen des Anderen«, der hinter den Kulissen die Fäden zieht. Die heutige Gesellschaft ist durch und durch »reflexiv«, es gibt keine Natur oder Tradition, die ein festes Fundament bietet, auf das man sich verlassen kann, selbst unsere innersten Antriebe (sexuelle Orientierung usw.) werden immer mehr als etwas erlebt, das sich frei wählen läßt. Wie man ein Kind ernähren und ausbilden soll, wie man bei der sexuellen Verführung vorgehen soll, wie und was man essen, wie man sich entspannen und amüsieren soll, alle diese Themen werden in zunehmendem Maße von der Reflexivität »kolonisiert«, das heißt als etwas erfahren, das sich erlernen und entscheiden läßt. Diese Reflexivität erreicht ihren Höhepunkt dort, wo der Versuch, zu der alten präreflexiven substantiellen Einheit zurückzukehren, bestätigt, was er zu bekämpfen beabsichtigt.

In den USA und Großbritannien erleben wir in den letzten Jahren die überraschende Ausbreitung des Phänomens der »Rule Girls«, eines organisierten Netzwerks junger heterosexueller Frauen, die sich von jungen Männern nach bestimmten Regeln verführen lassen (»Triff dich nur dann mit einem Typen, wenn der Termin mindestens drei Tage vorher vereinbart wurde; tu' so, als interessiere er dich nicht, und sprich mindestens zehn Minuten nicht mit ihm« usw.). Obwohl diese Regeln inhaltlich den altmodischen Gepflogenheiten entsprechen, die das Verhalten der passiven Frau bestimmen, wenn Männer ihr nachstellen, sind »Rule Girls« das Gegenteil einer neokonservativen Rückkehr zu alten Werten. Die Regeln, denen sie folgen, fungieren nicht mehr als substantielle *Sitten*, da sie reflexiv angenommen, frei gewählt wurden.

Das, was Ulrich Beck als »Zweite Aufklärung« bezeichnet, ist daher im Hinblick auf diesen entscheidenden Punkt das genaue Gegenteil der »Ersten Aufklärung«. Sie hatte das Ziel, eine Gesellschaft zu schaffen, in der grundlegende Entscheidungen ihren »irrationalen« Charakter verlieren und nur noch auf wohlerwogenen Gründen, der richtigen Einsicht in den Zustand der Dinge beruhen sollten. Die »zweite Aufklärung« hingegen bürdet jedem von uns zentrale Entscheidungen auf, die unser Überleben betreffen, nicht aber auf einer soliden Wissensgrundlage beruhen. All die Expertenausschüsse und Ethikkomitees der Regierung usw. sind nur dazu da, diese radikale Offenheit und Ungewißheit zu kaschieren. Und, um es nochmals zu sagen: Dieser Zwang zur freien Entscheidung wird keineswegs als befreiend, sondern vielmehr als ein beängstigendes Spiel empfunden, als eine Art ironischer Umkehrung der Prädestination. Ich werde für Entscheidungen verantwortlich gemacht, die ich treffen muß, ohne die Lage genau zu kennen. Die Entscheidungsfreiheit eines Mitglieds der »Risikogesellschaft« ist nicht die Freiheit eines Subjekts, das über sein Schicksal frei entscheiden kann, sondern die beängstigende Freiheit von jemandem, der ständig gezwungen wird, Entscheidungen zu treffen, ohne deren Konsequenzen zu kennen. Es gibt keinerlei Gewähr, daß die demokratische Politisierung zentraler Entscheidungen, die aktive Einbeziehung vieler Tausender betroffener Individuen zwangsläufig die Qualität und Genauigkeit von Entscheidungen verbessern und damit tatsächlich die Risiken mindern wird.

Man ist versucht, an die Antwort eines gläubigen Katholiken auf den Vorwurf eines atheistischen Liberalen zu erinnern, sie, die Katholiken, seien so dumm, an die Unfehlbarkeit des Papstes zu glauben: »Wir Katholiken glauben an die Unfehlbarkeit *einer* und nur einer Person. Beruht die Demokratie nicht auf der wesentlich riskanteren Vorstellung, daß die Mehrheit der Menschen, Millionen von ihnen unfehlbar sind?« Das Subjekt befindet sich also in der kafkaesken Situation, deswegen schuldig zu sein, weil er/sie noch nicht einmal weiß, worin seine/ihre Schuld besteht (wenn sie denn überhaupt in etwas besteht). Ich lebe ständig in der Gefahr, Entscheidungen getroffen zu haben, die mich, meine Angehörigen und Freunde gefährden werden, aber die Wahrheit werde ich, wenn überhaupt, erst dann erfahren, wenn es bereits zu spät ist.

Erinnern wir uns in diesem Zusammenhang an die Figur des Forrest Gump, diesen perfekten »verschwindenden Vermittler«, das glatte Gegenteil des Herrn (desjenigen, der ein Ereignis symbolisch registriert, indem er es benennt und so in den großen Anderen einschreibt). Gump wird als der unbeteiligte Zuschauer dargestellt, der durch sein Handeln Veränderungen historischen Ausmaßes auslöst. Als er in Berlin an einem Football-Spiel teilnimmt, wirft er den Ball versehentlich über die Mauer und setzt auf diese Weise den Prozeß in Gang, der zum Fall der Mauer führt; als er Washington besucht und ein Zimmer im Watergatekomplex erhält, bemerkt er mitten in der Nacht, daß sich in den Räumen gegenüber merkwürdige Dinge abspielen. Er alarmiert einen Sicherheitsbeamten und bringt so die Ermittlungen ins Rollen, die schließlich zum Rücktritt Nixons führen. Handelt es sich dabei nicht um *die* Metapher schlechthin für die Situation, um die es den Vertretern des Begriffs der »Risikogesellschaft« geht: Wir werden dazu gezwungen, Schritte zu tun, deren Wirkungen sich unserer Kontrolle entziehen.

Auf welche Weise impliziert der Begriff der »Risikogesellschaft« die Nicht-Existenz des großen Anderen? Der offensichtlichste, von Beck und Giddens immer wieder betonte Punkt ist, daß wir heute in einer Gesellschaft *nach* der Natur und *nach* der Tradition leben. Wenn wir uns mit unserer Umwelt auseinandersetzen, können wir uns nicht mehr auf die Natur als festes Fundament und verläßliche Quelle unserer Aktivitäten verlassen (denn es besteht immer die Gefahr, daß unser Handeln außer Kontrolle gerät und den stabilen Kreislauf der natürlichen Reproduktion unterbricht) und auch nicht auf die Tradition als substantielle Form der Gepflogenheiten, die unsere Leben bestimmen.

Doch der Bruch ist noch radikaler. Marx beschreibt die Auflösung aller traditionellen Bindungen als Folge der kapitalistischen Modernisierung im 19. Jahrhundert; der springende Punkt seiner Analyse ist aber, daß diese unerhörte Auflösung aller traditionellen Formen keineswegs zu einer Gesellschaft führt, in der Individuen ihr Leben gemeinsam und frei gestalten können, sondern zu einem anonymem Schicksal unter dem Deckmantel der Marktverhältnisse. Der Markt impliziert eine fundamentale Dimension des Risikos: Er ist ein undurchschaubarer Mechanismus, der auf völlig unvorhersagbare Weise die Arbeit eines ehrlichen Arbeiters zunichte und einen filzigen Spekulanten reich machen kann, denn niemand weiß, was das Endergebnis einer bestimmten Spekulation sein wird. Doch ungeachtet dieses Sachverhalts, das heißt, obwohl unsere Handlungen unvorhersehbare und unbeabsichtigte Folgen haben können, existiert nach wie vor die Vorstellung, daß diese Handlungen von der berüchtigten »Unsichtbaren Hand des Marktes«, der Grundprämisse der Ideologie des freien Marktes, koordiniert werden: Jeder von uns verfolgt seine/ihre speziellen Interessen, und das Endergebnis des Aufeinanderpralls und der Interaktion dieser vielfältigen individuellen Handlungen und gegensätzlichen Intentionen ist globaler Wohlstand.

In dieser Vorstellung der »List der Vernunft« überlebt der große Andere als die soziale Substanz, an der wir alle durch unsere Handlungen partizipieren, als die mysteriöse gespenstische Instanz, die irgendwie das Gleichgewicht wiederherstellt. Die fundamentale marxistische Idee besteht selbstverständlich darin, daß sich diese Figur des großen Anderen, der entfremdeten sozialen Substanz, das heißt des anonymen Markts als der modernen Form des Schicksals, abschaffen läßt und das gesellschaftliche Leben der Kontrolle des »kollektiven Intellekts« der Menschheit unterstellt werden kann. Damit überschritt Marx nicht die Grenzen der »ersten Modernisierung«, die auf die Etablierung einer selbst-transparenten Gesellschaft abzielte, die vom »kollektiven Intellekt« reguliert werden sollte. Kein Wunder, daß dieses Projekt im real existierenden Sozialismus seine perverse Realisierung fand, der – trotz der extremen Unsicherheit des Schicksals des einzelnen zumindest in der Zeit der paranoischen politischen Säuberungen – vielleicht der radikalste Versuch war, die Unsicherheit zu beseitigen, die Teil der kapitalistischen Modernisierung ist.

Die (bescheidene) Attraktivität des realen Sozialismus veranschaulicht am besten der Wahlslogan, von Slobodan Miloševics Sozialistischer Partei bei den ersten »freien« Wahlen in Serbien: »Mit uns gibt es keine Unsicherheit!« Auch wenn das Leben trist und armselig war, mußte man sich wegen der Zukunft keine Sorgen machen; die bescheidene Existenz jedes einzelnen war garantiert, die Partei kümmerte sich um alles, das heißt, »sie« traf alle Entscheidungen. Trotz ihrer Verachtung für die Regierung vertrauten die Leute »ihr« irgendwo, verließ man sich auf »sie«, glaubte man, daß es irgend jemanden gäbe, der die Zügel in den Händen hielt und alles lenkte. Tatsächlich wohnte dieser Möglichkeit, die Bürde der Verantwortung auf den Anderen abzuwälzen, eine perverse Form von Befriedigung inne. Anläßlich einer Reise durch Polen, das Land ihrer Jugend, berichtet Eva Hofman davon, wie das berüchtigte trostlose Grau der sozialistischen Städte mit ihren deprimierenden Betongebäuden entlang breiter Straßen ohne Plakate und Neonbeleuchtung 1990, in der nachkommunistischen Zeit, noch bedrückender wirkte als zuvor:

»Ich kenne dieses Grau; ich liebte es sogar als Teil der Stimmung und des Wetters, mit dem man hier aufwuchs und das einem mit einer tröstlichen Wehmut in Fleisch und Blut überging. Warum also wirkt es jetzt so viel deprimierender als zuvor? Ich glaube, ich sehe es jetzt mit anderen Augen, ohne die Schutzfilter des Systems, das die Rechtfertigung, die Erklärung für so vieles war, selbst für das Grau. Ja, die Tristesse war teilweise ›ihr‹ Werk, nicht nur eine Frage der Wirtschaft, sondern ein bewußter Puritanismus ... Jetzt ist dieses Viertel genau das, was es ist – ihrer Bedeutung entkleidete Nacktheit.«[15]

Wir haben es hier mit dem auf perverse Weise befreienden Aspekt der Entfremdung im real existierenden Sozialismus zu tun. Die Realität war nicht wirklich »unsere« (diejenige der gewöhnlichen Leute), sondern sie gehörte »ihnen« (der Partei-*Nomenklatur*), deren Tristesse bezeugte »ihre« repressive Herrschaft, und paradoxerweise ließ sich das Leben dadurch wesentlich leichter ertragen. Man konnte Witze über alltägliche Probleme machen, über die mangelnde Versorgung mit Gegenständen des täglichen Bedarfs wie Seife und Toilettenpapier. Obwohl wir die materiellen Konsequenzen dieses Mangels zu ertragen hatten, gingen die Witze auf »ihre« Kosten, wir erzählten sie uns von einem befreiten Ausnahmestandpunkt aus. Jetzt, da »sie« nicht mehr an der Macht sind, sind wir plötzlich gezwungen, diese Tristesse als unsere eigene anzunehmen.

Heutzutage, in der »postmodernen« Risikogesellschaft gibt es keine »unsichtbare Hand« mehr, deren Mechanismus, so blind er auch sein mag, auf irgendeine Weise das Gleichgewicht wiederherstellt, keinen Anderen Schauplatz, an dem die Bücher korrekt geführt werden, keinen fiktiven Anderen Ort, an dem, aus der Perspektive des Jüngsten Gerichts, unsere Handlungen klassifiziert und beurteilt werden. Wir sind uns nicht nur nicht darüber im klaren, welche Folgen unsere Handlungen haben, sondern es gibt auch keinen globalen Mechanismus, der unsere Interaktionen reguliert: *Das* ist mit der im eigentlichen Sinne »postmodernen« Nicht-Existenz des großen Anderen gemeint. Foucault sprach von den »Strategien ohne Subjekt«, deren sich die Macht bei ihrer Reproduktion bedient. Hier haben wir es nahezu mit dem genauen Gegenteil zu tun: Die Subjekte sind in die unvorhersehbaren Konsequenzen ihrer Handlungen verstrickt, haben aber keine globale Strategie, die ihr Zusammenspiel dominiert und regelt. Individuen, die noch immer im traditionellen modernistischen Paradigma gefangen sind, suchen verzweifelt nach einer Anderen Instanz, die mit Recht die Stelle des »Subjekts, dem unterstellt wird, daß es weiß«, einnehmen kann und die auf irgendeine Weise unsere Wahl gewährleisten würde: Ethikkomitees, die wissenschaftliche Gemeinschaft, die Autorität der Regierung, bis hin zum paranoiden großen Anderen, dem geheimen unsichtbaren Herrn der Verschwörungstheorien.

Was also stimmt nicht an der Theorie der Risikogesellschaft? Bestätigt sie etwa nicht die Nicht-Existenz des großen Anderen und zieht alle erforderlichen ethisch-politischen Schlüsse aus dieser Einsicht? Das Problem dieser Theorie ist, daß sie paradoxerweise gleichzeitig zu spezifisch und zu allgemein ist. Bei all ihrer Betonung der Tatsache, daß die »zweite Modernisierung« uns dazu zwingt, hergebrachte Vorstellungen von menschlichem Handeln, gesellschaftlicher Organisation usw. bis hin zu den intimsten Formen, wie wir mit unserer sexuellen Identität umgehen, zu verändern, unterschätzt die Theorie der Risikogesellschaft, wie sehr sich die neue gesellschaftliche Logik auf den fundamentalen Status der Subjektivität auswirkt. Und auf der anderen Seite verschleiert diese Theorie die konkreten sozioökonomischen Ursachen der von ihr beschriebenen Risiken und selbsterzeugten Unsicherheit, indem sie von universellen Kennzeichen unseres zeitgenössischen Lebens spricht. Wir hingegen meinen, daß die Psychoanalyse und der Marxismus, die von den Theoretikern der Risikogesellschaft in der Regel als überholter Ausdruck der ersten Welle der Modernisierung verworfen werden (der Kampf der Vernunft-Instanz, das undurchdringliche Unbewußte ans Licht zu bringen; die Idee einer selbst-transparenten, von einem kollektiven Intellekt gesteuerten Gesellschaft), zu einer kritischen Klärung dieser beiden Punkte beitragen kann. Der erste Schritt bestünde darin, das Phänomen der reflexiven Modernisierung vor dem Hintergrund der kapitalistischen Dynamik zu lesen, wie sie von Marx im »Kommunistischen Manifest« entwickelt wurde:

»Die fortwährende Umwälzung der Produktion, die ununterbrochene Erschütterung aller gesellschaftlicher Zustände, die ewige Unsicherheit und Bewegungen zeichnet die Bourgeoisieepoche vor allen früheren aus. Alle festen eingerosteten Verhältnisse mit ihrem Gefolge von altehrwürdigen Vorstellungen und Anschauungen werden aufgelöst, alle neugebildeten veralten, ehe sie verknöchern können. Alles Ständische und Stehende verdampft, alles Heilige wird entweiht, und die Menschen sind endlich gezwungen, ihre Lebensstellung, ihre gegenseitigen Beziehungen mit nüchternen Augen anzusehen. [...] Die Bourgeoisie hat durch die Exploitation des Weltmarkts die Produktion und Konsumtion aller Länder kosmopolitisch gestaltet. Sie hat zum großen Bedauern der Reaktionäre den nationalen Boden der Industrie unter den Füßen weggezogen. [...] An die Stelle der alten, durch Landeserzeugnisse befriedigten Bedürfnisse treten neue, welche die Produkte der entferntesten

Länder und Klimate zu ihrer Befriedigung erheischen. An die Stelle der alten lokalen und nationalen Selbstgenügsamkeit und Abgeschlossenheit tritt ein allseitiger Verkehr, eine allseitige Abhängigkeit der Nationen voneinander. Und wie in der materiellen, so auch in der geistigen Produktion. Die geistigen Erzeugnisse der einzelnen Nationen werden Gemeingut. Die nationale Einseitigkeit und Beschränktheit wird mehr und mehr unmöglich, und aus den vielen nationalen und lokalen Literaturen bildet sich eine Weltliteratur.«[16]

Und ist das nicht heute mehr denn je unsere Realität? Man denke an Ericsson-Telephone, die kein schwedisches Erzeugnis mehr sind, an Autos von Toyota, die zu sechzig Prozent in den USA hergestellt werden, an die Hollywoodkultur, die noch die abgelegensten Orte auf unserem Globus erreicht. Ja, dies ist unsere Realität – unter der Bedingung, daß wir das inhärente dialektische Gegenteil dieses Bildes aus dem »Kommunistischen Manifest« nicht vergessen, nämlich die »Vergeistigung« des materiellen Produktionsprozesses selbst. Ja, der Kapitalismus bringt die radikale Säkularisierung des gesellschaftlichen Lebens mit sich: Gnadenlos zerstört er die Aura jeden authentischen Edelmuts, jeglicher authentischer Heiligkeit und Ehrlichkeit. Die grundsätzliche Lektion der »Kritik der politischen Ökonomie« jedoch, die von Marx in den Jahren nach dem »Manifest« ausgearbeitet wurde, besteht darin, daß gerade diese Reduktion aller himmlischen Chimären auf die blanke ökonomische Realität ihre eigene Gespenstigkeit erzeugt.

Angesichts der von Marx beschriebenen verrückten, sich selbst steigernden Zirkulation des Kapitals, deren solipsistischer Weg der Selbstverwirklichung seinen Höhepunkt in den metareflexiven Börsenspekulationen mit *futures* findet, ist es bei weitem zu einfach zu behaupten, daß das Gespenst dieses sich selbsterzeugenden Ungeheuers, das seinen Weg stur verfolgt, ohne irgendwelche menschlichen oder die Umwelt betreffenden Belange in Betracht zu ziehen, bloß eine ideologische Abstraktion wäre. Man sollte niemals vergessen, daß hinter dieser Abstraktion wirkliche Menschen und natürliche Gegenstände stehen, auf die sich die produktiven Kapazitäten und Ressourcen der Kapitalzirkulation stützen und von denen diese sich wie ein gigantischer Parasit nährt. Die Schwierigkeit liegt darin, daß diese »Abstraktion« nicht nur in unserer verzerrten Wahrnehmung der gesellschaftlichen Realität besteht (die der eines Finanzspekulanten ähnelt), sondern sie ist »real« genau in dem Sinne, in dem sie die Struktur des materiellen gesellschaftlichen Prozesses determiniert.

Das Schicksal ganzer Bevölkerungsgruppen und manchmal ganzer Länder kann vom »solipsistischen« Tanz des Kapitals entschieden werden, der sein Ziel der Profitabilität mit seliger Indifferenz verfolgt – ungeachtet der Auswirkungen, die dies auf die gesellschaftliche Realität haben wird. Hierin besteht die grundsätzliche Gewalt des Kapitalismus, die weit unheimlicher ist als die unmittelbare vorkapitalistische, sozio-ideologische Gewalt. Diese Gewalt ist nicht länger konkreten Individuen und deren »bösen Absichten« zuordenbar, sondern sie ist rein »objektiv«, systemisch, anonym. Etienne Balibar unterscheidet zwei gegensätzliche, aber zusammengehörige Modi der exzessiven Gewalt in der heutigen Welt: die »ultra-objektive« (strukturale) Gewalt, die den gesellschaftlichen Bedingungen des globalen Kapitalismus zugehört (die »automatische« Hervorbringung von ausgeschlossenen und entbehrlichen Individuen, von den Obdach- bis zu den Arbeitslosen), und die »ultra-subjektive« Gewalt eines neu auftauchenden ethnischen und/oder religiösen (kurz: rassistischen) Fundamentalismus – die in ihrer Existenz und Grundlosigkeit nur der Widerpart der ersten ist.

Der Sachverhalt dieser »anonymen« Gewalt erlaubt uns auch eine allgemeinere Anmerkung zum Antikommunismus. Die Lust, die durch die antikommunistischen Tiraden hervorgerufen wurde, basierte darauf, daß es im Falle des Kommunismus leichtfiel, den Schuldigen für Millionen von Toten, für den Terror und die Gulags dingfest zu machen. Es war entweder die

Partei oder Stalin oder Lenin oder gar Marx selbst. Im Kapitalismus hingegen gibt es niemanden, dem man die Schuld oder die Verantwortlichkeit zuschieben kann. Alles passiert, wie es eben passiert, vermittels anonymer Mechanismen, wenngleich der Kapitalismus sich im Hinblick auf die Menschen und die Umwelt keine Spur weniger destruktiv verhält, indigene Kulturen zerstört und dergleichen mehr. Kurzum, der Unterschied zwischen Kapitalismus und Kommunismus besteht darin, daß der Kommunismus als eine Idee wahrgenommen wurde, die dann in der Realisation scheiterte, wohingegen der Kapitalismus »spontan« funktioniert: es gibt kein »Kapitalistisches Manifest«.

Hier stoßen wir auf die Lacansche Unterscheidung zwischen der Realität und dem Realen: »Realität« ist die gesellschaftliche Wirklichkeit tatsächlicher Menschen, die in Interaktionen und Produktionsprozesse involviert sind, während das Reale die unerbittliche abstrakte gespenstische Logik des Kapitals ist, die bestimmt, was in der gesellschaftlichen Realität passiert. Und gilt dies nicht heute mehr denn je zuvor? Verweisen nicht die Phänomene des »virtuellen Kapitalismus« (etwa *future trades* und ähnliche abstrakte Finanzspekulationen) auf ein Regime der reinen Realabstraktion, radikaler noch als zu Marxens Zeiten? Der ideologische Ausdruck von derlei Prozessen sind die verschiedenen Theorien der »Postmoderne« bzw. »Zweiten Moderne«, die die Idee einer globalen Reflexivität betonen: Heute hat der Auflösungsprozeß aller traditionellen Autoritäten, wie er von Marx beschrieben wurde, der Prozeß, durch den alles Ständische und Stehende verdampft, einen unerhörten Gipfelpunkt erreicht, weit jenseits dessen, was Marx und Engels sich jemals hätten vorstellen können.

Es ist in diesem Zusammenhang von entscheidender Bedeutung, daß man die gängige marxistische Prozedur, den partikulären Inhalt hinter der Erscheinung eines ideologischen Universellen zu erkennen, um ihr dialektisches Gegenteil ergänzt.

Nehmen wir das klassische Beispiel der Menschenrechte. Die Marxsche Lesart der Symptome vermag den partikulären Inhalt, der dem Begriff der Menschenrechte seine spezifisch bürgerliche ideologische Note verleiht, überzeugend darzulegen. Unter universellen Menschenrechten wird demnach in Wirklichkeit das Recht der weißen männlichen Privatbesitzer verstanden, auf dem Markt frei tauschen zu können, Arbeiter und Frauen auszubeuten und politische Herrschaft auszuüben Diese Identifikation des partikulären Inhalts, der die universelle Form hegemonisiert, ist freilich nur die eine Seite der Medaille. Zugleich wird nämlich die wesentlich schwierigere supplementäre Frage nach dem *Entstehen eben jener Form der Universalität* aufgeworfen. Wie, unter welchen spezifischen historischen Bedingungen wird die abstrakte Universalität selbst ein Faktum des (gesellschaftlichen) Lebens?

Dies ist der springende Punkt der Marxschen Analyse des »Warenfetischismus«. In einer Gesellschaft, in der der Warenaustausch dominiert, beziehen sich Individuen in ihrem Alltagsleben auf sich selbst und auf die Objekte, denen sie begegnen, als auf kontingente Verkörperungen abstrakt-universeller Begriffe. Das, was ich bin, mein konkreter sozialer oder kultureller Hintergrund wird als kontingent erfahren, da das, was mich letztlich definiert, die »abstrakte« universelle Fähigkeit zu denken und/oder zu arbeiten ist. Oder jedes Objekt, das mein Begehren befriedigen kann, wird als kontingent erfahren, da mir mein Begehren als eine »abstrakte« formale Fähigkeit gilt, die gleichgültig gegenüber der Fülle einzelner Objekte ist, die sie befriedigen könnten, aber dies nie zur Gänze tun. Oder nehmen wir das Beispiel des »Berufs«. Der moderne Begriff des Berufs impliziert, daß ich mich selbst als ein Individuum erlebe, das nicht in eine bestimmte gesellschaftliche Rolle »hineingeboren« wird. Was aus mir wird, hängt ab vom Zusammenspiel zwischen den kontingenten gesellschaftlichen Umständen und meiner freien Wahl. In diesem Sinne hat das heutige Individuum einen Beruf, ist Elektriker, Professor oder Kellner, wohingegen es sinnlos wäre, davon zu sprechen, ein mittelalterlicher Leibeigener sei von Beruf Bauer gewesen.

Der entscheidende Punkt ist auch hier, daß unter einer bestimmten gesellschaftlichen Voraussetzung (des Warenaustauschs und der globalen Marktwirtschaft) »Abstraktion« zu einem unmittelbaren Kennzeichen des Gesellschaftslebens wird, also der Art und Weise, wie konkrete Individuen sich verhalten und auf ihr soziales Umfeld reagieren. Marx teilt hier Hegels Einsicht, daß Universalität nur insoweit »für sich selbst« wird, als Individuen den Kern ihres Seins nicht mehr mit ihrer spezifischen gesellschaftlichen Lage identifizieren und sich selbst hinsichtlich dieser Lage immer als »aus den Fugen geraten« erleben.

Die konkrete, tatsächliche Existenz der Universalität ist das Individuum ohne einen festen Platz in dem globalen Gebäude – in einem bestimmten sozialen Gefüge, Universalität wird in jenen Individuen »für sich selbst«, die keinen richtigen Platz darin haben. Der Erscheinungsmodus einer abstrakten Universalität, seine tatsächliche Entstehung ist daher ein äußerst heftiger Vorgang, bei dem die vorausgegangene organische Ausgeglichenheit zerstört wird. In diesem Sinne steht der Kapitalismus mit seiner zutiefst utilitaristischen, entspiritualisierten Einstellung für die Herrschaft der abstrakten Universalität. Wir können eine Vorstellung von der verborgenen Wahrheit dieser Herrschaft der abstrakten Universalität gewinnen, indem wir einen Blick auf ihre materiellen Relikte werfen, auf die Friedhöfe veralteter technischer Gegenstände, auf die Schrottberge von Gebraucht-Wagen und -Computern oder den berühmten Flugzeug-»Friedhof« in der Mojavewüste. Mit diesen frappierenden, unablässig wachsenden Halden träger, funktionsloser Materie steht uns gewissermaßen der zur Ruhe gebettete kapitalistische Trieb vor Augen.

Das Unbehagen in der Risikogesellschaft

Die Psychoanalyse ist weder eine Theorie, die die Auflösung der alten Formen traditioneller Stabilität und Weisheit beklagt, in ihr die Ursache moderner Neurosen sucht oder uns dazu zwingt, unsere Wurzeln in archaischer Weisheit oder profunder Selbsterkenntnis (die Jungsche Version) zu entdecken, noch ist sie bloß eine andere Form des reflexiven modernen Wissens, die uns hilft, die innersten Geheimnisse unseres Seelenlebens zu durchdringen und zu meistern. Die Psychoanalyse beschäftigt sich vielmehr mit den unerwarteten Konsequenzen der Auflösung der traditionellen Strukturen, die das Leben der Libido regulierten. Warum erzeugt dieser Niedergang der paternalen Autorität und bestimmter gesellschaftlicher und Geschlechter-Rollen neue Ängste, statt uns eine »schöne neue Welt« von Individuen zu eröffnen, die sich der kreativen »Sorge um das Selbst« widmen und den ständigen Verschiebungs- und Umgestaltungsprozeß ihrer multiplen Identitäten genießen? Die Psychoanalyse kann sich auf das *Unbehagen* in der Risikogesellschaft konzentrieren, auf die neuen, von der Risikogesellschaft generierten Ängste, die nicht einfach als Ergebnis der Spannung oder Kluft zwischen dem Festhalten der Subjekte an alten Vorstellungen von persönlicher Verantwortung und Identität (etwa festgelegten Geschlechterrollen und einer starren Familienstruktur) und der neuen Situation, in der sich Identitäten ändern und immer wieder neue Alternativen eröffnen, abgetan werden dürfen.

Die »Risikogesellschaft« verändert nicht nur die Tradition oder irgendeinen anderen zuverlässigen symbolischen Bezugsrahmen, sondern die symbolische Institution als solche, das heißt die Funktionsweise der symbolischen Ordnung selbst. Mit der Entstehung der Risikogesellschaft wird die performative Dimension symbolischen Vertrauens und Engagements potentiell unterminiert. Problematisch an den Theoretikern der Risikogesellschaft ist, daß sie die Radikalität dieser Veränderung unterschätzen. Auch wenn sie darauf insistieren, daß in der heutigen Risikogesellschaft die Reflexivität universalisiert wird, so daß Natur und Tradition nicht mehr existieren, und ungeachtet all ihres Geredes davon, daß die »Zweite Aufklärung« mit den naiven Gewißheiten der ersten Welle der Modernisierung aufräume, halten sie an der Unversehrtheit des grundlegenden Modus der Subjektivität des Subjekts fest. Ihr Subjekt bleibt das moderne Subjekt, das imstande ist, frei zu räsonieren und zu reflektieren, seine/ihre Normen usw. selbst zu bestimmen und auszuwählen.

Einem vergleichbaren Irrtum verfallen Feministinnen, die den Ödipuskomplex abschaffen wollen und dennoch erwarten, daß die grundlegende Form der Subjektivität, die durch den Ödipuskomplex generiert wurde (nämlich das Subjekt, das imstande ist, frei zu räsonieren und reflektieren), dabei intakt bleibt. Vielleicht sind gar nicht die postmodernen Pessimisten am problematischsten, die zu ihren katastrophalen Schlußfolgerungen kommen, indem sie die neue Welt mit alten Maßstäben messen, sondern die Theoretiker der Risikogesellschaft selbst, weil sie sich darauf verlassen, daß ungeachtet der Auflösung des symbolischen Vertrauens das reflexive Subjekt auf mysteriöse Weise intakt überlebt?

Diese Auflösung des großen Anderen ist das unmittelbare Resultat der universalisierten Reflexivität: Begriffe wie »Vertrauen« beruhen auf einem Minimum an *nicht-reflektierter* Akzeptanz der symbolischen Institution. Letztlich impliziert Vertrauen einen »Glaubensvorschuß«: Wenn ich jemandem traue, traue ich ihm einfach, weil ich ihn oder sie beim Wort nehme, und nicht aus rationalen Gründen, die mir nahelegen, ihm/ihr zu trauen. Zu sagen »Ich vertraue dir, weil ich mich nach gründlicher Überlegung entschlossen habe, dir zu vertrauen«, ist ebenso paradox wie die Aussage: »Nach behutsamem Abwägen der Pros und Kontras habe ich mich entschlossen, meinem Vater zu gehorchen.«

Symptomatisch für diese Auflösung des grundlegenden Vertrauens ist das Phänomen einer nordamerikanischen »Christian Revival«-Gruppe, die sich sehr treffend »The Promise Keepers« (»Diejenigen, die ihr Wort halten«) nennt. Diese Gruppe appelliert an die Männer, gegenüber dem schwachen und hysterischen weiblichen Geschlecht, das außerstande ist, mit den Problemen des zeitgenössischen Lebens zurechtzukommen, endlich wieder das symbolische Mandat der Verantwortung und die Bürde von Entscheidungen anzunehmen. Dagegen ist nicht nur einzuwenden, daß wir es mit einer konservativ-patriarchalischen Neueinschreibung der sexuellen Differenz zu tun haben (schwache hysterische Frauen vs. Männer, deren Wort sie wieder binden soll), sondern daß die Art und Weise, wie hier explizit betont wird, daß Versprechen gehalten werden, bereits Teil einer hysterischen Ökonomie ist. Ein Vertrauen, das auf diese ritualisierte öffentliche Art bekräftigt werden muß, unterminiert sozusagen seine eigene Glaubwürdigkeit.

Hinsichtlich der »postmodernen« Konstellation (bzw. hinsichtlich dessen, was die Theoretiker der Risikogesellschaft als für die »Zweite Moderne« und/oder »Zweite Aufklärung« charakteristische reflexive Modernisierung bezeichnet haben[17]), in der das Patriarchat auf fundamentale Weise unterminiert wird, so daß sich das Subjekt als von traditionellen Zwängen befreites erfährt, das keine internalisierten symbolischen Verbote kennt und fest entschlossen ist, mit seinem Leben zu experimentieren, das eigene Lebensprojekt zu verfolgen, müssen wir die gewichtige Frage nach den geleugneten »leidenschaftlichen Bindungen« stellen (um nochmals Judith Butlers Formulierung aufzugreifen), die die neue reflexive Freiheit des von den Zwängen der Natur und/oder Tradition befreiten Subjekts stützen. Was ist, wenn die Auflösung der öffentlichen (»patriarchalischen«) symbolischen Autorität durch eine noch viel stärkere (wenn auch geleugnete) »leidenschaftliche Bindung« an die Unterwerfung entgolten (oder ausgeglichen) wird, wie dies unter anderem die Zunahme sadomasochistischer lesbischer Paare nahezulegen scheint, bei denen das Verhältnis der beiden Frauen, dem strengen und strikt eingehaltenen Meister/Sklave-Muster folgt? Diejenige, die die Befehle gibt, ist »ganz oben«, die andere, die gehorcht, »ganz unten«. Um nach »ganz oben« zu gelangen, muß man sich einer mühseligen Prozedur unterziehen. Es wäre falsch, diese »oben/unten«-Dualität als Zeichen einer direkten »Identifizierung mit dem (männlichen) Aggressor« zu lesen, doch nicht minder falsch wäre es, darin nur eine parodistische Imitation der patriarchalischen Herrschaftsverhältnisse zu sehen. Wir haben es vielmehr mit dem Paradox einer frei gewählten Herr-und-Knecht-Koexistenzform zu tun, die uns eine tiefe libidinöse Befriedigung verschafft.

Die übliche Situation wird also umgekehrt. Es handelt sich nicht mehr um die öffentliche Ordnung der Hierarchie, Repression und strengen Regulierung, die von heimlichen Akten einer als Befreiung empfundenen Grenzüberschreitung unterlaufen wird (etwa wenn wir insgeheim, hinter seinem Rücken, über unseren aufgeblasenen Herrn lachen), sondern im Gegenteil um die öffentlichen gesellschaftlichen Beziehungen zwischen freien und gleichen Individuen, bei denen die »leidenschaftliche Bindung« an irgendeine extreme Form streng regulierter Dominanz und Unterwerfung zur heimlichen transgressiven Quelle libidinöser Befriedigung wird, zum obszönen Supplement der öffentlichen Sphäre von Freiheit und Gleichheit. Das streng kodifizierte Verhältnis von Herr und Knecht wird zur Form der »inhärenten Grenzüberschreitung« von Subjekten, die in einer Gesellschaft leben, in der sich die Lebensform scheinbar völlig frei wählen läßt. Diese paradoxe Umkehrung ist das eigentliche Thema der Psychoanalyse. Diese setzt sich nicht mit dem gestrengen autoritären Vater auseinander, der den Genuß verbietet, sondern mit dem obszönen Vater, der mich zum Genießen anhält und mich damit auf wesentlich effektivere Weise impotent oder frigide macht. Nicht der heimliche Widerstand gegen das Gesetz ist unbewußt, sondern das ge- und verbietende Gesetz selbst.

Da die Vertreter der »Zweiten Aufklärung« sich gerne auf

Kant berufen, stellt sich erneut die Frage nach »Kant mit Sade«. Die Leistung Sades bestand darin, daß er die utilitaristische Logik der Instrumentalisierung auf die intimsten Sexualbeziehungen ausgedehnt hat. Sex ist nicht mehr ein auf den Privatbereich beschränktes, von der utilitaristischen Brutalität des Berufslebens ausgenommenes Phänomen, sondern muß sich selbst den utilitaristischen Regeln des gleichwertigen Tauschs unterordnen, die die »bürgerliche Gesellschaft« (Hegel) strukturieren. Mit der sogenannten Zweiten Modernisierung ist die Einstellung, die bislang dem öffentlichen im Gegensatz zum privaten Leben vorbehalten war (Reflexivität, das Recht, über die eigene Lebensform zu entscheiden, statt sie als von der Tradition auferlegte zu akzeptieren usw.), auch in die Intimsphäre der Sexualität eingedrungen. Es ist daher nicht verwunderlich, daß dieser Schritt mit einer Zunahme der »sadistischen« Praktiken entgolten wird, die Sexualität als einen Bereich vertraglich vereinbarter wechselseitiger Ausbeutung inszenieren. An dieser Stelle zeigt sich, wie unsere beiden Einwände gegen die Theorie der Risikogesellschaft, nämlich daß sie einerseits *zu allgemein* (indem sie es versäumt, den entscheidenden Risikofaktor in der Besonderheit der kapitalistischen Marktwirtschaft zu lokalisieren) und andererseits *zu partikulär* ist (weil sie nicht in Rechnung stellt, auf welche Weise dic Nichtexistenz des großen Anderen den Status der Subjektivität beeinflußt), miteinander konvergieren: Es ist die »spezifische« Logik der reflexiven Verdinglichung der Intimsphäre, die durch die Art und Weise, wie sie die Subjektivität beeinflußt, die Figur des modernen freien und autonomen Subjekts unterminiert.

Es muß daher der Erzählung jenes Prozesses widersprochen werden, der von der patriarchalischen ödipalen Ordnung zu den multiplen und kontingenten Identitäten der Postmoderne (bzw. der »Zweiten Moderne«) führt. Denn diese Erzählung verschleiert die neuen Formen der Dominanz, die durch den »Untergang des Ödipus« entstehen. Daher insistieren diejenigen, die den Feind auch weiterhin in Ödipus lokalisieren, darauf, daß die Postmoderne ein unvollendetes Projekt sei und das ödipale Patriarchat unter der Oberfläche weiterwirke und uns daran hindere, unser Potential zur postmodernen Selbstgestaltung unserer Individualität voll auszuschöpfen. Dieses hysterische Bemühen, einen Bruch mit der ödipalen Vergangenheit zu vollziehen, verkennt die eigentliche Gefahr. Diese lauert nicht in den Überresten der Vergangenheit, sondern in unserem obszönen Bedürfnis nach Dominanz und Unterwerfung, das durch die neuen »nach-ödipalen« Formen der Subjektivität hervorgerufen wird.

Anders gesagt: Wir erleben heute einen Wandel, der nicht weniger radikal ist als derjenige von der prämodernen patriarchalischen Ordnung, die unmittelbar durch die sexualisierte Kosmologie legitimiert wurde (das Männliche und das Weibliche als die beiden kosmischen Prinzipien), zur modernen patriarchalischen Ordnung, die den abstrakt-universellen Begriff des Menschen eingeführt hat. Bei der Konfrontation mit solchen radikalen Brüchen sollte man nicht in den Fehler verfallen, das Neue mit den alten Maßstäben zu messen. Denn dies führt entweder zu Katastrophen-Visionen völligen Zerfalls (die Vision einer zukünftigen Gesellschaft aus lauter proto-psychotischen »Narzissen«, für die Begriffe wie »Vertrauen« oder »Verpflichtung« Fremdwörter sind) oder zum nicht weniger falschen Abfeiern der postödipalen Subjektivität, die sich keine Rechenschaft über die neuen Formen der Dominanz ablegt, die aus der postmodernen Subjektivität selbst entspringen.

Die Antwort der Psychoanalyse auf den Topos der globalen Reflexivierung ist also nicht die Behauptung, es gäbe dennoch eine präreflexive Substanz, nämlich das Unbewußte, das sich der reflexiven Vermittlung widersetzt, sondern sie besteht in der Betonung einer anderen Form von Reflexivität, die von den Theoretikern der Risikogesellschaft vernachlässigt wird. Für die Psychoanalyse besteht die fundamentale »Perversion« der humanen libidinösen Ökonomie darin, daß wir es, wenn irgendeine lustvolle Aktivität verboten und verdrängt wird, nicht einfach nur mit dem strikten Gehorsam gegenüber einem aller Freuden entkleideten Gesetz zu tun haben, sondern darin, daß die Ausübung des Gesetzes selbst uns Lust bereitet. So wird zum Beispiel in einer zwangsneurotischen libidinösen Ökonomie das Ritual, mit dem die illegitime Versuchung in Schach gehalten werden soll, selbst zu einer Quelle libidinöser Befriedigung.

Diese »reflexive« Erotisierung der regulierenden Machtmechanismen und Verfahren muß man sich immer wieder ins Bewußtsein rufen. Auch wenn die Verdrängung zunächst ein Versuch ist, ein *Begehren zu regulieren*, das von der herrschenden sozio-symbolischen Ordnung als »illegtim« empfunden wird, kann diese Verdrängung in der psychischen Ökonomie nur dann dauerhaft funktionieren, wenn sie vom *Begehren nach Regulierung* aufrechterhalten wird, wenn also die Regulierungsaktivität selbst libidinös besetzt wird und sich in eine autonome Quelle der libidinösen Befriedigung verwandelt.

Diese »masochistische« reflexive Umkehrung, durch die die regulativen Verdrängungsprozesse selbst libidinös besetzt werden und als Quelle libidinöser Befriedigung funktionieren, veranschaulicht, wie Machtmechanismen funktionieren. Die regulativen Machtmechanismen bleiben nur insoweit wirksam, als sie insgeheim durch jenes Element aufrechterhalten werden, das sie zu »verdrängen« suchen. Diese Reflexivität »verdirbt« das Spiel des postmodernen Subjekts, das seine Identität selbst auswählt und immer wieder umgestaltet. Der psychoanalytische Begriff für diese merkwürdige Kurzschließung von Verdrängung und Verdrängtem ist der des *Über-Ichs*.

Das Beispiel schlechthin für die universalisierte Reflexivität unseres Lebens – und damit für den Rückzug des großen Anderen und den Verlust der symbolischen Wirksamkeit – ist vielleicht ein Phänomen, das den meisten Psychoanalytikern nur zu vertraut ist: die wachsende Wirkungslosigkeit der psychoanalytischen *Deutung*. Die traditionelle Psychoanalyse verließ sich noch auf den substantiellen Begriff des Unbewußten als des nicht-reflektierten »dunklen Kontinents«, die undurchdringliche »dezentrierte« Substanz des Wesens des Subjekts, die es vermittels der Deutung beharrlich zu durchdringen, zu reflektieren und zu beherrschen galt.

Heute haben die Formationen des Unbewußten (von Träumen bis zu hysterischen Symptomen) ihre Unschuld verloren. Die »freien Assoziationen« eines typischen gebildeten Analysanten bestehen größtenteils aus Versuchen, eine psychoanalytische Erklärung für seine/ihre Störungen zu liefern. Man kann durchaus sagen, daß wir es nicht nur mit jungschen, kleinschen, lacanianischen usw. Deutungen der Symptome zu tun haben, sondern daß die Symptome selbst jungsch, kleinsch, lacanianisch usw. sind, also einen impliziten Bezug zur psychoanalytischen Theorie besitzen. Das bedauerliche Ergebnis dieser globalen Reflexivierung (alles wird zur Deutung, das Unbewußte interpretiert sich selbst) ist logischerweise, daß die Deutung des Analytikers ihre performative »symbolische Wirksamkeit« verliert und das Symptom in seiner idiotischen *jouissance* unversehrt bleibt.

Mit anderen Worten: Was sich in der psychoanalytischen Behandlung abspielt, ähnelt dem Paradox des Neonazi-Skinheads, der, nach den Gründen für seine Gewalttätigkeit befragt, plötzlich wie ein Sozialarbeiter, Soziologe oder Sozialpsychologe zu reden beginnt und von gesellschaftlicher Mobilität, wachsender Unsicherheit, dem Zerfall der väterlichen Autorität, der fehlenden mütterlichen Zuneigung in der frühen Kindheit usw. faselt. Wenn sich der große Andere *qua* Substanz unseres gesellschaftlichen Seins auflöst, löst sich auch die Einheit der Praxis und ihrer inhärenten Reflexion in rohe Gewalt und deren ohnmächtige, wirkungslose Deutung auf. Diese Ohnmacht der Interpretation ist zugleich eine der notwendigen Kehrseiten der universalisierten, von den Theoretikern der Risikogesellschaft gepriesenen Reflexivität. Offenbar kann sich unser reflexives Vermögen nur dann entfalten, wenn es auf einer minimalen

»präreflexiven« substantiellen Stütze basiert, die sich seinem Zugriff entzieht, so daß der Preis für die Universalisierung dieses Vermögens in seiner Wirkungslosigkeit besteht, im paradoxen Wiederaufleben des brutalen Realen der »irrationalen« Gewalt, die für die reflexive Interpretation völlig unempfänglich ist.

Bill Gates als Ikone

Hinsichtlich der sozioökonomischen Beziehungen der Dominanz, die mit der »postmodernen« Konstellation einhergehen, lohnt es sich, einige Worte über das Image von Bill Gates in der Öffentlichkeit zu verlieren.[18] Von Bedeutung ist dabei nicht, ob dieses Bild faktisch zutrifft (»Ist Bill Gates wirklich so?«), sondern die Tatsache an sich, daß eine öffentliche Figur als Ikone fungiert, die eine bestimmte phantasmatische Nische ausfüllt. Selbst wenn die charakteristischen Merkmale nicht denjenigen des »wahren« Gates entsprechen, sind sie doch allemal ein Indiz für die zugrundeliegende phantasmatische Struktur.

Bei Gates handelt es sich weder um den patriarchalischen Vater/Herrn, noch ist er der korporative Big Brother, der an der Spitze eines stramm geführten Unternehmens steht und, bewacht von einer Horde von Bodyguards und Sekretärinnen, im unzugänglichen obersten Stockwerk der Firmenzentrale residiert. Er ist vielmehr eine Art *Little Brother*: Gerade seine Alltäglichkeit ist das Indiz ihres Gegenteils, der Hinweis auf eine monströse Dimension, die so unheimlich ist, daß sie sich nicht mehr unter dem Deckmantel irgendeines symbolischen Titels publik machen läßt. Wir haben es hier mit dem Phänomen des Doppelgängers schlechthin zu tun, der zugleich so ist, wie wir selbst sind, *und* der Herold einer unheimlichen, im eigentlichen Sinne monströsen Dimension.

Dies verdeutlicht die Art und Weise, wie Gates auf Titelseiten, in Zeichnungen oder Photomontagen präsentiert wird. Als

Typ wie du und ich, dessen trügerisches Lächeln nichtsdestotrotz auf eine völlig andere tieferliegende monströse Dimension verweist, die jenseits der Repräsentation liegt und die das Image des Jedermann zu zerstören droht.[19] Ein weiteres wichtiges Merkmal der Ikone Gates besteht darin, daß er als Ex-Hacker wahrgenommen wird, also als jemand, der Assoziationen wie subversiv/am Rande der Gesellschaft angesiedelt/Anti-Establishment hervorruft, als jemand, der versucht, das reibungslose Funktionieren großer bürokratischer Unternehmen zu unterminieren. Auf der phantasmatischen Ebene liegt dem die Vorstellung zugrunde, daß es sich bei Gates um eine Art Hooligan handelt, der an die Macht gelangt ist und jetzt die Rolle des seriösen Vorstandsvorsitzenden spielt. Bill Gates, der »kleine Bruder«, der häßliche Jedermann, wird zu einer Inkarnation des Bösen, die die totale Kontrolle über unser Leben anstrebt. In alten James-Bond-Filmen war diese Inkarnation des Bösen noch eine exzentrische Figur, die eine extravagante, protokommunistische Maouniform trug, aber in Gates' Fall ist diese lächerliche Verkleidung nicht mehr erforderlich: Der Geist des Bösen entpuppt sich als die Kehrseite unseres ganz gewöhnlichen Nebenmenschen.

Anders gesagt: In der Ikone Bill Gates begegnet uns eine Art Verkehrung des Motivs des Helden, der mit übernatürlichen Fähigkeiten ausgestattet, aber im Alltag ein ganz gewöhnlicher, konfuser, unbeholfener Mensch ist. (Wie ja auch Superman im Alltag ein tollpatschiger bebriller Journalist ist.) In Gates' Fall ist der Böse durch diese Spaltung gekennzeichnet.[20] Das Gewöhnliche an Bill Gates entspricht also nicht den sogenannten humanen Zügen des traditionellen patriarchalischen Herrn. Die Tatsache, daß dieser Herr nie den von ihm verkörperten Standards genügte, daß er immer unvollkommen und durch irgendein Scheitern oder irgendeine Schwäche gekennzeichnet war, fügte nicht nur seiner symbolischen Autorität *keinen* Schaden zu, sondern diente sogar als deren Stütze, indem sie die konstitutive Kluft zwischen der rein formalen Funktion der symbolischen Autorität und dem empirischen Individuum, das diese Stelle einnimmt, verdeutlicht. Im Gegensatz zu dieser Kluft verweist Bill Gates' Alltäglichkeit auf einen anderen Autoritätsbegriff, nämlich denjenigen des obszönen Über-Ichs, das im Realen operiert.

Haben wir es hier nicht einmal mehr mit der alten Dualität zwischen den beiden Modi des Herrn zu tun, dem öffentlichen symbolischen Herrn und dem im verborgenen agierenden bösen Zauberer, der heimlich die Geschicke der Gesellschaft lenkt? Sind nicht die beiden Bills, die derzeit die USA führen, Clinton und Gates, die ultimative Verkörperung dieser Dualität? Handelt es sich bei Bill Gates nicht um unseren zeitgenössischen Alberich? Der Schluß, der aus der Ikone Gates gezogen werden muß, lautet: Die Auflösung der patriarchalischen symbolischen Autorität, des Namen des Vaters, hat eine neue Figur des Herrn zur Folge, der zugleich unseresgleichen ist, unser scheinbarer Nebenmensch, unser imaginärer Doppelgänger und *aus eben diesem Grund* auf phantasmatische Weise eine andere Dimension des Bösen repräsentiert. Mit Lacan zu sprechen: Die Suspendierung des Ich-Ideals, des Merkmals der symbolischen Identifizierung, das heißt die Reduzierung des Herrn auf ein imaginäres Ideal hat zwangsläufig seine monströse Kehrseite zur Folge, eine Über-Ich-Figur der allmächtigen Inkarnation des Bösen, die unser aller Leben kontrolliert. In dieser Figur überschneiden sich das Imaginäre (Ähnlichkeit) und das Reale (der Paranoia) aufgrund der Suspendierung der symbolischen Wirksamkeit.

Spaß muß sein? Nein, danke!

Diejenigen, die den Zerfall alter Werte bedauern, scheinen mit denjenigen, die diesen Zerfall begrüßen, darin übereinzustimmen, daß wir mit dem Ende des Jahrtausends in eine neue Epoche eintreten, in der unser Leben nicht mehr von einer bestimmten Anzahl symbolischer Verbote reguliert wird. Individuen steht es in zunehmendem Maße frei, ihre Lüste zu befriedigen und nur diejenigen gesellschaftlichen Regeln zu befolgen, die ihrer Selbstverwirklichung dienen. Doch diese Auffassung zieht nicht in Betracht, daß der Rückzug des symbolischen Gesetzes mit dem Vormarsch seines unheimlichen Doppelgängers, des Über-Ichs einhergeht. Denn das Genießen ist kein unmittelbarer spontaner Zustand, sondern wird vom Imperativ des Über-Ichs aufrechterhalten. Jacques Lacan hat immer wieder betont, daß der ultimative Befehl dieses Über-Ichs »Genieße!« lautet. Ein gutes Beispiel für das Paradox des Über-Ichs ist der gestreßte Familienvater, der einen Sonntagsausflug plant, bei dem es immer wieder zu Verzögerungen kommt, so daß er, endlich am Ziel angelangt, seine Kinder völlig entnervt anbrüllt: »Nun amüsiert euch gefälligst!« Auch während einer Urlaubsreise verspürt man diesen Zwang, genießen und Spaß haben zu müssen, und man fühlt sich regelrecht schuldig, wenn man sich *nicht* amüsiert. In der Eisenhower-Ära der »glücklichen fünfziger Jahre« wurde dieser Zwang in den Rang einer patriotischen Pflicht erhoben. Wie es einer der Mitarbeiter des Weißen Hauses formulierte: »Heute nicht glücklich zu sein ist unamerikanisch!«

Das Über-Ich steht per se im strikten Gegensatz zum symbolischen Gesetz. »Zwischen den Zeilen« toleriert, ja fördert das symbolische Gesetz das, was es explizit verbietet (Ehebruch zum Beispiel), während das Über-Ich-Gebot, das die *jouissance* befiehlt, den Zugang des Subjekts zur *jouissance* wesentlich wirksamer blockiert als dies bei einem Verbot der Fall wäre. Nehmen wir die Figur des Vaters, der seinem Sohn sexuelle Ratschläge erteilt. Wenn ihn der Vater davor warnt, ja ihm sogar ausdrücklich verbietet, sich mit Mädchen zu treffen, regt er ihn natürlich indirekt dazu an, genau dies zu tun, also Befriedigung in der Mißachtung des väterlichen Gebots zu suchen. Wenn ihn der Vater hingegen auf obszöne Weise direkt dazu auffordert, sich »wie ein Mann zu verhalten« und Mädchen zu verführen, wird die Wirkung wahrscheinlich genau die gegenteilige sein (Rückzug des Sohnes, Scham angesichts des obszönen Vaters, womöglich sogar Impotenz).

Was also ist das Über-Ich in seinem Gegensatz zum symbolischen Gesetz? Die parentale Figur, die einfach nur »repressiv« im Sinne der symbolischen Autorität ist, befiehlt dem Kind: »Du mußt deine Großmutter an ihrem Geburtstag besuchen und nett zu ihr sein, auch wenn du dich dabei zu Tode langweilst. Es ist mir ganz egal, wie du dich dabei fühlst, ich verlange von dir, daß du sie besuchst!« Die Über-Ich-Figur hingegen sagt dem Kind: »Du weißt zwar, wie gerne dich die Großmutter sehen würde, aber du solltest sie nur besuchen, wenn dir wirklich danach ist, sonst bleib' lieber zu Hause!« Der Trick des Über-Ichs basiert auf dem falschen Anschein einer *freien* Wahl, die, wie jedes Kind weiß, in Wirklichkeit eine *erzwungene* ist, der ein noch härterer Befehl zugrunde liegt. Nicht nur: »Du mußt deine Großmutter an ihrem Geburtstag besuchen, ganz egal, wie du dich dabei fühlst«, sondern: »Du mußt deine Großmutter besuchen, und zu allem Überfluß *sollst du dich darüber auch noch freuen*!«. Das Über-Ich befiehlt dir, das, was du ohnehin tun mußt, auch noch zu genießen. Den Beweis hierfür liefert die Reaktion der Eltern, wenn das unglückliche Kind das Angebot irrtümlich ernst nimmt und mit »Nein« antwortet: »Wie kannst du so etwas sagen! Wie kannst du nur so grausam sein! Was hat die arme Großmutter dir getan, daß du sie nicht magst!«

In diesem Zusammenhang lassen sich weitere ähnliche Unterscheidungen treffen. So werden etwa die Unterwerfung bei einem lesbischen sado-masochistischen Pärchen wie der bedingungslose Gehorsam gegenüber der religiösen oder ethnischen Sache eines Fundamentalisten von der Dialektik der Modernisierung hervorgerufen, obwohl ihre jeweiligen libidinösen Ökonomien völlig verschieden sind. Die lesbische Meister-Sklave-Beziehung ist eine theatralische Verfügung, die auf einem freiwilligen Vertrag und gemeinhin akzeptierten expliziten Regeln basiert, und stellt als solche die paradoxe Behauptung der höchstmöglichen idiosynkratischen Freiheit dar. Daher besitzt sie ein gewaltiges befreiendes Potential. Im klaren Gegensatz dazu verzichtet die fundamentalistische Hingabe auf die Dimension des Vertrags und der freien Akzeptanz von Regeln. Entscheidend hierbei ist nicht, daß Sadomasochisten die Unterwerfung nur spielerisch vollziehen, während in »totalitären« fundamentalistischen Gemeinschaften diese Unterwerfung wirklich erfolgt. Eher trifft das Gegenteil zu. Im sadomasochistischen Vertrag steht die Durchführung für das Reale und wird absolut ernst genommen, während die »totalitäre« Unterwerfung mit ihrer Maske der fanatischen Hingabe letztlich nichts als ein Schwindel ist – die Maske des genauen Gegenteils. Dieser Schwindel fliegt in dem Moment auf, in dem wir die Verbindung zur Figur des »totalitären« Herrn mit dem Über-Ich-Befehl »Genieße!« herstellen.

Du darfst!, das Logo der in Deutschland hergestellten fettarmen Diätprodukte, liefert die bündigste Formel für die Vorgehensweise des »totalitären« Herrn. Man muß daher die landläufige Erklärung zurückweisen, die den derzeitigen neuen Fundamentalismus als Reaktion auf die Angst vor exzessiver Freiheit in unserer spätkapitalistischen »freizügigen« liberalen Gesellschaft auslegt, der gegenüber dem Fundamentalismus mit seinen strengen Geboten angeblich eine vertrauenerweckende Zuflucht bietet. Dieses Klischee von Individuen, die vor ihrer Freiheit in den totalitären Hafen einer geschlossenen Ordnung flüchten, ist völlig irreführend.

Aber auch die geläufige freudianisch-marxistische These, nach der die libidinöse Grundlage des totalitären (faschistischen) Subjekts die sogenannte Struktur der »autoritären Persönlichkeit« ist (das Individuum, das im zwanghaften Gehorsam gegenüber der Autorität Befriedigung findet, spontanes sexuelles Verlangen unterdrückt, Unsicherheit und Verantwortlichkeit fürchtet, usw.), ist nicht zu akzeptieren. Der Wandel vom traditionell autoritären zum totalitären Herrn ist hier von entscheidender Bedeutung. Obgleich, oberflächlich betrachtet, auch der totalitäre Herr eine strenge Ordnung verlangt, die uns dazu anhält, Vergnügungen zu entsagen und uns selbst für irgendein höheres Ziel zu opfern, so ist sein tatsächlicher, zwischen den Zeilen seiner expliziten Rede lesbarer Befehl ganz im Gegenteil der Aufruf zur hemmungslosen Überschreitung.

Weit davon entfernt, uns ein festes Set von Standards aufzuzwingen, die wir bedingungslos zu erfüllen hätten, ist der totalitäre Herr diejenige Instanz, die die (moralische) Bestrafung aussetzt. Der heimliche Befehl lautet: *Du darfst* – die Verbote, die scheinbar das gesellschaftliche Leben regulieren und ein Minimum an Anstand garantieren, sind mit einem Schlag hinfällig, sind lediglich ein Vorschlag, um schlichte Gemüter in Schach zu halten. Dir hingegen ist es erlaubt, zu töten, zu vergewaltigen, deine Feinde auszuplündern, dich selbst gehenzulassen, exzessiv zu genießen, die herkömmlichen Moralvorstellungen zu verletzen – solange du mir nur folgst! Gehorsam ist somit der Operator, der es dir erlaubt, die alltäglichen moralischen Regeln zu überschreiten: all die obszönen und schmutzigen Dinge, von denen du träumst, alles, worauf du verzichtest, wenn du dich dem traditionellen patriarchalen symbolischen Gesetz unterwirfst – in all das kannst du nun eintauchen, ohne bestraft zu werden, genauso wie man die kalorienarme Salami essen darf, ohne die eigene Gesundheit zu gefährden.

Dieselbe Aussetzung der Verbote charakterisiert den »postmodernen Nationalismus«. Auch hier gilt es erneut das Klischee, demzufolge die leidenschaftliche ethnische Identifikation in der Konfusion und Unsicherheit einer modernen, säkularen und globalen Gesellschaft verläßliche Werte und Glaubenswahrheiten bereithält, umzukehren. Der nationalistische Fundamentalismus dient nämlich in Wirklichkeit als Operator eines geheimen, kaum verhüllten *Du darfst!* Es ist die heutige scheinbar hedonistische und freizügige postmoderne reflexive Gesellschaft, die paradoxerweise mehr und mehr von Regeln und Verordnungen durchsetzt ist, die alle angeblich unserem Wohlbefinden dienen (Beschränkungen des Rauchens und Essens, Regeln gegen sexuelle Belästigung, usw.) so daß der Verweis auf irgendeine leidenschaftliche ethnische Identifikation keineswegs dazu dient, uns noch mehr einzuschränken, sondern eher als der befreiende Slogan *Du darfst!* funktioniert – du darfst (nicht die Zehn Gebote, aber) die strengen Vorschriften der friedlichen Koexistenz in einer liberalen toleranten Gesellschaft verletzen, du darfst trinken und essen, was immer du willst, dich auf einen patriarchalen Sittenkodex einlassen, der von der liberalen politischen »Correctness« verboten wird, du darfst sogar hassen, kämpfen, töten und vergewaltigen. Solange wir diesen perversen pseudo-befreienden Effekt des heutigen Nationalismus nicht anerkennen, verdammen wir uns selbst dazu, seine wahre Dynamik zu verfehlen.

Im Falle eines narzißtischen Subjekts, das sich der »Sorge um das Selbst« widmet, *muß* Spaß sein, das heißt, sein/ihr »Gebrauch der Lust« wird von dem unbedingten Über-Ich-Gebot zu genießen aufrechterhalten. Ist der Beweis hierfür nicht letztlich das Schuldgefühl, das ihn/sie befällt, wenn er/sie bei seiner/ihrer Jagd nach dem Glück scheitert? Weist nicht auch der Sachverhalt, daß, den meisten Umfragen zufolge, die Menschen immer weniger Spaß an sexuellen Aktivitäten haben, in eine ähnliche Richtung? Diese unheimliche Gleichgültigkeit gegenüber intensivem sexuellen Vergnügen steht in einem krassen Gegensatz zur offiziellen Ideologie unserer postmodernen hedonistischen Gesellschaft, die die sofortige Befriedigung ihrer Gelüste einklagt. Das heutige Subjekt widmet sein Leben der Lust und ist dabei so sehr mit den Vorbereitungen (Jogging, Massage, Sonnenstudio, Cremes/Lotions/Salben usw.) befaßt, daß es das eigentliche Ziel darüber völlig aus den Augen verliert. Bei einem kurzen Spaziergang über die Christopher Street in New York begegnet man Hunderten von Schwulen, die sich mit größter Energie dem Body-Building widmen. Sie sind besessen von der Aussicht, älter zu werden, und widmen ihr Leben daher ganz der Lust, doch zugleich leben sie ganz offensichtlich in ständiger Angst und im Schatten ihres ultimativen Scheiterns.

Was heute, in unseren postödipalen »permissiven« Gesellschaften unterminiert wird, ist die sexuelle *jouissance* selbst als der begehrte/verbotene Brennpunkt, um den sich unser Leben dreht. (Unter diesem Gesichtspunkt erscheint sogar die Figur des paternalen Sexstrolchs als nostalgisches Bild eines Menschen, der wenigstens noch imstande ist, »es« zu genießen.) Einmal mehr hat das Über-Ich seine Arbeit erfolgreich verrichtet: Der direkte Befehl »Genieße!« ist ein wesentlich effektiveres Mittel, um den Zugang des Subjekts zum Genießen zu versperren, als das explizite Verbot, das den Raum für seine Überschreitung aufrechterhält.

Die Lektion hieraus ist, daß »die narzißtische Sorge um das Selbst« und nicht das »repressive« Netzwerk gesellschaftlicher Verbote der eigentliche Feind intensiver sexueller Erfahrungen ist. Die Utopie einer neuen post-psychoanalytischen Subjektivität, die sich der Jagd nach neuen idiosynkratischen körperlichen Vergnügungen jenseits der Sexualität widmet, ist in ihr Gegenteil umgeschlagen. Wir sehen uns mit desinteressierter Langeweile konfrontiert und können uns des Eindrucks nicht erwehren, als sei die direkte Intervention des Schmerzes (sadomasochistische sexuelle Praktiken) der einzige noch gangbare Weg zur intensiven Lusterfahrung.

Wir haben es also mit einem extrem narzißtischen Subjekt zu tun, das alles und jedes als potentielle Bedrohung seines fragilen imaginären Gleichgewichts auffaßt. (Man denke nur an die Universalisierung der Logik des Opfers: Jeder Kontakt mit einem anderen Menschen wird als potentielle Bedrohung aufgefaßt, schon wenn der/die andere raucht oder mir einen verstohlenen Blick zuwirft, verletzt er/sie mich.) Doch diese narzißtische Selbst-Abkapselung erlaubt es dem Subjekt keineswegs, sich frei in seinem ungestörten Gleichgewicht zu bewegen, sondern setzt es dem Genuß-Gebot des Über-Ichs aus.

Ein anschauliches Beispiel hierfür sind die Hacker, die von großen Firmen angeheuert werden, um ihrem Hobby (Programmieren) in einer zwanglosen Umgebung nachzugehen. Sie sollen sich so geben, wie sie sind, ihre privaten Idiosynkrasien pflegen und die Kleidungs- und Verhaltensvorschriften der Gesellschaft ignorieren. (Nur den Marotten von ihresgleichen gilt es, mit einer gewissen höflichen Toleranz zu begegnen.) Auf diese Weise scheinen sie eine Art protosozialistische Utopie zu verwirklichen, indem sie den Gegensatz zwischen dem entfremdeten »Geschäft«, mit dem man Geld verdient, und dem privaten Hobby, dem man sich am Wochenende zum persönlichen Vergnügen widmet, hinfällig werden zu lassen. Ihr Job ist gewissermaßen ihr Hobby, so daß sie auch am Wochenende viele Stunden vor dem Bildschirm verbringen. Doch wenn man dafür bezahlt wird, seinem Hobby zu frönen, ist der Druck, dem man durch das eigene Über-Ich ausgesetzt ist, unvergleichlich viel größer als noch im Falle der guten alten »protestantischen Arbeitsethik«. Hierauf beruht das unerträgliche Paradox dieser postmodernen »Ent-Entfremdung«. Die Spannung ist nicht mehr die zwischen meinen innersten idiosynkratischen kreativen Impulsen und der Institution, die diese Impulse nicht würdigt oder mich »kleinkriegen« will, um mich zu »normalisieren«, sondern der Über-Ich-Befehl eines postmodernen Unternehmens wie Microsoft zielt auf den *Kern* meiner Kreativität. Von dem Moment an, in dem ich diesen »Alb der Perversheit« (Edgar Allen Poe) meinen »kontra-kulturellen« subversiven Touch zu verlieren beginne und mich wie ein »normales« reifes Subjekt verhalte, kann das Unternehmen nichts mehr mit mir anfangen. Wir haben es hier mit einer eigenartigen Allianz zwischen dem rebellischen Kern meiner Persönlichkeit, meinem »Alb der Perversheit« und dem externen Unternehmen zu tun.

Dies bringt uns auf etwas, was man als die Antinomie der postmodernen Individualität bezeichnen könnte. Das Gebot, »man selbst zu sein«, den Druck, der von der Umgebung ausgeht, zu ignorieren und sich selbst zu verwirklichen, indem man sein einzigartiges kreatives Potential zur Entfaltung bringt, scheitert früher oder später an dem Paradox, daß man, wenn man ständig von dem absieht, was man von seinem Umfeld empfangen könnte, über kurz oder lang mit leeren Händen dasteht und mit der Leere der Idiotie konfrontiert wird. Die inhärente Kehrseite des »Sei ganz du selbst!« ist also die Aufforderung, sich im Einklang mit dem postmodernen Postulat der unendlichen Formbarkeit des Subjekts ständig umzugestalten. Kurzum: Extreme Individualisierung schlägt um in ihr Gegenteil und führt zu einer extremen Identitätskrise. Die Menschen werden völlig verunsichert und wechseln ständig die ihnen von außen aufgezwungenen Masken, da sich hinter diesen Masken letztlich *nichts* befindet – ein grauenerregendes Nichts, das sie verzweifelt durch zwanghafte Aktivitäten, immer neue Hobbys oder mit einem sich ständig wandelnden Outfit zu füllen versuchen. Man erkennt hieran, wie die extreme Individualisierung (das Bemühen, ganz man selbst zu sein, jenseits der von außen festgelegten sozio-symbolischen fixierten Rollen) dazu tendiert, sich mit seinem Gegenteil zu überschneiden, mit dem unheimlichen, angsteinflößenden Gefühl des Verlusts der eigenen Identität. Bestätigt dies nicht Lacans alte Einsicht, daß man nur dann ein Minimum an Identität erlangen und »man selbst sein« kann, wenn man die fundamentale Entfremdung im symbolischen Netzwerk akzeptiert?

Der radikale narzißtische Hedonismus hat daher paradoxerweise zur Folge, daß das Genießen immer stärker externalisiert wird. Mit der radikalen Reflexivität unseres Lebens wird jeder direkte Appell an unsere Erfahrung entwertet, das heißt, ich vertraue nicht mehr meiner eigenen unmittelbaren Erfahrung, sondern erwarte vom Anderen, daß er mir mitteilt, wie ich mich wirklich fühle, wie in der bekannten Anekdote über das Gespräch der beiden Behavioristen: »Sagen Sie mir bitte, wie ich mich heute fühle?« – »Gut, und ich?« Doch diese unmittelbare Externalisierung meiner innersten Erfahrung ist wesentlich unheimlicher als die geläufige behavioristische Reduktion. Denn der springende Punkt ist nicht einfach nur, daß nicht meine Gefühle zählen, sondern die Art und Weise, wie ich mich in der beobachtbaren äußeren Realität verhalte. Entscheidend ist vielmehr, daß ich, anders als im Falle der behavioristischen Reduktion der inneren Selbsterfahrung meine Gefühle zwar behalte, aber *diese zugleich externalisiert werden.* Das ultimative Paradox der Individuation besteht freilich darin, daß diese völlige Abhängigkeit von anderen – was ich bin, bin ich nur durch meine Beziehungen zu anderen (siehe die postmoderne Besessenheit von »qualitativ hochwertigen Beziehungen«) – die gegenteilige Wirkung der Drogenabhängigkeit hat, bei der ich nicht von einem anderen Subjekt abhängig bin, sondern von einer chemischen Substanz, die mir exzessive *jouissance* bereitet. Ist nicht das Heroin- oder Crackpuder die ultimative Figur des Mehr-Genießens – ein Objekt, an dem ich hänge und das mich in der exzessiven *jouissance,* die alle symbolischen Bindungen suspendiert, zu verschlingen droht? Drogenabhängigkeit ist daher das Endergebnis und, hegelsch gesprochen, die spekulative Wahrheit der Einstellung »Spaß muß sein!«.

IV ANDANTINO * ALLEGRETTO: IST DER CYBERSPACE DIE LETZTE FORM DES FETISCHISMUS?

1 Andantino: Interpassivität

Ist das Tamagotchi der Satan von heute?

Das Tamagotchi, das japanische digitale Spielzeug, das sich bis vor kurzem bei Kindern außerordentlicher Beliebtheit erfreute, sagt mehr über den Zustand der sogenannten postmodernen Subjektivität aus als Dutzende von akademischen Abhandlungen. Das Tamagotchi ist ein virtuelles Haustier, ein kleines rundes Objekt mit einem Bildschirm, das sich wie ein Kind verhält – oder wie ein Hund, ein Vogel oder irgendein anderer Hausgenosse, um *den man sich kümmern muß* –, indem es Geräusche macht und Forderungen stellt. (Das ist sein wichtigstes Merkmal.) Wenn das Tamagotchi piept, muß man dem Bildschirm die Forderung ablesen – Hunger, Durst oder was auch immer – und die entsprechenden Knöpfe unter dem Bildschirm drücken, um diese Forderungen zu befriedigen. Das Objekt kann auch verlangen, mit ihm zu spielen; wenn es zu ungebärdig wird, muß man es bestrafen, wofür es ebenfalls eigene Knöpfe gibt. Verschiedene Signale, etwa die Anzahl der auf dem Display sichtbaren Herzen, informieren über die Befindlichkeit des Objekts. Wenn man seine Forderungen zu häufig nicht erfüllt, »stirbt« es; das Tamagotchi besitzt dann nur noch ein Leben, und wenn es noch ein weiteres Mal vernachlässigt wird, stirbt es endgültig, hört also auf zu funktionieren, so daß wir ein neues Tamagotchi kaufen müssen.

Eine der üblichen Methoden, wie Kinder sich untereinander

ärgern, besteht denn auch darin, das Tamagotchi zu entwenden und katastrophische Konsequenzen heraufzubeschwören, etwa das virtuelle Lebewesen solange zu füttern, bis es erstickt. Das Tamagotchi züchtet also unter den Kindern zugleich eine Reihe virtueller Mörder heran und damit das Cyberspace-Pendant zu den sadistischen Kindern, die eine Katze oder einen Schmetterling zu Tode quälen.[1] Da dieser ultimative »Tod« bei Tamagotchibesitzern Nervenzusammenbrüche und traumatische Effekte hervorgerufen hat, enthalten neuere Versionen endlose Möglichkeiten der Wiederbelebung, das heißt, wenn das Haustier/Objekt stirbt, ist das Spiel einfach nur vorbei, und man kann wieder von vorn anfangen. Allerdings wird damit genau das verschleiert, was an dem Tamagotchi ursprünglich so provokant und traumatisch war: die Tatsache, daß sein zweiter Tod *final*, also unwiderruflich war.[2]

Wir haben es hier mit einem Spielzeug zu tun, einem mechanischen Objekt, das uns Befriedigung verschafft, weil es sich wie ein schwieriges Kind verhält, das uns mit Forderungen bombardiert. Die Befriedigung besteht darin, daß wir gezwungen werden, uns um diesen Gegenstand zu kümmern und seine Forderungen zu erfüllen. Ist dies nicht die ultimative Erklärung für das Objekt des Zwangsneurotikers, insoweit das Objekt des Begehrens des Zwangsneurotikers die Forderung des anderen ist? Das Tamagotchi ermöglicht uns den Besitz eines anderen, der unser Begehren insoweit befriedigt, als es auf eine Serie reiner Forderungen reduziert ist.

Der andere ist also rein virtuell, kein lebender intersubjektiver anderer, sondern ein unbelebter Bildschirm, ein Platzhalter für das nicht-existierende Haustier, der einfach nur die Bedürfnisse des Tieres signalisiert. Wir haben es hier mit der befremdlichen Realisierung einer Szene zu tun, die John Searle in seinem berühmten Gedankenexperiment mit dem chinesischen Raum beschrieben hat, um zu beweisen, daß Maschinen nicht denken können. Wir wissen, daß es keinen »wirklichen« Kommunikationspartner gibt, niemanden, der die geäußerten Forderungen tatsächlich »versteht«, sondern einfach nur einen sinnlosen digitalen Schaltkreis. Unheimlicherweise empfinden wir dennoch die entsprechenden Emotionen, obwohl wir uns darüber im klaren sind, daß sich hinter dem Display nichts befindet, daß wir mit Signalen spielen, die keinen Referenten haben. Das Spiel ist auf die symbolische Ordnung beschränkt, auf den Austausch von Signalen ohne Bezug auf etwas außerhalb ihrer selbst.

Man kann sich daher ohne weiteres ein Sex-Tamagotchi vorstellen, das uns mit Forderungen wie »Küß mich! Leck mich da unten! Dring in mich ein!« bombardiert, woraufhin wir einfach die entsprechenden Knöpfe drücken und so unsere Pflicht zu genießen erfüllen, und uns dann bequem zurücklehnen und einen Drink zu uns nehmen. Es verwundert daher nicht, daß einige konservative Theologen in Europa das Tamagotchi bereits zur jüngsten Inkarnation des Satans erklärt haben, wobei, unter ethischen Gesichtspunkten, »Satan« auch der Name für die solipsistische Selbstversunkenheit und einen völligen Mangel an Mitgefühl für unsere Nächsten ist. Ist nicht das vorgespiegelte Mitleid mit einem digitalen Spielzeug und die Sorge um dieses noch wesentlich perverser als das simple egoistische Ignorieren der anderen, da es den Unterschied zwischen Selbstbezogenheit und altruistischem Mitgefühl verwischt? Aber gilt nicht das gleiche für alle unbelebten Objekte, mit denen Kinder und Erwachsene unter der Voraussetzung des fetischistischen Leugnens spielen, von Kinderpuppen bis zu aufblasbaren Sexpuppen mit den entsprechenden Löchern für die Penetration? (»Ich weiß sehr wohl, daß es sich hierbei um ein unbelebtes Objekt handelt, gleichwohl handle ich so, als ob ich es für ein Lebewesen hielte.«)

Zweierlei unterscheidet das Tamagotchi von den geläufigen unbelebten Spielzeugen: (1) Das Tamagotchi versucht erst gar nicht, die Konturen dessen, was es darstellt, so realistisch wie möglich nachzuahmen: Es sieht nicht aus wie ein kleines Kind oder eine nackte Frau oder eine Puppe. Wir haben es mit einer radikalen Reduzierung der *imaginären* Ähnlichkeit auf die *symbolische* Ebene, auf einen Austausch von Signalen zu tun. Das Tamagotchi ist ein Objekt, das lediglich Signale/Forderungen von sich gibt. (2) Im Gegensatz zu einer Puppe, die ein passiver, flexibler Gegenstand ist, mit dem wir machen können, was wir wollen, ist das Tamagotchi betont aktiv. *Dieses Spielzeug ergreift ständig selbst die Initiative* und fordert uns auf, etwas mit ihm zu machen.

Um die gewagteste Hypothese zu riskieren: Ergibt sich nicht für einen Materialisten aus all dem die Schlußfolgerung, daß *Gott selbst das ultimative Tamagotchi ist,* ein Tamagotchi, das von unserem Unbewußten fabriziert wird und uns mit unerbittlichen Forderungen bombardiert? Ist das Tamagotchi letztlich nicht *die* virtuelle, an sich inexistente Entität, mit der wir Signale tauschen und deren Forderungen wir erfüllen? Tatsächlich entspricht die nicht-imaginäre Natur des Tamagotchi, das nicht mehr versucht, das Haustier zu imitieren, für das es steht, besonders der jüdischen Tradition mit ihrem Abbildungsverbot Gottes, und für manche Theologen ist es die Inkarnation des Satans, da es sozusagen den Mechanismus des Dialogs des Gläubigen mit Gott offenlegt: Ein intensiver Austausch von Symbolen mit einer Entität, die rein virtuell ist, die also lediglich als Interface-Simulakrum existiert, ist möglich.

Mit anderen Worten, das Tamagotchi ist *eine Maschine, die es uns ermöglicht, das Bedürfnis, unseren Nächsten zu lieben,* zu befriedigen. Sie verspüren das Bedürfnis, sich um Ihren Nächsten, um ein Kind oder ein Haustier zu kümmern? Kein Problem: Das Tamagotchi ermöglicht es Ihnen, ohne daß Sie Ihrem echten Nächsten mit Ihrem aufdringlichen Mitleid auf die Nerven gehen müßten. Das Tamagotchi nimmt sich Ihres pathologischen Bedürfnisses an. Das Reizvolle an dieser Lösung besteht darin, daß sie das, was die traditionelle Ethik als den höchsten Ausdruck von Menschlichkeit betrachtete, als etwas Schmutziges, Idiosynkratisches, Pathologisches behandelt, das man privat befriedigen sollte, ohne seine Mitmenschen damit zu behelligen.

Unterstellung des Glaubens vs. Unterstellung des Wissens

Ist das Tamagotchi also nicht einfach das ultimative fetischistische Objekt, auf das wir unser innerstes Potential transponieren? Man kann nicht oft genug darauf hinweisen, daß für Marx die fetischistische Inversion nicht in dem besteht, was die Menschen zu tun meinen, sondern in ihrer gesellschaftlichen Aktivität. Das typische bourgeoise Subjekt ist ein utilitaristischer Nominalist. Bei seinen gesellschaftlichen Aktivitäten, beim Tausch auf dem Markt, handelt er/sie so, *als seien* die Waren keine bloßen Gegenstände, sondern mit bestimmten Eigenschaften und »theologischen Mucken« begabte Objekte. Die Menschen sind sich also durchaus darüber im klaren, »was Sache ist«, sie wissen sehr wohl, daß das Warengeld nichts anderes ist als die verdinglichte Form des Erscheinungsbilds der gesellschaftlichen Verhältnisse, daß es also neben den »Verhältnissen von Gegenständen« auch noch »Verhältnisse von Menschen« gibt. Das Paradoxe aber ist, daß die Menschen so tun, *als wüßten sie dies nicht*, und an der fetischistischen Illusion festhalten. Dieser fetischistische Glaube – die fetischistische Inversion – wird auf Dinge verschoben, verkörpert sich in dem, was Marx »soziale Beziehungen zwischen Dingen« nennt, und der Fehler, den man dabei vermeiden muß, ist die im eigentlichen Sinne »humanistische« Vorstellung, daß dieser Glaube, der durch Dinge verkörpert, auf Dinge verschoben wird, nichts als eine verdinglichte Form des menschlichen Glaubens sei. Die Aufgabe der phänomenologischen Rekonstitution der Entstehung der »Verdinglichung« besteht also darin, nachzuweisen, wie der ursprüngliche menschliche Glaube auf die Dinge transponiert wurde.

Das Paradox, an dem es festzuhalten gilt, ist also, daß diese Verschiebung ursprünglich und konstitutiv ist. Es gibt keine unmittelbare, selbstpräsente lebende Subjektivität, der sich der in den »gesellschaftlichen Gegenständen« verkörperte Glaube zuschreiben ließe und die dann dieses Glaubens beraubt würde. Es gibt einige Glaubensüberzeugungen, und zwar die fundamentalsten, die von Anfang an »dezentriert« sind, Glaubensüberzeugungen, die den Anderen betreffen. Das Phänomen des »Subjekts, dem unterstellt wird, daß es glaubt«, ist also universell und strukturell notwendig. Von Anfang an verschiebt das sprechende Subjekt seine Glaubensüberzeugung auf den großen Anderen *qua* Ordnung der reinen Ähnlichkeit, so daß das Subjekt nie »wirklich daran glaubte«. Von Anfang an bezieht sich das Subjekt auf einen dezentrierten Anderen, dem er/sie diesen Glauben zuschreibt. Alle konkreten Versionen dieses »Subjekts, dem unterstellt wird, daß es glaubt« (von kleinen Kindern, um derentwillen Eltern vorgeben, daß sie an den Weihnachtsmann glauben, bis zu den »einfachen Arbeitern«, um derentwillen kommunistische Intellektuelle so tun, als glaubten sie an den Sozialismus), sind Platzhalter für den großen Anderen. Die richtige Entgegnung auf die konservative Platitüde, jeder aufrichtige Mensch verspüre ein starkes Bedürfnis, an etwas zu glauben, lautet also: Jeder aufrichtige Mensch verspürt das starke Bedürfnis, ein anderes Subjekt zu finden, das an seiner Stelle glaubt.

Die Wirklichkeit des *Subjekts, dem unterstellt wird, daß es glaubt,* im stalinistischen »Totalitarismus« läßt sich vielleicht am besten daran veranschaulichen, wie die Redaktion der Großen Sowjet-Enzyklopädie 1954 mit dem Sturz Berijas umging. Als die Abonnenten den Band mit dem Buchstaben B erhielten, fanden sie darin einen zweiseitigen Artikel über Berija, in dem dieser als großer Held der Sowjetunion gefeiert wurde. Nach seinem Sturz und seiner »Entlarvung« als Verräter und Spion wurden alle Abonnenten vom Verlag schriftlich aufgefordert, den Artikel über Berija auszuschneiden und zurückzuschicken. Im Gegenzug erhielten sie unverzüglich einen zweiseitigen, mit Fotos bebilderten Eintrag über die Beringsee. Das Mysterium hierbei ist natürlich die Frage: *Für wen* wurde an dieser (scheinbaren) Vollständigkeit festgehalten, wenn alle Abonnenten von der Manipulation *wußten,* weil sie sie ja *selbst* durchführen mußten? Die einzige Antwort lautet: für das nichtexistierende *Subjekt, dem unterstellt wird, daß es glaubt.*

Um sich die volle Bedeutung dieses Begriffs eines Subjekts, dem unterstellt wird, daß es glaubt, als dem fundamentalen, konstitutiven Merkmal der symbolischen Ordnung zu veranschaulichen,[3] sollte man es mit einem anderen, bekannteren Begriff kontrastieren, nämlich dem des *Subjekts, dem unterstellt wird, daß es weiß*. Wenn Lacan von dem Subjekt spricht, dem unterstellt wird, daß es weiß, wird gemeinhin übersehen, daß dieser Begriff nicht die Regel, sondern die Ausnahme ist und seinen Wert im Kontrast zu dem Subjekt, dem unterstellt wird, daß es glaubt, als dem charakteristischen Merkmal der symbolischen Ordnung gewinnt.

Was aber verbirgt sich hinter dem Begriff des »Subjekts, dem unterstellt wird, daß es weiß«? In der amerikanischen Fernsehserie »Columbo« wird das Verbrechen, der Mord, gleich zu Beginn im Detail gezeigt, so daß das Rätsel, das es zu lösen gilt, nicht die Suche nach dem Täter ist, sondern die Art und Weise, wie der Ermittler die Verbindung zwischen der trügerischen Oberfläche (dem »manifesten Inhalt« der Szene des Verbrechens) und der Wahrheit dieses Verbrechens (seinem »latenten Gedanken«) aufdeckt und den oder die Schuldige überführt. Der Erfolg der Serie bestätigt also die Tatsache, daß das eigentlich Interessante der Aufschlüsselungsprozeß selbst ist und nicht sein Ergebnis. (Die auftrumpfende Enthüllung zum Schluß: »und der Mörder ist ...« fehlt völlig, da wir den Mörder ja von Anfang an kennen.)

Noch wichtiger aber ist die Tatsache, daß nicht nur wir, die Zuschauer, von vornherein wissen, wer der Täter ist, da wir ihn/sie ja sehen, sondern mysteriöserweise auch Columbo selbst. Wenn er den Verbrecher zum erstenmal trifft, weiß er spontan, daß dieser der Täter ist. Columbos anschließende Bemühungen zielen daher nicht auf die Aufklärung der Frage »Wer ist der Täter?«, sondern darauf »Wie überführe ich den Täter seiner Tat?«. Diese Umkehrung der »normalen« Ordnung hat eindeutig theologische Konnotationen. Wie im Falle der wahren Religion, glaube ich zunächst an Gott und werde dann auf der Grundlage meines Glaubens empfänglich für das, was mir die Wahrheit meines Glaubens beweist. Columbo weiß *zuerst* mit einer mysteriösen, aber absolut unfehlbaren Gewißheit, wer das Verbrechen begangen hat, und sucht erst *danach* auf der Grundlage dieses unerklärlichen Wissens nach Beweisen.

Um ein ähnliches Phänomen handelt es sich beim Analytiker *qua* »Subjekt, dem unterstellt wird, daß es weiß«. Wenn der Analysierte in eine Übertragungsbeziehung zu dem Analytiker eintritt, besitzt er dieselbe absolute Gewißheit, daß der Analytiker sein Geheimnis *kennt* (was lediglich bedeutet, daß der Patient a priori »schuldig« *ist,* daß es eine geheime Bedeutung gibt, die sich aus seinen Handlungen herauslesen läßt). Der Analytiker ist also kein Empiriker, der den Patienten mit Hilfe verschiedener Hypothesen analysiert, nach Beweisen sucht usw., sondern er verkörpert die absolute Gewißheit – die Lacan mit derjenigen von Descartes' *cogito ergo sum* vergleicht – der »Schuld« (des unbewußten Begehrens) des Analysierten.

Die beiden Begriffe, derjenige des Subjekts, dem unterstellt wird, daß es glaubt, und derjenige des Subjekts, dem unterstellt wird, daß es weiß, sind nicht symmetrisch, da Glaube und Wissen selbst nicht symmetrisch sind. In seiner radikalsten Form ist der Status des (Lacanschen) großen Anderen *qua* symbolische Institution derjenige des Glaubens (Vertrauens) und nicht derjenige des Wissens, da Glaube symbolisch und Wissen real ist (der große Andere impliziert fundamentales »Vertrauen« und beruht auf diesem.) Der Glaube ist immer auf minimale Weise »reflexiv«, ein »Glaube an den Glauben des anderen« (»Ich glaube immer noch an den Kommunismus« bedeutet soviel wie »Ich glaube, es gibt immer noch Menschen, die an den Kommunismus glauben«), während Wissen *nicht* das Wissen darum ist, daß es einen anderen gibt, der weiß. Aus diesem Grund kann ich durch den anderen *glauben,* aber nicht durch den anderen *wissen.* Aufgrund der inhärenten Reflexivität des Glaubens glaube ich also, wenn jemand an meiner Stelle glaubt, durch ihn. Wissen hingegen ist nicht auf diese Weise reflexiv; das heißt, auch wenn man annimmt, daß der Andere weiß, weiß ich nicht durch ihn.

Einer bekannten anthropologischen Anekdote zufolge antworteten »Primitive«, denen man bestimmte »abergläubische Auffassungen« zuschrieb, etwa, daß sie von einem Fisch oder einem Vogel abstammen: »Natürlich glauben wir nicht daran, wir sind doch nicht blöd! Aber wir haben gehört, daß einige von unseren Ahnen wirklich daran geglaubt haben.« Der Glaube wurde hier also auf einen anderen übertragen. Machen wir nicht dasselbe mit unseren Kindern? Wir vollziehen das Ritual des Weihnachtsmanns, da wir davon ausgehen, daß unsere Kinder daran glauben und wir sie nicht enttäuschen wollen, während sie so tun, als glaubten sie daran, um uns unseren Glauben an ihre Naivität nicht zu nehmen, usw. Ist dies nicht auch die Standardausrede, mit der bestimmte Politiker ihre Korrumpiertheit beschönigen? »Ich kann die einfachen Menschen, die an die Sache (oder an mich) glauben, nicht enttäuschen.« Und ist nicht auch dieses Bedürfnis, einen anderen zu finden, der »wirklich glaubt«, das, was uns dazu antreibt, den anderen als einen (religiösen oder ethnischen) »Fundamentalisten« zu brandmarken?

Unheimlicherweise scheinen einige Glaubensüberzeugungen immer nur »auf Distanz« zu funktionieren. Damit der Glaube funktioniert, bedarf es eines ultimativen Garanten, doch dieser Garant wird immer aufgeschoben oder verschoben, ist nie *persönlich* präsent. Wie also ist Glaube möglich? Wie wird dieser Teufelskreis aufgeschobenen Glaubens durchbrochen? Der springende Punkt ist natürlich, daß das Subjekt, das unmittelbar glaubt, nicht existieren muß, damit der Glaube funktioniert. Es genügt, von seiner Existenz *auszugehen*, das heißt, daran *zu glauben*, entweder in Gestalt einer mythologischen Gründerfigur, die nicht Teil der Erfahrungswirklichkeit ist, oder unter dem Deckmantel des unpersönlichen »man« (»man glaubt ...«).

Der entscheidende Fehler, den es auch hier zu vermeiden gilt, ist die »humanistische« Vorstellung, daß dieser in Dingen verkörperte, auf Dinge verschobene Glaube nichts anderes sei als eine verdinglichte Form eines unmittelbaren menschlichen Glaubens, so daß die Aufgabe der phänomenologischen Rekonstitution der Frage, wie es zur »Verdinglichung« kommen konnte, darin bestünde, nachzuweisen, wie der ursprüngliche menschliche Glaube auf Dinge transponiert wurde. Um es nochmals in aller Deutlichkeit zu sagen: Das Paradox, an dem es im Widerspruch zu derartigen Versuchen, eine phänomenologische Entstehung der Verdinglichung nachzuweisen, festzuhalten gilt, ist, daß *diese Verschiebung ursprünglich und konstitutiv* ist: Es gibt keine unmittelbare selbstpräsente lebende Subjektivität, der sich der in »gesellschaftlichen Gegenständen« verkörperte Glaube zuschreiben läßt und die dann um diesen Glauben gebracht wird.

Die ursprüngliche Ersetzung

Dieses Ersetzungsverhältnis beschränkt sich nicht auf Glaubensgrundsätze, sondern gilt auch für die intimsten Gefühle und Einstellungen des Subjekts, sein Lachen oder Weinen. Man muß nur an das alte Rätsel transponierter/verschobener Emotionen denken, das in verschiedenen Phänomenen zum Ausdruck kommt: den sogenannten »Klageweibern«, die in »primitiven« Gesellschaften bei Trauerfeiern gegen Bezahlung weinen; dem »konservierten Lachen« des Publikums in Fernsehsendungen, das als Reaktion auf »witzige« Stellen von vornherein fester Bestandteil der Tonspur ist; oder auch die Annahme einer bestimmten Bildschirmidentität im Cyberspace. Wenn ich ein »falsches« Bild meiner selbst konstruiere, das mich in jener virtuellen Gemeinschaft repräsentiert, an der ich teilhabe (bei Sexspielen etwa nehmen schüchterne Männer häufig die *screen persona* attraktiver promisker Frauen an), sind die Emotionen, die ich empfinde und als Teil meiner Bildschirmidentität »vortäusche«, nicht einfach falsch. Obwohl das, was ich als mein »wahres Selbst« erlebe, sie nicht empfindet, sind sie nichtsdestotrotz in einem gewissen Sinne »wahr«, so wie ich mich ja auch vor dem Fernseher entspannen kann, wenn ich eine Serie mit eingespielten Lachsequenzen betrachte, auch wenn ich selbst nicht lache, sondern einfach nur auf den Bildschirm starre. (Allerdings dauert es eine Weile, bevor man sich an das »konservierte Lachen« gewöhnt hat. Zunächst ist man schockiert und empfindet Unbehagen daran, daß der Apparat »für mich lachen kann«, denn dieses Phänomen hat etwas Obszönes.) Dies ist es, worauf der Lacansche Begriff der Dezentrierung bzw. des dezentrierten Subjekts abhebt: Meine intimsten Gefühle lassen sich radikal externalisieren, ich kann buchstäblich »durch einen anderen lachen und weinen«.

Und ist die ursprüngliche Version dieser Ersetzung, bei der »jemand anderes es für mich macht«, nicht die Ersetzung eines Subjekts durch einen *Signifikanten*? Auf solch einer Ersetzung basiert das konstitutive Merkmal der symbolischen Ordnung – ein Signifikant ist ein Objekt-Ding, das mich ersetzt, das an meiner Stelle handelt. Die sogenannten primitiven Religionen, in denen ein anderer Mensch mein Leiden, meine Bestrafung (aber auch mein Lachen, mein Genießen) auf sich nehmen kann, das heißt, in denen man leiden und den Preis für eine Sünde *durch den Anderen* entgelten kann (bis hin zu den tibetanischen Gebetsmühlen, die einem das Beten abnehmen), sind nicht so blöde und »primitiv«, wie es vielleicht scheinen mag, denn es wohnt ihnen ein immenses Befreiungspotential inne.

Indem ich dem Anderen meine intimsten Gedanken und Gefühle, einschließlich meiner Träume und Ängste, überantworte, öffnet sich ein Raum, in dem ich frei atmen kann. Wenn der Andere für mich lacht, kann ich eine kleine Pause machen; wenn der Andere statt meiner geopfert wird, kann ich unbeschwert weiterleben in dem Bewußtsein, daß ich für meine Schuld bezahlt habe. Die Wirksamkeit dieser Ersetzungsoperation beruht auf der Hegelschen reflexiven Umkehrung. Wenn der Andere für mich geopfert wird *opfere ich mich selbst durch den Anderen*; wenn der Andere für mich handelt, *handele ich durch den Anderen*; wenn der Andere für mich genießt, *genieße ich selbst durch den Anderen*. Das Ganze erinnert an den Witz über den Unterschied zwischen Sozialismus im bürokratischen Sowjetstil und dem Selbstverwaltungssozialismus jugoslawischer Prägung: In der Sowjetunion fahren die Mitglieder der Nomenklatura, also die Repräsentanten der gewöhnlichen Menschen, sich selbst in teuren Limousinen herum, während in Jugoslawien *die gewöhnlichen Menschen selbst durch ihre Repräsentanten in Limousinen herumfahren*.

Dieses befreiende Potential mechanischer Rituale ist bis heute unvermindert spürbar: Jeder Intellektuelle kennt das angenehme Gefühl, eine Zeitlang militärischem Drill, den Anforderungen eines »primitiven« körperlichen Jobs oder einer ähnlichen, ihm von außen auferlegten Arbeit unterworfen zu sein. Bereits das bloße Wissen, daß der Andere den Prozeß reguliert, an dem ich teilnehme, setzt meine geistigen Aktivitäten frei, da ich *nicht involviert* bin. Das Foucaultsche Motiv des Zusammenhangs zwischen Disziplin und subjektiver Freiheit erscheint daher in einem anderen Licht. Ich übertrage auf den Anderen die Verantwortung für reibungsloses Funktionieren und verschaffe mir auf diese Weise den wertvollen Raum, in dem ich meine Freiheit ausüben kann.

Derjenige, der es ursprünglich »für mich macht«, ist der Signifikant selbst in seiner äußerlichen Materialität, von dem »konservierten Gebet« in der tibetanischen Gebetsmühle bis zum »konservierten Gelächter« der Fernsehsendungen. Das entscheidende Merkmal der symbolischen Ordnung *qua* »großer Anderer« ist, daß dieser nie einfach nur ein Instrument oder Mittel der Kommunikation ist. Er »dezentriert« das Subjekt von innen, indem er seinen/ihren Akt für ihn/sie ausführt. Diese Lücke zwischen dem Subjekt und dem Signifikat, das »es für ihn/sie macht«, wird im Alltag immer wieder spürbar. Wenn ein Mensch auf der Straße ausrutscht, erleben wir es häufig, daß ein anderer, der diesen Vorfall zufällig beobachtet, mit einem »Upps!« oder irgendeiner ähnlichen Äußerung darauf reagiert. Das Mysterium dieser alltäglichen Beobachtung besteht darin, daß die symbolische Wirksamkeit genau dieselbe ist, *egal, ob der andere für mich handelt oder ich selbst es mache*. Hierauf beruht das Paradox des Begriffs des »performativen« Akts bzw. des Sprechakts: Mit der Geste, durch die ich einen Akt vollführe, indem ich bestimmte Worte äußere, werde ich der Autorschaft beraubt, denn der »große Andere« spricht durch mich.

Es verwundert daher nicht, daß Menschen, deren berufliche Funktion im wesentlichen performativ ist (Richter, Könige usw.), etwas Marionettenhaftes an sich haben. Sie sind darauf reduziert, eine lebende Verkörperung der symbolischen Institution zu sein, das heißt, ihre einzige Aufgabe besteht darin, mechanisch »die Pünktchen auf die i zu setzen«, also irgendeinen von anderen formulierten Inhalt mit dem institutionellen Siegel zu versehen. Völlig zu Recht reserviert der späte Lacan den Begriff »Akt« für etwas wesentlich Selbstmörderischeres und Realeres als den Sprechakt.

Dieses Mysterium der symbolischen Ordnung läßt sich beispielhaft am enigmatischen Status dessen veranschaulichen, was wir als »Höflichkeit« bezeichnen. Wenn ich einen entfernten Bekannten begrüße: »Schön, dich zu sehen! Wie geht's dir?«, wissen wir beide, daß ich das »nicht aufrichtig meine«, sondern daß es »nur eine Freundlichkeit« ist. (Wenn mein Bekannter mich ernst nimmt, könnte er sogar unangenehm berührt sein, als ob ich mich für etwas Intimes interessierte, etwas, das mich nichts angeht – oder um den alten Freudschen Witz zu paraphrasieren: »Warum sagst du, daß du dich freust, mich zu sehen, wenn du es wirklich meinst?«) Dennoch wäre es falsch zu sagen, daß ich mich schlicht »heuchlerisch« verhalte, denn auf eine gewisse Weise, *meine* ich es: Auch wenn ich selbst nicht aufrichtig bin, *sind meine Worte für mich aufrichtig*, so wie ich »aufrichtig« durch das »konservierte Lachen« lache.

(Der Beweis dafür ist, daß ich mich danach tatsächlich erleichtert fühle.)

Vor diesem Hintergrund ist man versucht, den modischen Begriff der »Interaktivität« um seinen gespenstischen, wesentlich unheimlicheren Doppelgänger, nämlich den Begriff der »Interpassivität«, zu ergänzen.[4] Es ist ein Gemeinplatz, zu behaupten, daß mit den neuen elektronischen Medien die passive Konsumtion des Kunstwerks an ihr Ende gelangt ist. Ich starre nicht mehr einfach nur auf einen Bildschirm, sondern ich interagiere zunehmend mit ihm, trete in ein dialogisches Verhältnis zu ihm (von der Auswahl der Programme bis zur Teilnahme an Debatten in einer virtuellen Gemeinschaft bis hin zur Entscheidung über den Ausgang der Handlung in den sogenannten »interaktiven Erzählungen«). Diejenigen, die das demokratische Potential der neuen Medien preisen, heben im allgemeinen genau diese Merkmale hervor, die Tatsache, daß der Cyberspace der großen Mehrheit der Menschen die Chance eröffnet, aus ihrer Rolle als passive Beobachter, die nur dem von anderen inszenierten Schauspiel beiwohnen, auszubrechen und sich nicht nur selbst an diesem Schauspiel zu beteiligen, sondern auch dessen Spielregeln im zunehmenden Maße selbst festzulegen. Aber ist die andere Seite dieser Interaktivität nicht Interpassivität? Ist nicht zwangsläufig die Kehrseite des Sachverhalts, daß ich mit dem Objekt interagiere, statt mir einfach nur die Show anzusehen, die Situation, in der das Objekt mir meine eigene passive Reaktion (Befriedigung, Trauer oder Gelächter) abnimmt, so daß in Wirklichkeit das Objekt selbst statt meiner »die Show genießt« und mich so von der Über-Ich-Pflicht befreit, zu genießen und mich amüsieren zu müssen. Womöglich stammt die erste implizite Formulierung zur Interpassivität von Lacan, der in seinem Kommentar zur Rolle des Chors in der griechischen Tragödie anmerkt:

»Was ist das, der Chor? Man wird Ihnen sagen – *Das sind Sie*. Oder auch – *Das sind nicht Sie*. Das ist nicht die Frage. Es geht um Mittel, und zwar um Mittel der Rührung. Ich möchte sagen – der Chor, das sind die Leute, die Rührung empfinden.

[...] Wenn Sie abends im Theater sind, denken Sie an Ihre kleinen Geschäfte, an den Füller, den Sie während des Tages verloren haben, an den Scheck, den Sie am nächsten Tag unterschreiben müssen – geben wir Ihnen also nicht zuviel Kredit. Die Last Ihrer Emotionen wird in einer gesunden Disposition der Szene übernommen. Der Chor übernimmt sie. Das Emotionale wird kommentiert. Das ist die größte Überlebenschance der antiken Tragödie – der emotionale Kommentar. Er ist genau das, was es simplerweise braucht, er ist auch nicht ohne Festigkeit, er ist menschlicher.

Sie sind also alle Ihre Sorgen los – und wenn Sie nichts spüren, so wird doch der Chor an Ihrer Stelle gespürt haben. Und warum sollte man sich letztlich nicht vorstellen, daß die Wirkung auf Sie in kleinen Dosen erzielt wird, auch wenn Sie gar nicht so gezittert haben?«[5]

Erinnern wir uns an die peinliche Szene, in der jemand einen geschmacklosen Witz erzählt und dann, da alle um ihn herum schweigen, lauthals zu lachen beginnt und sich und den Umstehenden immer wieder versichert, wie komisch der Witz sei, also selbst die von seinen Zuhörern erwartete Reaktion ausagiert. Bei dieser Situation handelt es sich gewissermaßen um das genaue Gegenteil des griechischen Chors. Der Chor empfindet an unserer Stelle, an Stelle der gelangweilten, mit anderem beschäftigten Zuschauer, die sich nicht gehenlassen und die entsprechenden passiven Emotionen empfinden können, während im Falle des Witzboldes der Agent zugleich die passive Rolle übernimmt, also an unserer Stelle über seinen Witz lacht. Der Kontrast ist noch stärker, wenn wir die Situation mit derjenigen der Lachkonserven im Fernsehen vergleichen. Der Agent, der statt unserer lacht (durch den wir, das gelangweilte und peinlich berührte Publikum lachen), ist nicht der anonyme »große Andere« der unsichtbaren künstlichen Öffentlichkeit, sondern der

Erzähler des Witzes selbst, der lacht, um sicherzugehen, daß sein Akt in den »großen Anderen«, in die symbolische Ordnung eingeschrieben wird.

Bei allen diesen Beispielen bin ich also deswegen aktiv, um die Passivität eines Anderen zu gewährleisten, der meinen wahren Platz einnimmt. Die Interpassivität unterminiert also wie die Interaktivität den geläufigen Gegensatz zwischen Aktivität und Passivität. Während ich bei der Interaktivität (der »List der Vernunft«) passiv bin, während ich durch einen anderen aktiv bin, bin ich bei der Interpassivität aktiv, während ich durch einen anderen passiv bin. Der Begriff »Interaktivität« wird also genaugenommen derzeit in einer doppelten Bedeutung verwendet: (1) Mit dem *Medium interagieren*, das heißt nicht einfach nur ein passiver Konsument sein, und (2) *durch* einen anderen Agenten *handeln*, so daß meine Arbeit erledigt wird, während ich selbst mich zurücklehne und passiv bleibe, die Vorgänge einfach nur beobachte. Während das Gegenteil der ersten Form von Interaktivität ebenfalls eine Art »Interpassivität« ist (die wechselseitige Passivität zweier Subjekte, etwa zweier Verliebter, die sich passiv beobachten und einfach nur die Präsenz des anderen genießen), zielt die eigentliche Idee der Interpassivität auf die Umkehrung der zweiten Bedeutung der Interaktivität. Das Unterscheidungsmerkmal der Interpassivität besteht darin, daß das interpassive Subjekt ständig, ja nachgerade besessen *aktiv* ist und dabei die fundamentale Passivität seines/ihres Seins auf einen anderen verschiebt.

Ist nicht die liberale akademische Besessenheit des Westens vom Leiden in Bosnien das herausragende aktuelle Beispiel für »interpassives Leiden« gewesen? Man konnte authentisch durch Berichte über Vergewaltigungen und Massenermordungen in Bosnien leiden, während man zugleich in aller Ruhe seine Hochschulkarriere verfolgte. Ein anderes geläufiges Beispiel für Interpassivität ist der Part des »Verrückten« innerhalb einer pathologisch entstellten intersubjektiven Verbindung (etwa einer Familie, deren verdrängte Traumata sich im mentalen

Zusammenbruch eines ihrer Mitglieder entladen). Wenn eine Gruppe einen Verrückten hervorbringt, verschiebt sie dann nicht auf ihn die Notwendigkeit, passiv jenes Leiden zu ertragen, das sie alle betrifft?

Und ist schließlich nicht das »absolute Beispiel« (Hegel) für die Interpassivität dasjenige Christi, der das (verdiente) Leiden der Menschheit auf sich nahm? Christus hat uns nicht durch sein Handeln erlöst, sondern indem er die Bürde der ultimativen passiven Erfahrung auf sich nahm. (Der Unterschied zwischen Aktivität und Passivität ist natürlich häufig unscharf. Weinen als ein Akt öffentlichen Trauerns ist nicht einfach passiv, sondern in eine aktive ritualisierte symbolische Praxis transformierte Passivität.) Auf politischem Gebiet ist eines der jüngsten herausragenden Beispiele für die »Interpassivität« die »Sorge« der multikulturellen linken Intellektuellen darüber, daß jetzt sogar die Muslime, die Opfer des Jugoslawienkriegs, die Vision eines multi-ethnischen pluralistischen Bosniens aufgeben und statt dessen einen eigenen ethnischen Raum für sich fordern, so wie die Serben und Kroaten klar definierte ethnische Einheiten beanspruchen. Diese linke »Sorge« ist in Wirklichkeit multikultureller Rassismus der übelsten Sorte. Als seien die Bosnier nicht gerade durch die Art und Weise, wie der »liberale« Westen sie in den letzten fünf Jahren bedrohte, dazu *gedrängt* worden, ihre eigene ethnische Enklave zu gründen.

Doch in diesem Zusammenhang interessiert uns nur, daß das »multi-ethnische Bosnien« nur die letzte einer Reihe von mythischen Figuren des Anderen ist, durch die westliche linke Intellektuelle ihre ideologischen Phantasien ausagiert haben. Diese Intellektuellen sind *durch die* Bosnier »multi-ethnisch«, brechen aus dem cartesianischen Paradigma aus, indem sie die Weisheit der amerikanischen Indianer bewundern, usw., so wie sie in den vergangenen Jahrzehnten »Revolutionäre« waren, indem sie Kuba bewunderten, oder »demokratische Sozialisten«, indem sie den Mythos des jugoslawischen »selbstverwalteten« Sozialismus als »etwas Besonderes«, als echten demokratischen

Durchbruch feierten. In all diesen Fällen konnten sie ungestört ihre akademische Existenz als Mitglieder der oberen Mittelschicht fortsetzen, während sie zugleich ihre Fortschritts-Pflicht *durch den Anderen* erfüllten.

Dieses Paradox der Interpassivität, des »Durch-den-Anderen-Glaubens oder -Genießens« liefert auch einen neuen Erklärungsansatz für das Phänomen der Aggressivität. Aggressivität wird in einem Subjekt dadurch ausgelöst, daß ein anderes Subjekt, durch welches das erste Subjekt glaubte oder genoß, etwas tut, was das Funktionieren dieser Übertragung stört. Es genügt, sich in diesem Zusammenhang die Einstellung linker westlicher Akademiker gegenüber der Auflösung Jugoslawiens in Erinnerung zu rufen. Indem die Bevölkerung Ex-Jugoslawiens den Sozialismus ablehnte (»verriet«), kam sie den Überzeugungen dieser Akademiker in die Quere, hinderte sie daran, ihren Glauben an den »authentischen« selbstverwalteten Sozialismus durch den Anderen, der ihn verwirklicht, zu bewahren. Deshalb wurde jeder, der die Jugo-Nostalgie nicht teilte, zum protofaschistischen Nationalisten gestempelt.

Exemplarisch ist der Fall Peter Handkes, der viele Jahre hindurch interpassiv sein authentisches, durch die Slowenen (seine Mutter war Slowenin) von der Verderbnis des westlichen Konsumkapitalismus befreites Leben führte. Für Handke war Slowenien ein Land, in dem sich die Wörter direkt auf die Dinge bezogen (in Läden nannte man Milch »Milch« und vermied es auf diese Weise, in die Falle kommerzialisierter Markennamen zu gehen, usw.) – kurzum, eine reine phantasmatische Formation. Doch nun haben die Unabhängigkeit Sloweniens und der Wunsch des Landes, der Europäischen Union beizutreten, in Handke heftige Aggressionen freigesetzt: In seinen jüngsten Schriften verunglimpft er die Slowenen als Sklaven des österreichischen und deutschen Kapitals, die ihr Erbe an den Westen verschachern. Und all dies nur deshalb, weil sein interpassives Spiel gestört wurde, weil das Verhalten der Slowenen es ihm unmöglich macht, weiterhin *durch die* Slowenen authentisch zu sein. Es überrascht daher kaum, daß er sich nun Serbien als dem letzten Hort der Authentizität in Europa zugewandt hat und bosnische Serben, die Sarajevo belagern, mit nordamerikanischen Indianern vergleicht, die das Camp der weißen Siedler umzingeln.

Wir können nun auch verstehen, inwieweit das Tamagotchi den ultimativen Clou der Interpassivität darstellt. Das Tamagotchi ist ein rein virtueller passiver Anderer, der uns ständig mit Forderungen bombardiert und uns zu einer frenetischen Aktivität zwingt, damit wir es zufriedenstellen, also dafür sorgen, daß es ruhig ist und sich nicht rührt. Jedes Kind weiß, daß man dann am glücklichsten ist, wenn einen das Tamagotchi in Frieden läßt, wenn es ein paar Stunden »schläft«. Das Tamagotchi ist also eine Instrument der Interpassivität im Gegensatz zu »normalem« Spielzeug (einer Puppe, einem Teddybären), bei dem es sich um einen passiven Gegenstand handelt, der sich uns anbietet, damit wir etwas mit ihm machen (uns um ihn kümmern, ihn streicheln). Wir machen dasselbe mit dem Tamagotchi, allerdings mit dem entscheidenden Unterschied, daß wir dabei nicht unseren Launen folgen, sondern seine Forderungen erfüllen.

Veranschaulicht nicht dieser Verweis auf das interpassive Objekt, in welchem Sinne der Analytiker für den Subjekt-Patienten dessen *Objekt a* ist oder, genauer gesagt, auf welche Weise der Patient den Analytiker auf den Status einer Art Tamagotchi reduzieren will, das durch das unaufhörliche verführerische Gebrabbel des Patienten bei Laune gehalten werden muß? In beiden Fällen haben wir es mit dem Versuch zu tun, die Dimension des Begehrens des Anderen zu vertuschen. Indem der Besessene die Forderungen des Anderen erfüllt, versucht er zu verhindern, daß das Begehren des Anderen deutlich wird. Beim Tamagotchi haben wir es mit einem mechanischen Anderen zu tun, der zwar ständig Forderungen stellt, aber kein eigen(tlich)es Begehren hat. Genau dies macht es zu einem perfekten Partner für den Besessenen. Und dasselbe gilt für den

Kontakt zwischen dem Besessenen und seinem Analytiker: Das Ziel der unaufhörlichen Aktivität besteht darin, die Konfrontation mit dem Abgrund des Begehrens des Anderen zu umgehen bzw. unendlich aufzuschieben.

Natürlich wäre der Analytiker als erstes auf das Theater-Phänomen der sogenannten Claqueure hinzuweisen, die vom Künstler oder seinen/ihren Anhängern dafür bezahlt werden, daß sie applaudieren und für eine triumphale Aufnahme der Darbietung des Künstlers sorgen. Der Andere wird dafür bezahlt, daß er die Geste der Anerkennung (des Bestrebens des Künstlers) inszeniert und so seinen/ihren Narzißmus befriedigt. Der Patient bezahlt den Analytiker genau aus dem entgegengesetzten Grund, also nicht, damit er seine oberflächliche Selbstwahrnehmung anerkennt, sondern damit er seine Forderung nach Anerkennung und narzißtischer Befriedigung unterläuft.

Die analytische Behandlung führt uns die wahre Interpassivität am radikalsten vor Augen. Wir denken dabei nicht an die offensichtliche Tatsache, daß der/die Patient(in), um nicht mit der Wahrheit, der Symbolisierung ihres/seines Begehrens konfrontiert zu werden, *sich selbst* als das passive Objekt des Begehrens des Analytikers anbietet und ihn/sie zu verführen und eine Liebesbeziehung mit ihm/ihr zu beginnen versucht. Sondern wir meinen, daß die Interpassivität dann zum Tragen kommt, wenn das Subjekt im Verlauf der Kur ständig aktiv ist, Geschichten erzählt, von Erinnerungen berichtet, sein/ihr Schicksal bejammert, den Analytiker attackiert usw., also versucht, mit dem Trauma des »Was will der Analytiker von mir?« zu Rande zu kommen, mit dem dunklen Fleck des Begehrens des Analytikers, während dieser einfach nur da ist, unter dem Deckmantel seiner teilnahmslosen, trägen Präsenz.

Der springende Punkt dabei ist nicht nur, daß ich, der Patient, von dem rätselhaften Schweigen des Analytikers beunruhigt und frustriert werde, sondern womöglich mehr noch, daß ich genau deswegen aktiv bin, *um sicherzustellen, daß der andere (Analytiker) still bleibt*, also, daß nichts passieren wird, so daß er nicht das Wort aussprechen (oder irgendeine andere Geste vollführen) wird, die mir die Nichtigkeit meines unablässigen Geredes vor Augen führt. Dieses Beispiel zeigt deutlich, daß das entscheidende Merkmal der Interpassivität darin besteht, daß es *nicht* eine Situation bezeichnet, in der der andere mich ersetzt, sondern, im Gegenteil, eine, in der *ich ständig aktiv bin* und meine Aktivität durch die Passivität des anderen aufrechterhalte. Erst am Ende der Kur bin ich nicht mehr darauf angewiesen, daß der andere für mich passiv ist, das heißt, um aktiv zu sein, bedarf ich nicht mehr der phantasmatischen Stütze der Szene, in der ich auf den Status eines passiven Objekts reduziert werde.

Das Subjekt, dem unterstellt wird, daß es genießt

Aber haben wir nicht unter demselben Begriff der Interpassivität verschiedene Phänomene miteinander vermengt? Ist es nicht ein entscheidender Unterschied, ob der Andere mir den stumpfsinnigen mechanischen Aspekt der Routinetätigkeiten abnimmt oder ob der Andere mich quasi komplett »übernimmt« und mich so um das Genießen bringt? Bei näherem Hinsehen müßte man also zwischen zwei Arten des »der Andere tut (oder vielmehr erleidet) es für mich« unterscheiden[6]:

(1) Im Fall des Warenfetischismus wird unser Glaube auf den Anderen verlagert. Ich denke, daß ich nicht glaube, aber tatsächlich glaube ich durch den Anderen. Die Geste der Kritik besteht hier in der Bestätigung der Identität: Nein, *Du* bist es, der durch den Anderen glaubt (an die »theologischen Mucken« der Waren, an den Weihnachtsmann usw.).

(2) Im Fall eines Videorecorders, der für mich einen Film anschaut und genießt (oder im Fall des konservierten Lachens, oder der Klageweiber, die für mich weinen und trauern, oder der

tibetanischen Gebetsmühle) verhält es sich genau andersherum. Man denkt, man habe die Show genossen, aber in Wirklichkeit hat sie der Andere an unserer Stelle genossen. Die kritische Geste hier lautet: »Nein, *nicht du* hast gelacht, sondern der Andere (der Fernseher) war es.«

Offensichtlich haben wir es hier mit dem Gegensatz zwischen Glauben und *jouissance,* zwischen Symbolischem und Realen zu tun. Im Fall des (symbolischen) Glaubens leugnet man die Identität (Sie erkennen sich nicht in dem Glauben, der Ihr eigener ist), während Sie im Fall der (realen) *jouissance* die Dezentrierung in dem verkennen, was Sie (fälschlicherweise) für »Ihre eigene« *jouissance* halten.

Vielleicht ist die Grundhaltung, die das Subjekt definiert, weder Passivität noch autonome Aktivität, sondern vielmehr Interpassivität. Diese Interpassivität ist das Gegenteil von Hegels »List der Vernunft«. Im Fall dieser »List der Vernunft« *bin ich durch den Anderen aktiv,* das heißt, ich kann passiv bleiben, während der andere *es* für mich tut (wie die hegelsche Idee, die sich aus dem Konflikt heraushält und die menschlichen Leidenschaften »den Job erledigen« läßt); im Fall der Interpassivität *bin ich durch den Anderen passiv,* das heißt, ich delegiere den passiven Aspekt (des Genießens) an den Anderen, während ich selbst aktiv bleibe (ich kann am Abend weiterarbeiten, während der Videorecorder passiv für mich genießt; ich kann finanzielle Arrangements für das Vermögen der Verstorbenen treffen, während die Klageweiber für mich trauern). Dies ermöglicht es uns, den Begriff der *falschen Aktivität* ins Spiel zu bringen: Man denkt, man sei aktiv, während die eigene Position, so wie sie sich im Fetisch verkörpert, tatsächlich passiv ist. Auf etwas Ähnliches stoßen wir im Paradox der Prädestination (die Tatsache, daß Dinge im vorhinein entschieden werden, das heißt, daß unsere Einstellung gegenüber dem Schicksal die eines passiven Opfers ist, stachelt uns zu unermüdlicher frenetischer Aktivität an), aber auch in der typischen Strategie des Zwangsneurotikers, die ebenfalls mit einer »falschen Aktivität« einhergeht. Der Zwangsneurotiker ist hyperaktiv, um zu verhindern, daß der »Ernstfall« eintritt. (In einer Gruppe, in der es »kriselt«, redet der Zwangsneurotiker ununterbrochen, erzählt Witze usw., um zu verhindern, daß der peinliche Moment des Schweigens eintritt, der die Aufmerksamkeit der Gruppenmitglieder auf die angespannte Stimmung zwischen ihnen lenken würde.)

Das Objekt, das dem Mehr-Genießen Gestalt verleiht, fasziniert das Subjekt, es reduziert ihn/sie auf den Status des passiven Blicks, der ohnmächtig auf das Objekt starrt; diese Beziehung wird vom Subjekt als etwas Beschämendes, Unwürdiges empfunden. Direkt von dem Objekt »festgenagelt« zu werden und sich seiner Faszinationskraft passiv zu unterwerfen ist letzten Endes völlig unerträglich. Durch die offene Zurschaustellung der passiven Haltung des »es-Genießens« verliert das Subjekt gewissermaßen seine Würde. Interpassivität sollte daher als die ursprüngliche Form der *Verteidigung* des Subjekts gegenüber der *jouissance* aufgefaßt werden (ich verschiebe die *jouissance* auf den Anderen, der sie passiv für mich erträgt: lacht, leidet, genießt usw.).

In diesem Sinne ist die Wirkung des »Subjekts, dem unterstellt wird, daß es genießt«, das heißt die Geste des die-eigene-*jouissance*-auf-den-Anderen-übertragen, vielleicht noch primordialer als diejenige des »Subjekts, dem unterstellt wird, daß es weiß« oder diejenige des »Subjekts, dem unterstellt wird, daß es glaubt«. Hierauf beruht die libidinöse Strategie eines Perversen, der die Position des reinen Instruments der *jouissance* des Anderen einnimmt: Für den männlichen Perversen impliziert der sexuelle Akt (Koitus) eine klare Arbeitsteilung, bei der *er* sich selbst auf den Status eines bloßen Instruments *ihres* Genießens reduziert. Der Mann leistet Schwerstarbeit, vollführt die aktiven Gesten, während die ekstatisch verzückte Frau passiv genießt und dabei in die Luft starrt.

Im Verlauf der psychoanalytischen Behandlung muß das

Subjekt lernen, seine Beziehung zu dem Objekt, das seiner *jouissance* Gestalt verleiht, direkt anzunehmen und den Stellvertreter, der statt seiner genießt, zu umgehen. Diese geleugnete fundamentale Passivität meines Seins ist in der fundamentalen Phantasie strukturiert, die, obwohl sie mir a priori unzugänglich ist, die Art und Weise regelt, wie ich mich zur *jouissance* verhalte. Und genau aus diesem Grund ist es dem Subjekt unmöglich, seine fundamentale Phantasie anzunehmen, ohne die radikale Erfahrung der »subjektiven Absetzung« gemacht zu haben. Indem ich meine fundamentale Phantasie annehme, nehme ich den passiven Kern meines Seins auf mich, den Kern, der durch die Distanz, die ich zu ihm wahre, meine subjektive Aktivität aufrechterhält.

In der Psychoanalyse ist der Status des Körpers nicht einfach nur »psychosomatisch«, das heißt, der Körper wird nicht einfach nur als das Medium der Einschreibung einer symbolischen Sackgasse behandelt wie im Falle der Konversionshysterie. Auch wenn die Psychoanalyse direkte körperliche Ursachen psychischer Störungen ablehnt, da ein solcher Ansatz die Psychoanalyse den Beschränkungen der medizinischen Ordnung unterwerfen würde, beharrt sie doch darauf, daß ein pathologischer psychischer Prozeß sich immer auf das Reale einer organischen Störung bezieht, das zum Kristallisationskern des Symptoms wird. Wenn ich starke Zahnschmerzen habe, wird der Schmerzen verursachende Zahn selbst zum Gegenstand narzißtischer libidinöser Besetzung: Ich sauge daran, ich umspiele ihn mit der Zunge, ich betaste und untersuche ihn mit den Fingern, ich schaue ihn mir mit Hilfe eines Spiegels an usw., usf. Kurzum, die Zahnschmerzen werden für mich zu einer Quelle der *jouissance*. Ganz ähnlich berichtete Sandor Ferenczi vom Fall eines Mannes, dessen Hoden aufgrund einer gefährlichen Infektion entfernt werden mußten. Diese Operation (»reale« Kastration) löste einen paranoischen Anfall aus, da sie die lange verborgenen homosexuellen Phantasien des Patienten zu neuem Leben erweckten. (Dasselbe geschieht häufig bei Rektumkrebs.) In

Fällen wie diesem beruht die Ursache der Paranoia nicht auf der Unfähigkeit des Subjekts, den Verlust seiner Männlichkeit, also seiner phallischen-männlichen Pose zu ertragen. Was er nicht ertragen kann ist vielmehr die Konfrontation mit seiner fundamentalen passiven Phantasie, die den »ursprünglich unterdrückten« (ausgeschlossenen) »Anderen Schauplatz« seiner subjektiven Identität darstellt und die nun plötzlich in seiner körperlichen Realität verwirklicht wurde.

Die Ersetzung des Subjekts durch das Objekt ist also gewissermaßen noch primordialer als die Ersetzung des Subjekts durch den Signifikanten. Wenn der Signifikant die Form des »Durch-einen-Anderen-aktiv-Seins« ist, ist das Objekt die Form des »Durch-einen-Anderen-passiv-Seins«: Das Objekt ist ursprünglich das, was leidet, was es für mich bzw. statt meiner erträgt – kurzum, das, was *für mich genießt*. Unerträglich an meiner Begegnung mit dem Objekt ist die Tatsache, daß ich *mich selbst* in der Gestalt eines leidenden Objekts sehe. Die Szene *meines eigenen* passiven Ertragens reduziert mich auf den Status eines faszinierten passiven Beobachters. Interpassivität ist alles andere als ein exzessives Phänomen, das nur in extremen »pathologischen« Situationen vorkommt, sondern im Gegensatz zur Interaktivität (nicht im landläufigen Sinn der Interaktion mit dem Medium, sondern im Sinne des Anderen, der es für mich, an meiner Stelle tut) ist Interpassivität daher die elementarste Stufe, die das notwendige Minimum an Subjektivität definiert. Um ein aktives Subjekt zu sein, muß ich mich der trägen Passivität, die die Dichtigkeit meines substantiellen Seins in Schach hält, entledigen und sie auf einen anderen übertragen. In diesem Sinne überschneidet sich der Gegensatz Signifikant/Objekt mit dem von Interaktivität/Interpassivität: Der Signifikant ist interaktiv, er ist für mich aktiv, an meiner Stelle, während das Objekt interpassiv ist, für mich leidet. Es ist wesentlich unheimlicher, wenn ich meine passive Erfahrung auf jemand Anderen übertrage, als wenn ich durch einen Anderen aktiv bin. Bei der Interpassivität bin ich auf eine wesentlich radikalere

Weise dezentriert als bei der Interaktivität, da die Interpassivität mich des Kerns meiner substantiellen Identität beraubt.

Daher folgt die Grundmatrix der Interpassivität aus der Idee des Subjekts als der reinen Aktivität der (Selbst-)Setzung, als der Veränderlichkeit des reinen Werdens, das frei von jeglichem positiven, sicheren Sein ist. Wenn ich als reine Aktivität funktionieren soll, muß ich mein (passives) Sein externalisieren, *durch einen* Anderen passiv sein. Dieses träge Objekt, das mein Sein »ist«, in dem mein träges Sein externalisiert ist, ist das Lacansche *Objekt a.* Insoweit die elementare, konstitutive Struktur der Subjektivität hysterisch ist, das heißt, insoweit Hysterie durch die Frage definiert wird: »Was bin ich für ein Objekt (in den Augen des Anderen, für das Begehren des Anderen)?«, insoweit konfrontiert sie uns mit der Interpassivität in ihrer reinsten Form. Das, was das hysterische Subjekt nicht akzeptieren kann, das, was es in unerträgliche Angst versetzt, ist die Befürchtung, daß die Anderen ihn/sie in der Passivität seines/ihres Seins wahrnehmen als ein Objekt, das es auszutauschen, zu genießen oder sonstwie zu »manipulieren« gilt.

Hierauf beruht das »ontologische Axiom« der Lacanschen Subjektivität: Je aktiver ich bin, desto passiver muß ich an einer anderen Stelle sein. Ein anderes Objekt muß für mich passiv sein. (Deshalb verspüren manche Manager mitunter den Drang, Prostituierte zu besuchen, sich masochistischen Ritualen auszusetzen und dabei »als reines Objekt« behandelt zu werden.) Das, wonach die Psychoanalyse in einem aktiven Subjekt sucht, ist jene fundamentale Phantasie, die seine/ihre geleugnete Phantasie aufrechterhält. Solche unheimlichen Situationen, in denen ich aktiv bin, während ich auf einen Anderen die unerträgliche Passivität meines Seins übertrage, liefern den Schlüssel – oder zumindest einen der Schlüssel – für das künstlerische Potential der neuen digitalen Medien.

2 Allegretto: Ist es möglich, im Cyperspace das Phantasma zu durchqueren?

Ödipus online?

Welche Konsequenzen hat der Cyberspace für Ödipus, das heißt für jenen Modus der Subjektivierung, den die Psychoanalyse als Ödipuskomplex und dessen Auflösung konzipiert hat? Mit »Ödipus« beziehe ich mich dabei auf die Lacansche Interpretation: die Intervention eines Dritten, des paternalen Gesetzes, das die inzestuöse Dyade des Kindes und seiner/ihrer Mutter verbietet/stört und damit den Eintritt des Kindes in die symbolische Ordnung der Regeln und des Tausches ermöglicht. Lacans Name für dieses Verbot ist »symbolische Kastration«, also keine wirkliche Kastration, sondern die Verinnerlichung eines symbolischen Gesetzes, das meine unmittelbare Verschmelzung mit den Objekten des Begehrens verhindert. Jedes Objekt muß, um zu einem Objekt des Begehrens zu werden, zunächst von der bedeutungsstiftenden Ordnung »vermittelt« bzw. als eine Forderung artikuliert werden. Doch da auf diese Weise die Unmittelbarkeit des präsymbolischen Realen verlorengeht, ist jedes erreichbare Objekt letzten Endes ein Ersatz für das »wahre« (inzestuöse) Objekt, das für immer verloren ist. Die verbreitetste Meinung heute lautet, der Cyberspace sprenge die Wirksamkeit dieser symbolischen Kastration oder unterminiere sie zumindest potentiell. Der Cyberspace führt demnach zum »Ende des Ödipus«, das heißt, was sich darin ereignet, ist der Übergang von der Struktur der symbolischen Kastration (der Intervention der Dritten Instanz, welche die inzestuöse Dyade verbietet/stört und damit den Eintritt des Subjekts in die symbolische Ordnung möglich macht) zu einer neuen postödipalen libidinösen Ökonomie.

Natürlich hängt der Wahrnehmungsmodus dieses »Endes des Ödipus« vom Standpunkt des jeweiligen Theoretikers ab. Zunächst gibt es diejenigen, die darunter die dystopische Aussicht auf Individuen verstehen, die zu einer präsymbolischen psychotischen Immersion regredieren, also die symbolische Distanz verlieren, die ein Minumum an kritischer/reflexiver Einstellung aufrechterhält (Jean Baudrillard, Paul Virilio). Die Idee dahinter ist, daß der Computer als ein mütterliches Ding funktioniert, welches das Subjekt »schluckt«, das daraufhin zu einer Haltung inzestuöser Verschmelzung »regrediert«. Man denke nur an den sprichwörtlichen Jugendlichen, der so sehr in sein Spiel auf dem Videobildschirm vertieft ist, daß er nicht mehr zwischen dem Imaginären und dem Realen unterscheiden kann. Mit der Zeit tendiert er dazu, auch seine »realen« gesellschaftlichen Interaktionen als ein erweitertes Cyberspace-Spiel zu empfinden, vergleichbar der Manier, in der die Medien 1991 über den Golfkrieg berichteten.

Diese Position ist dort am stärksten, wo sie auf dem Unterschied zwischen Erscheinung und Simulakrum insistiert. Die »Erscheinung« hat nichts gemein mit der postmodernen Idee, daß wir in eine Ära universalisierter Simulakren eintreten, in der die Realität selbst sich nicht mehr von ihrem simulierten Doppelgänger unterscheiden läßt. Die nostalgische Sehnsucht nach der authentischen Erfahrung, in der Simulakrenflut verlorenzugehen (die sich bei Virilio findet), sowie die postmoderne Bestätigung der »schönen neuen Welt« universalisierter Simulakren als Zeichen dafür, daß wir nun endlich die metaphysische Besessenheit mit dem authentischen Sein loswerden (die sich bei Vattimo findet), verkennen beide den Unterschied zwischen Simulakrum und Erscheinung. Was in unserer heutigen digitalen »Simulationenseuche« verlorengeht, ist nicht das sichere, wahre, nicht-simulierte Reale, sondern die *Erscheinung selbst.*

Was aber ist die Erscheinung? Auf die Frage eines Kindes nach dem Aussehen Gottes antwortete ein Priester: Wann immer das Kind ein Gesicht sehe, das Wohlwollen und Güte ausstrahle, ganz unabhängig davon, wem dieses Gesicht gehöre, gewinne es eine Ahnung vom Antlitz Gottes. Die Wahrheit dieser sentimentalen Platitüde besteht darin, daß das Übersinnliche (das Antlitz des erhabenen Gottes, das wir sterbliche Menschen für uns selbst nicht angemessen darstellen können) als eine momentane, flüchtige Erscheinung wahrnehmbar ist, als »Grimasse« eines irdischen Gesichts. *Diese* Dimension der »Erscheinung« ist es, die sozusagen ein Stück der Realität in etwas transsubstantiiert, das für einen kurzen Augenblick die übersinnliche Energie ausstrahlt, die in der Logik des Simulakrums fehlt.

Im Simulakrum, das sich vom Wirklichen nicht unterscheiden läßt, ist alles »hier«, in ihm bzw. durch es »erscheint« keine andere transzendente Dimension. Kant war der erste, der diese Logik im Zusammenhang mit seinem Begriff des Erhabenen entwickelte. Im Hinblick auf die Begeisterung, die die Französische Revolution in aufgeklärten Kreisen hervorrief, fungierten für Kant die revolutionären Ereignisse als Zeichen, durch das die Dimension der transphänomenalen Freiheit, einer freien Gesellschaft, *erschien.* Die »Erscheinung« gehört daher nicht einfach nur den Phänomenen an, sondern sie gehört zu jenen »magischen Momenten«, in denen eine andere, noumenale Dimension einen Augenblick lang in einem empirischen/kontingenten Phänomen erscheint bzw. durchscheint.

Hierauf beruht auch das Problem von Cyberspace und Virtueller Realität (VR). Die VR bedroht *nicht* die »Realität«, die sich in der Vielfalt ihrer Simulakren auflöst, sondern die *Erscheinung* selbst. Lacansch gesprochen: Das Simulakrum ist imaginär, es bezeichnet eine direkte Faszination durch Bilder, während die Erscheinung symbolisch ist und damit die Ordnung der symbolischen Fiktionen bezeichnet, genau in jenem

Sinne, in dem wir diesen Begriff im 3. »Satz« des vorliegenden Buches entwickelt haben. Entscheidend ist hier die Weise, in der die drei Dimensionen des Imaginären, des Symbolischen und des Realen miteinander verflochten sind, so daß der Abstand zwischen zwei von ihnen von der dritten aufrechterhalten wird. Doch wenn sich die spezifische Dimension der symbolischen Erscheinung aufzulösen beginnt, lassen sich folglich das Imaginäre und das Reale immer weniger voneinander unterscheiden. Der Schlüssel zum heutigen Universum der Simulakren beruht auf der Reduzierung der »symbolischen Wirksamkeit«. Diese zentrale Unterscheidung zwischen dem Simulakrum (das sich mit dem Wirklichen überschneidet) und der Erscheinung läßt sich anhand des Unterschieds zwischen Pornographie und Verführung veranschaulichen. Pornographie »zeigt alles«, »wirklichen Sex«, und produziert damit lediglich Simulakren der Sexualität, während der Verführungsprozeß aus dem Spiel der Erscheinungen, Andeutungen und Versprechungen besteht und dadurch die schwer definierbare Domäne des übersinnlichen, erhabenen Dings evoziert.

Aber es gibt natürlich auch diejenigen, die das befreiende Potential des Cyberspace hervorheben. Der Cyberspace verschafft uns Zugang zur Domäne sich wandelnder multipler sexueller und sozialer Identitäten und befreit uns dadurch, zumindest potentiell, aus der Umklammerung durch das patriarchalische Gesetz. Er verwirklicht sozusagen im Alltag die »Dekonstruktion« alter metaphysischer Dichotomien wie »wirkliches Selbst« vs. »künstliche Maske«. Im Cyberspace werde ich dazu gezwungen, jeder festgelegten symbolischen Identität – die juristische/politische Fiktion eines einzigartigen Selbst, das durch meinen Platz in der sozio-symbolischen Struktur gewährleistet ist – zu entsagen. Dieser zweiten Version zufolge, die vor allem von einigen feministischen Theoretikerinnen des Cyberspace wie Sandy Stone und Sherry Turkle vertreten wird, kündet der Cyberspace damit das Ende des cartesianischen *Cogito* als einzigartiger »Denksubstanz« an. Aus diesem Blickwinkel betrachtet, verraten die pessimistischen Propheten, die behaupten, der Cyberspace sei Ausdruck der psychotischen Regression auf eine präödipale Verschmelzung, lediglich ihre eigene Unfähigkeit, sich eine Alternative zum Ödipus vorzustellen.

Wir haben es hier mit einer anderen Version der geläufigen postmodernen dekonstruktivistischen Erzählung zu tun, derzufolge die sexuelle Identität des Subjekts in der schlechten alten patriarchalischen Ordnung durch seinen/ihren Platz und/oder Part innerhalb des festgelegten ödipalen Rahmens vorherbestimmt war. Der »große Andere« kümmerte sich um uns, verlieh uns die Identität eines »Mannes« oder einer »Frau«, und die ethische Pflicht des Subjekts beschränkte sich auf das Bemühen, den ihm/ihr zugewiesenen symbolischen Platz erfolgreich auszufüllen. (Homosexualität und andere »Perversionen« wurden als Zeichen dafür angesehen, daß es dem Subjekt nicht gelungen war, den ödipalen Parcours zu durchlaufen und zu einer »normalen«/»reifen« sexuellen Identität zu gelangen.)

Aber wie Foucault deutlich gemacht haben dürfte, befindet sich die juristische/ge- und verbietende Matrix der Macht, die der ödipalen Funktionsweise der Sexualität zugrunde liegt, auf dem Rückzug. Statt nachdrücklich aufgefordert zu werden, einen bestimmten Platz in der sozio-ökonomischen Ordnung einzunehmen, gewann das Subjekt die Freiheit – oder zumindest die Aussicht auf die Freiheit –, zwischen verschiedenen soziosymbolischen sexuellen Identitäten hin- und herzuwechseln, sein/ihr Selbst als ein ästhetisches Œuvre zu konstruieren. Dieses Motiv ist vom Begriff der »Sorge um sich« (des späten Foucault) bis hin zur dekonstruktivistischen feministischen Betonung der gesellschaftlichen Prägung des Geschlechts am Werk. Unschwer läßt sich erkennen, wie der Bezug auf den Cyberspace dieser Ideologie der ästhetischen Selbstschöpfung einen zusätzlichen Impuls verleihen kann: Der Cyberspace befreit uns von den letzten biologischen Fesseln und steigert unsere Fähigkeit, unser Selbst eigenständig zu entwerfen und uns im Strom sich wandelnder Identitäten treiben zu lassen.

Freilich gibt es einige wenige, aber scharfsinnige Theoretiker, die beide Versionen des »Cyberspace als Ende des Ödipus« ablehnen und die Kontinuität des ödipalen Modus der Subjektivierung im Cyberspace betonen.[7] Der Cyberspace behält die fundamentale ödipale Struktur einer intervenierenden Dritten Ordnung bei, die als Vermittlungsinstanz das Begehren des Subjekts aufrechterhält, während er zugleich als Agent des Verbots fungiert, das die direkte und vollständige Befriedigung des Subjekts verhindert. Aufgrund dieses intervenierenden Dritten ist jede teilweise Genugtuung/Befriedigung durch ein fundamentales »*das* ist es nicht« gekennzeichnet, das heißt, jedes erreichbare Objekt des Begehrens ist letzten Endes ein Ersatz für das wahre »unmögliche« Objekt. Demnach kommt in der Idee, daß der Cyberspace als das Medium der Hyperrealität die symbolische Wirksamkeit suspendiert und eine, falsche, totale Transparenz der imaginären Simulakren verursacht, die auf diese Weise mit dem Realen koinzidieren, in der Tat eine gewisse »spontane Ideologie des Cyberspace« zum Ausdruck. Doch zugleich wird damit die tatsächliche Wirkungsweise des Cyberspace verschleiert, der nicht nur auch weiterhin auf dem elementaren *Dispositiv* des symbolischen Gesetzes beruht, sondern dieses auch in unserer Alltagserfahrung faßbarer macht.

Man muß sich dazu nur vor Augen führen, unter welchen Bedingungen wir im Internet herumsurfen oder uns an einer virtuellen Gemeinschaft beteiligen. Zunächst gibt es da die Kluft zwischen dem »Subjekt des Aussagens« (dem anonymen X, der/die *es* tut, der/die spricht) und dem »Subjekt der Aussage/des Statements« (die symbolische Identität, die ich im Cyberspace annehme, die sich »erfinden« läßt und die in einem gewissen Sinne auch immer »erfunden« ist. Der Signifikant, der meine Identität im Cyberspace markiert, bin nie direkt »ich selbst«). Dasselbe gilt für die andere Seite, für meine(n) Partner bei der Cyberspace-Kommunikation. Hier ist die Unentscheidbarkeit radikal. Ich kann nie sicher sein, wer sie sind, ob sie »wirklich« so sind, wie sie sich beschreiben, ob sich hinter der *screen persona* eine oder mehrere »wirkliche« Personen verbergen, ob dieselbe »wirkliche« Person mehrere Bildschirmidentitäten besitzt und manipuliert oder ob ich es einfach mit einer digitalisierten Entität zu tun habe, die für keine »reale« Person steht. Mein Cyberspace-Partner bleibt daher für mich immer ein Rätsel jenseits der »Mauer der Sprache« und verweigert die Antwort auf die Frage »Che vuoi?«. (Er/sie schickt mir diese Botschaft, aber was steckt dahinter? Was bezweckt er/sie damit?)

Inter-Face bedeutet also, daß meine Beziehung zum Anderen nie *face-to-face* – von Angesicht zu Angesicht – stattfindet, sondern immer vermittelt/mediatisiert durch die dazwischen geschaltete digitale Maschinerie, die für den Lacanschen »großen Anderen« steht, die anonyme symbolische Ordnung, die die Struktur eines Labyrinths hat. Ich »browse«, ich bewege mich durch diesen unendlichen Raum, in dem die Botschaften ohne festgelegtes Ziel frei zirkulieren, während das Ganze – dieses immense ewig rauschende Schaltsystem – mir für immer unbegreiflich bleiben wird. (In diesem Sinne ist man versucht, den proto-Kantschen Begriff des »Cyberspace-Erhabenen« einzuführen, der für die Fülle der Botschaften und der von ihnen zurückgelegten Wege steht, die ich selbst mit der größten Anstrengung meines synthetischen Vorstellungsvermögens nicht umreißen/begreifen kann.) Und deutet nicht die *a priori* vorhandene Möglichkeit, daß Viren das virtuelle Universum zerstören, auf die Tatsache, daß es keinen »Anderen des Anderen« gibt, wie Lacan es formulierte, daß dieses Universum *a priori* inkonsistent ist und es keine finale Garantie für sein kohärentes Funktionieren gibt?

Die Schlußfolgerung aus all dem muß offenbar lauten: Ja, der Cyberspace funktioniert in der Tat symbolisch. Er bleibt insoweit »ödipal«, als man, um das freie Zirkulieren zu gewährleisten, ein fundamentales Verbot und/oder eine fundamentale Entfremdung akzeptieren muß. Ja, im Cyberspace »kann ich sein, was und wer ich will«, ich kann eine eigene symbolische

Identität annehmen, doch diese Identität wird mich gewissermaßen immer verraten, sie wird mir niemals völlig angemessen sein, und ich muß daher akzeptieren, daß ich im Cyberspace von einem Signifikanten repräsentiert werde, der in diesem System als mein Platzhalter agiert. Im Cyberspace ist also tatsächlich »alles möglich«, aber um den Preis der Annahme einer fundamentalen *Unmöglichkeit*: Die Vermittlung durch das Interface, jenen »by-pass«, der mich (als das Subjekt des Aussagens) für immer von meinem symbolischen Platzhalter trennt, ist unvermeidlich.

Dennoch funktioniert »Ödipus online« in einem gewissen Sinne nicht mehr wie der eigentliche Ödipus. Um uns diesen Bruch in aller Deutlichkeit vor Augen zu führen, müssen wir uns daran erinnern, daß Lacan strikt zwischen dem Ödipusmythos (der *Erzählung* des Vatermords, Inzests usw.) und der darunter befindlichen rein formalen Struktur des symbolischen Verbots als Preis für den Eintritt in die symbolische Ordnung unterschied: Für Lacan ist das Wesentliche an dem väterlichen Verbot nicht sein Inhalt – der Verlust, den dieses Verbot mit sich bringt, ist in der symbolischen Form als solcher bereits enthalten. Das »Nein« des Vaters ist vielmehr einfach ein Platzhalter, eine imaginäre Verkörperung des rein formalen Sachverhalts, daß »die *jouissance* demjenigen, der spricht, als einem Sprechenden verwehrt ist«. Von dem Augenblick an, in dem mein Bedürfnis als eine symbolische Forderung an den Anderen formuliert ist, bin ich bereits in die Fußangeln und Fallstricke der Unmöglichkeit ihrer vollständigen Befriedigung geraten. (Es öffnet sich die Kluft zwischen dem jeweiligen materiellen Objekt, das mein Bedürfnis befriedigt, und dem unergründlichen »Es«, auf das mein Begehren abzielt. Mein Begehren wird durch das Begehren des Anderen vermittelt, das heißt, das fundamentale Rätsel, das mich beschäftigt, lautet: »Was für ein Objekt des Begehrens bin ich für den Anderen?« »Was sieht der Andere in mir, daß mich seines/ihren Begehrens (un)würdig macht?« usw., usf.)

Obwohl also der Cyberspace ein fundamentales Verbot bzw. eine fundamentale Entfremdung impliziert, ist das, was uns darin begegnet, eher die rein formale Struktur des symbolischen Verbots, ohne das »kleine Stück des (paternalen) Realen« (der paternalen Figur), die es aufrechterhält. Dieser Sachverhalt bietet uns die Möglichkeit, zwischen den beiden Lesarten des Cyberspace, der postödipalen und der ödipalen, zu vermitteln. Der Cyberspace ist postödipal im Hinblick auf Ödipus *qua* mythische Erzählung, aber nicht postödipal im Hinblick auf Ödipus als die formale Struktur des Verbots/der Vermittlung. Mit anderen Worten, das, was sich »jenseits des Ödipus« befindet (als ein spezifischer historischer Mythos bzw. eine spezifische historische Erzählung), ist Ödipus selbst als rein formale Struktur, die mit der Tatsache der symbolischen Ordnung konsubstantiell ist.[8] Paradoxerweise markiert der Cyberspace solch einen potentiellen »Rückfall« in die Psychose, einen Zusammenbruch der symbolischen Vermittlung. Er verwirklicht die reine Struktur des symbolischen Verbots/der symbolischen Vermittlung, ohne das »kleine Stück des Realen« einer Figur, die ihm Gestalt verleiht.

Doch so klar und erhellend diese Unterscheidung zwischen Ödipus *qua* mythische Erzählung und Ödipus *qua* formale Struktur auch sein mag – sie läßt eine entscheidende Frage unbeantwortet. Woher rührt das Bedürfnis nach dem narrativen Supplement zu der formalen Struktur? Warum kann die formale Struktur nicht ganz für sich herrschen, ohne die verwirrende Identifikation mit einem empirischen »pathologischen« Element des realen Vaters aus Fleisch und Blut, durch das sie verkörpert wird? Warum können wir nicht einfach in die symbolische Ordnung eintreten und den Verlust akzeptieren, der mit diesem Eintritt verbunden ist? Einmal mehr stoßen wir hier auf das Mysterium eines Verbots des Unmöglichen. Wenn die *jouissance* selbst *unmöglich* ist, wenn sie durch die Tatsache der Sprache selbst vereitelt wird, wozu bedarf es dann der überflüssigen Geste, sie formal *zu verbieten*?

Das grundsätzliche Paradox des symbolischen Verbots besteht also nicht in der Frage, warum ein menschliches Tier einen »irrationalen« schmerzlichen Verzicht akzeptiert und »verinnerlicht«, sondern ganz im Gegenteil darin, daß dieses symbolische Verbot im Prinzip überflüssig ist. Erinnern wir uns an jene kleine Szene in Sergio Leones Film »Spiel mit das Lied vom Tod«, in der Henry Fonda einen Spitzel mit der Bemerkung niederschießt, er traue keinem, der noch nicht einmal seinem eigenen Gürtel traue. (Der Spitzel trägt nämlich neben seinem Hosengürtel auch noch Hosenträger.) Hysterische Hemmungen funktionieren ähnlich. Man handelt so, als sei die Schranke/das Hindernis nicht bereits die Sprache selbst, und verhängt daher ein zusätzliches empirisches Verbot. Und man tut dies natürlich in der Illusion, das *Ding an sich* erreichen zu können, indem man *dieses* zusätzliche Verbot irgendwie umgeht. Vielleicht bietet eben diese Illusion eine Erklärung für die prinzipiell überflüssige Geste, etwas zu verbieten, was ohnehin unmöglich ist. Berliner bezeichneten die Mauer, die die Stadt bis 1989 trennte, als den Versuch, »das Unmögliche zu stabilisieren«. Ist nicht genau dies die wesentliche Funktion jedes symbolischen Verbots?

Dasselbe Paradox erklärt auch die fundamentale Ambiguität des psychoanalytischen Begriffs der Übertragung. Bei Lacan bezeichnet die Übertragung keine »persönliche« Beziehung (die Projektion unserer verdrängten vergangenen Traumata und Emotionen auf eine andere gegenwärtige und lebende Person). Die Übertragung ist der Sprache als solcher, dem »großen Anderen« inhärent. Von der Sprache selbst »nimmt man an, daß sie weiß«, das heißt, das Subjekt spricht insoweit, als sie/er davon ausgeht, daß der große Andere »vollständig« ist, daß die Bedeutung seiner/ihrer Äußerungen in dem bzw. durch den großen Anderen garantiert sind.

Die Übertragung als solche ist daher nur ein anderer Name für das, was Davidson als »Barmherzigkeitsprinzip« bezeichnet hat, für den Vertrauensvorschuß, den man dem Anderen grundsätzlich gewährt. Nichtsdestotrotz muß dieses rein formale Vertrauen in die Konsistenz der symbolischen Ordnung durch *le peu de réel*, durch einen kleinen Rest des Realen gestützt werden. So gibt es etwa hinsichtlich der Kluft zwischen der symbolischen Funktion/Stelle des Vaters und der Person, die diese Funktion erfüllt, keine Übertragung auf den Vater ohne dieses »peu de réel«, ohne irgendeinen Makel, einen idiosynkratischen Zug, der ihn offensichtlich daran hindert, die paternale Funktion vollständig zu erfüllen. Mit anderen Worten, unsere übliche Einstellung gegenüber einer paternalen Figur beruht auf einer fundamentalen Fehlwahrnehmung. Normalerweise sagen wir, »trotz seiner Idiosynkrasien glaube ich an seine Autorität, immerhin ist er ja mein Vater«, während es sich in Wirklichkeit genau umgekehrt verhält: Diese kleinen Idiosynkrasien garantieren, daß die Person aus Fleisch und Blut tatsächlich als die Verkörperung der paternalen Autorität handelt. Ohne sie gäbe es keine echte Übertragung, »Vater« bliebe eine monströse, rein symbolische Funktion, alles verschlingend und real in seiner gespenstischen Unsichtbarkeit.

Die einzige schlüssige Antwort auf die Frage »Warum solch ein überflüssiges Verbot, das doch nur das ohnehin Unmögliche verbietet?«, lautet daher: Um die inhärente Unmöglichkeit zu verschleiern, also um die Illusion zu wahren, daß die volle (»inzestuöse«) Befriedigung möglich wäre, gäbe es da nicht jenes uns von außen auferlegte Verbot. Die Funktion der paternalen Figur ist daher keineswegs, als »repressive« Instanz zu agieren, die uns den Zugang zu unserem ultimativen Objekt des Begehrens versperrt, sondern ganz im Gegenteil, uns von dem enervierenden toten Punkt des Begehrens zu erlösen und die »Hoffnung aufrechtzuerhalten«. Das Problem mit »Ödipus online« besteht also darin, daß ihm die »beschwichtigende« Funktion der paternalen Figur abgeht, durch die sich der enervierende tote Punkt des Begehrens verschleiern läßt – daher die merkwürdige Mischung von »alles ist möglich« (da es im Cyberspace keine »positive« Figur gibt, die Verbote ausspricht – man kann tun und lassen, was man will) und allgegenwärtiger Frustration und Ausweglosigkeit, die die Erfahrung des Cyberspace seitens des Subjekts charakterisiert.

Die digitale Perversion

In klinischer Hinsicht lassen sich diese drei Versionen leicht als *Psychose, Perversion* und *Hysterie* klassifizieren. Die erste Version behauptet, daß der Cyberspace mit einer *universalisierten Psychose* einhergehe, für die zweite eröffnet der Cyberspace die befreiende Perspektive der globalisierten *multiplen Perversion,* und die dritte behauptet, der Cyberspace verbleibe innerhalb der Grenzen des rätselhaften Anderen, der das Subjekt *hysterisiert.* Doch welche dieser Versionen ist die richtige? Man ist versucht zu sagen: die vierte – eine Perversion, wie die zweite, doch unter der Bedingung eines wesentlich enger gefaßten Begriffs der Perversion.

Das bedeutet: Die beiden Standardreaktionen auf den Cyberspace sind defizitär. Die eine ist »zu stark« (der Cyberspace impliziert einen Bruch mit Ödipus), die andere »zu schwach« (der Cyberspace ist eine Fortsetzung des Ödipus mit anderen Mitteln). Im Gegensatz zu ihnen ist die Perversion jene Position (der libidinöse Standpunkt), die sich bemüht, eine Art »richtiges Maß« zu finden, um die Drohung der libidinösen Auflösung im Zaum zu halten und »das Unmögliche zu stabilisieren«. Man muß sich aber darüber im klaren sein, daß es sich bei der Perversion um ein Zwischenglied handelt, daß sie zwischen Psychose und Neurose, zwischen der Ausschließung des Gesetzes durch den Psychotiker und der Integration des Neurotikers in das Gesetz angesiedelt ist. Nach gängiger Auffassung inszeniert das perverse Szenarium die »Leugnung der Kastration«; die Perversion läßt sich als Abwehrmaßnahme gegen das Motiv von »Tod und Sexualität« deuten, gegen die Bedrohung durch die Sterblichkeit und die uns auferlegte, aber kontingente sexuelle Differenz. Der Perverse inszeniert ein Universum, in dem der

Mensch jede Katastrophe überleben kann, als sei er eine Comicfigur, ein Universum, in dem die Sexualität der Erwachsenen auf ein kindisches Spiel reduziert ist, in dem man nicht sterben muß oder gezwungen wird, sich für eines der beiden Geschlechter zu entscheiden. Als solches ist das Universum des Perversen das Universum der reinen symbolischen Ordnung, des Signifikanten, der seinen »Lauf nimmt«, unbehindert vom Realen der menschlichen Endlichkeit.

Auf den ersten Blick scheint unsere Erfahrung des Cyberspace völlig im Einklang mit diesem Universum zu stehen. Ist nicht auch der Cyberspace ein von der Trägheit des Realen befreites Universum und wird nur von jenen Regeln beschränkt, die er sich selbst auferlegt? Doch dieser herkömmliche Begriff der Perversion übersieht, Lacan zufolge, den einzigartigen Kurzschluß zwischen Gesetz und *jouissance,* der die innerste Struktur der Perversion kennzeichnet. Im Gegensatz zum Neurotiker, der das Gesetz anerkennt, um seine gelegentlichen Übertretungen dieses Gesetzes zu genießen (Masturbation, Diebstahl usw.) und Befriedigung daraus zu ziehen, daß er sich vom Anderen einen Teil der ihm geraubten *jouissance* zurückholt, erhebt der Perverse das Genießen des großen Anderen zur Instanz des Gesetzes. Ziel des Perversen ist es, das Gesetz zu *etablieren,* nicht, es zu unterminieren. Der sprichwörtliche männliche Masochist erhebt seine Partnerin, die Domina, zur Gesetzgeberin, deren Befehlen er Folge leisten muß. Ein Perverser erkennt die obszöne Unterseite des Gesetzes hundertprozentig an, da ihm die Obszönität der Geste, mit der die Herrschaft des Gesetzes, also der »Kastration«, installiert wird, Befriedigung verschafft.

Für den »Normalen« verhindert das symbolische Gesetz den Zugang zum (inzestuösen) Objekt und erzeugt so überhaupt erst das Begehren danach. Für den Perversen hingegen *ist es das Objekt selbst, welches das Gesetz macht.* Der theoretische Begriff der masochistischen Perversion trifft sich hier mit der geläufigen Vorstellung vom Masochisten, der es »genießt, vom

Gesetz gequält« zu werden: Ein Masochist *lokalisiert das Genießen in eben jener Instanz des Gesetzes, die ihm den Zugang zu diesem Genießen verwehrt.* Das perverse Ritual inszeniert also den Akt der Kastration, des ursprünglichen Verlustes, der es dem Subjekt erlaubt, in die symbolische Ordnung einzutreten, doch es tut dies mit einem spezifischen »Dreh«: Im Gegensatz zum »normalen« Subjekt, für welches das Gesetz als Verbotsinstanz fungiert, die (den Zugang zum Objekt) sein(es) Begehren(s) reguliert, ist für den Perversen *das Objekt seines Begehrens das Gesetz selbst* – das Gesetz ist das Ideal, nach dem er sich sehnt, er möchte vom Gesetz hundertprozentig anerkannt und in seinen Mechanismus integriert werden.

Wir sollten die ironische Seite dieses Sachverhalts nicht übersehen. Der Perverse, dieser »Überschreiter« schlechthin, der vorgibt, sämtliche Regeln normalen und »anständigen« Verhaltens zu verletzen, sehnt sich in Wirklichkeit nach der Herrschaft des Gesetzes.[9] Ein weiteres Merkmal des Perversen besteht darin, daß er den Mangel eines aus seiner Sicht nicht vollständig etablierten Gesetzes (das Gesetz ist sein *verlorenes* Objekt der Begierde) mit einer komplexen Reihe von Regulierungen supplementiert, wie sich zum Beispiel anhand des masochistischen Rituals zeigen läßt. Es ist daher äußerst wichtig, sich den Gegensatz zwischen Gesetz und Regulierungen (oder »Regeln«) vor Augen zu führen, denn letztere zeugen in Wirklichkeit von der Absenz bzw. Suspendierung des Gesetzes.

Was also steht bei der Perversion letztlich auf dem Spiel? In New York gibt es eine Agentur namens »Slaves are us« (»Sklaven sind wir«), die darauf spezialisiert ist, Personen zu vermitteln, die die Wohnung anderer Leute umsonst reinigen und dafür von der Frau des Hauses schlecht behandelt werden wollen. Die Agentur findet das Reinigungspersonal über Anzeigen, deren Motto lautet: »Sklaverei an sich ist Lohn genug.« Die meisten Menschen, die sich dort melden, sind hochbezahlte Führungskräfte, Ärzte und Rechtsanwälte, die, nach ihren Motiven befragt, betonen, sie hätten es satt, ständig für alles zuständig zu sein. Sie genießen es ungemein, sich herumkommandieren zu lassen und angeschrien zu werden, da dies für sie die einzige Möglichkeit ist, »Zugang zum Sein« zu gewinnen. Der philosophische Aspekt darf dabei nicht übersehen werden: Masochismus als einziger »Zugang zum Sein« ist streng korrelativ zur Entstehung der modernen Kantschen Subjektivität, bei der das Subjekt auf den leeren Punkt der selbstbezüglichen Negativität reduziert ist.

An dieser Stelle ist ein kurzer Überblick über die nach-cartesianische Philosophie hilfreich. Diese wurde von den Spuren eines Anderen Schauplatzes verfolgt, an dem das Subjekt, dieser freie, aktive, sich selbst setzende Agent auf den Status eines Objekts unerträglichen Leidens oder unerträglicher Erniedrigung reduziert und der Würde seiner Freiheit beraubt ist.

In »Le prix du progrès«, einem der Fragmente, mit denen die »Dialektik der Aufklärung« schließt, zitieren Adorno und Horkheimer die Argumentation, die der französische Physiologe Pierre Flourens im 19. Jahrhundert gegen die medizinische Anästhesie mit Chloroform vorgebracht hatte. Flourens behauptet, es lasse sich beweisen, daß das Anästhetikum lediglich auf die Nervensubstanz unserer Erinnerung wirke. Während wir bei lebendigem Leibe auf dem Operationstisch zermetzelt werden, empfinden wir die schrecklichsten Schmerzen, doch später, wenn wir aus der Narkose erwachen, können wir uns nicht daran erinnern. Für Adorno und Horkheimer handelt es sich dabei natürlich um eine großartige Metapher für das Schicksal einer auf der Unterdrückung der Natur basierenden Vernunft. Der Körper, als der natürliche Teil des Subjekts, empfindet den Schmerz, doch aufgrund der Verdrängung erinnert sich das Subjekt nicht daran. Auf diese Weise rächt sich die Natur dafür, daß wir sie uns zu unterwerfen suchen. Ohne es überhaupt zu merken, sind wir unsere eigenen größten Opfer, indem wir uns selbst bei lebendigem Leib verstümmeln. Läßt sich das nicht auch als das vollkommene Phantasieszenarium der Interpassivität lesen, des Anderen Schauplatzes, an dem wir den Preis dafür entrichten, daß wir aktiv in die Welt eingreifen? Ein Sadomasochist akzeptiert dieses Leiden willentlich als seinen Zugang zum Sein.

Unser zweites Beispiel betrifft erneut Kant. In einem Unterkapitel seiner »Kritik der praktischen Vernunft«, das den mysteriösen Titel »Von der praktischen Bestimmung des Menschen weislich angemessenen Proportion seiner Erkenntnisvermögen« trägt, beantwortet er die Frage, was uns passieren würde, wenn wir Zugang zum noumenalen Bereich, zu den Dingen selbst gewinnen würden:

»Aber statt des Streites, den jetzt die moralische Gesinnung mit den Neigungen zu führen hat, in welchem nach einigen Niederlagen doch allmählich moralische Stärke der Seele zu erwerben ist, würden Gott und Ewigkeit mit ihrer furchtbaren Majestät uns unablässig vor Augen liegen [...] weil aber die *Gesinnung*, aus welcher Handlungen geschehen sollen, durch kein Gebot mit eingeflößt werden kann [...] so würden die mehrsten gesetzmäßigen Handlungen aus Furcht, nur wenige aus Hoffnung und gar keine aus Pflicht geschehen, ein moralischer Wert der Handlungen aber, worauf doch allein der Wert der Person und selbst der Welt in den Augen der höchsten Weisheit ankommt, würde gar nicht existieren. Das Verhalten der Menschen, solange ihre Natur, wie sie jetzt ist, bliebe, würde also in einen bloßen Mechanismus verwandelt werden, wo wie im Marionettenspiel alles gut gestikulieren, aber in den Figuren doch kein Leben anzutreffen sein würde.«[10]

Es verwundert nicht, daß diese Vision eines Menschen, der sich aufgrund seiner unmittelbaren Einsicht in die Furchtbarkeit des göttlichen An-sich in eine leblose Marionette verwandeln würde, unter den Kantkommentatoren ein gewisses Unbehagen auslöst. (Normalerweise wird dieser Passus schweigend übergangen oder als ein unheimlicher Fremdkörper abgetan.) Kant formuliert darin nichts Geringeres als das, was man als *Kant-*

sche Fundamentalphantasie zu bezeichnen versucht ist – den interpassiven Anderen Schauplatz der Freiheit, den spontanen freien Agenten, den Schauplatz, in dem der freie Agent in eine leblose Marionette verwandelt wird, die der Gnade eines perversen Gottes ausgesetzt ist. Es gibt keinen aktiven freien Agenten ohne diese phantasmatische Stütze, ohne diesen Anderen Schauplatz, an dem er oder sie der Manipulation durch den Anderen ausgesetzt ist.[11]

Sofern das Kantsche Subjekt, dieser leere Punkt selbstbezüglicher Negativität, nichts anderes ist als das Lacansche »durchgestrichene« Subjekt des Signifikanten (*le manque à être*, das einer Stütze in der positiven Ordnung des Seins entbehrt), inszeniert die Phantasie das unmögliche Sein des Subjekts, das durch den Entritt des Subjekts in die symbolische Ordnung verlorengegangen ist. Es verwundert daher nicht, daß die fundamentale Phantasie *passiv* ist (»masochistisch«), da sie mich auf den Status eines Objekts reduziert, auf das andere einwirken. Offenbar kann der Zugang des Subjekts zum Sein nur durch die Erfahrung äußersten Schmerzes gewährleistet werden. *La douleur d'exister* bedeutet, daß ich nur insoweit »bin«, als ich Schmerz empfinde. Daher empfiehlt es sich, das Kantsche Verbot des direkten Zugangs zum noumenalen Bereich umzuformulieren. Das, was uns unzugänglich bleiben soll, ist nicht das noumenale Reale, sondern unsere *fundamentale Phantasie* selbst. In dem Moment, in dem das Subjekt diesem phantasmatischen Kern zu nahe kommt, verliert es die Konsistenz seiner Existenz.

Dies ist auch eine der Möglichkeiten, wie sich die Bedeutung von Lacans These der konstitutiven »Dezentrierung« des Subjekts spezifizieren läßt. Der springende Punkt dabei ist, daß meine subjektive Erfahrung von etwas wesentlich Beunruhigenderem als von objektiven unbewußten Mechanismen reguliert wird, die im Hinblick auf meine Selbsterfahrung »dezentriert« sind und sich als solche außerhalb meiner Kontrolle befinden (was jeder Materialist bestätigen würde). Ich bin nämlich sogar meiner intimsten »subjektiven« Erfahrung beraubt, also der Weise, wie die Dinge »mir wirklich zu sein scheinen«, der fundamentalen Phantasie, die den Kern meines Seins/Wesens konstituiert und gewährleistet, da ich diesen niemals bewußt erfahren und annehmen kann.

Nach herkömmlicher Auffassung ist die phänomenale (Selbst-)Erfahrung die für die Subjektivität konstitutive Dimension. Ich werde in dem Moment zum Subjekt, in dem ich zu mir selbst sagen kann: »Ganz egal, welcher unbekannte Mechanismus meine Handlungen, Wahrnehmungen und Gedanken beherrscht, niemand kann mir das nehmen, was ich jetzt sehe und empfinde.« Wenn ich etwa leidenschaftlich verliebt bin und ein Biochemiker mir zu verstehen gibt, daß all meine intensiven Gefühle lediglich das Ergebnis biochemischer Prozesse in meinem Körper sind, kann ich darauf reagieren, indem ich mich an die Erscheinung klammere: »Alles, was Sie da sagen, mag ja wahr sein, aber nichtsdestotrotz kann nichts mir die Intensität der Leidenschaft nehmen, die ich in diesem Augenblick empfinde ...« Der entscheidende Punkt bei Lacan ist hingegen genau dies: Der Psychoanalytiker *kann* dem Subjekt diese Empfindung nehmen, ja, das Ziel des Psychoanalytikers besteht letztendlich darin, dem Subjekt seine fundamentale Phantasie zu rauben, die das Universum seiner (Selbst-)Erfahrung reguliert.

Das Freudsche »Subjekt des Unbewußten« tritt nur dann in Erscheinung, wenn ein Schlüsselaspekt der *phänomenalen* (Selbst-)Erfahrung des Subjekts (seine »fundamentale Phantasie«) ihm nicht mehr zugänglich ist, also »ursprünglich verdrängt« wird. In seiner radikalsten Form ist das Unbewußte das *unzugängliche Phänomen,* nicht der objektive Mechanismus, der meine phänomenale Erfahrung reguliert. Im Widerspruch zu dem Gemeinplatz, daß wir es von jenem Augenblick an mit einem Subjekt zu tun haben, in dem eine Entität Zeichen eines »Innenlebens« aufweist, also einer phantasmatischen Selbsterfahrung, die sich nicht auf äußerliches Verhalten reduzieren läßt, gilt es die Auffassung stark zu machen, daß die menschliche Subjektivität in Wirklichkeit durch jene Kluft charakterisiert wird, welche die beiden voneinander trennt, also die Tatsache, daß die Phantasie in ihrer elementarsten Form dem Subjekt unzugänglich ist: Diese Unzugänglichkeit ist es, die das Subjekt »leer« macht ($). Wir gelangen so zu einer Beziehung, die die geläufige Idee eines Subjekts, das sich und seine »inneren Zustände« unmittelbar selbst erfährt, völlig unterläuft, zu einer »unmöglichen« Beziehung zwischen dem *leeren, nicht-phänomenalen Subjekt* und den *Phänomenen, die dem Subjekt unzugänglich bleiben.*

Genetiker sagen voraus, daß sie in zehn bis fünfzehn Jahren imstande sein werden, das Genom (ca. 6 Milliarden genetische Informationen, die das gesamte ererbte »Wissen« umfassen) zu identifizieren und zu manipulieren. Zumindest potentiell wird jedem Individuum auf diese Weise die vollständige Formel dessen zur Verfügung stehen, was er oder sie »objektiv ist«. Wie aber wird die Tatsache, daß ich imstande sein werde, mich selbst vollständig als ein Objekt in der Realität zu lokalisieren und zu identifizieren, den Status der Subjektivität beeinflussen? Wird sie zum Ende der menschlichen Subjektivität führen? Lacan verneint dies. Was dem Genetiker entgehen wird, ist nicht meine phänomenale Selbst-Erfahrung (etwa die Erfahrung einer leidenschaftlichen Liebe, die keine Kenntnis der genetischen und anderer materieller Mechanismen, die diese determinieren, mir nehmen kann), sondern die »objektiv subjektive« Fundamentalphantasie, der phantasmatische Kern, der meiner bewußten Erfahrung unzugänglich ist. Selbst wenn die Wissenschaft die genetische Formel dessen herausfindet, was ich objektiv bin, wird sie auch weiterhin außerstande sein, meine »objektiv subjektive« phantasmatische Identität zu formulieren, diesen objekthaften Kontrapunkt meiner Subjektivität, die weder subjektiv (erfahren) noch objektiv ist.

Weiter gilt es zu beachten, daß diese Aussicht auf die Selbst-Objektivierung ihrem Gegenteil, nämlich der zunehmenden

Unvorhersagbarkeit unseres Lebens in der heutigen »Risikogesellschaft« streng korrelativ ist. Niemand kann sich über die langfristigen Auswirkungen der genetischen Manipulation von Pflanzen und Tieren im klaren sein, ganz zu schweigen von den bekannten ökologischen Sorgen um den Treibhauseffekt usw. Haben wir es hier nicht mit dem selbstreferentiellen Paradox zu tun, wie man das Wissen um das erwartete Verhalten in das beobachtete Verhalten integrieren soll? Jede Einführung in die Systemtheorie legt dar, daß die Prognostizierbarkeit nicht nur unter der Schwierigkeit leidet, komplexe Systeme vorherzusagen, sondern auch darunter, daß diese Systeme in einem spezifischeren Sinne »komplex« sind, weil ihre Elemente/Agenten »adaptiv« sind: Ihre Handlungen passen sich an das erwartete Verhalten der anderen Agenten an, und die Agenten ändern ihre Strategie, sobald sie ein verändertes Feedback erhalten. Noch komplexer wird das Bild dadurch, daß die Rationalität der Agenten begrenzt ist. Keiner von ihnen besitzt einen globalen Überblick über die Situation, und genau *das* ist es, was die globale Situation unvorhersagbar macht. Was sich nicht vorhersagen läßt ist, wie viele Merkmale der globalen Situation bestimmter Agenten *ignoriert* werden. Wie sollen wir berücksichtigen, auf welche Weise der beobachtete Prozeß durch einen Eingriff des Subjekts beeinflußt werden wird?

Die zeitgenössische Erfahrung der Unvorhersagbarkeit sollte daher nicht mit den Unwägbarkeiten unseres Alltagslebens verwechselt werden, die schon immer Teil der menschlichen Erfahrung waren. Heute haben wir es vielmehr mit der »Nichtexistenz des großen Anderen« zu tun – dem substantiellen »großen Anderen«. Nicht nur die Gesellschaft, sondern auch die Natur selbst, zumindest der natürliche Kreislauf des Lebens auf der Erde, wird als ein instabiles System erfahren, bei dem man sich nicht sicher sein kann, ob es auch weiterhin störungsfrei funktioniert und unsere menschlichen Schwächen ignoriert. Immer lauert irgendwo die schreckliche Aussicht, daß eine unserer Handlungen (die genetische Manipulation usw.) einen

»Schmetterlingseffekt« haben könnte und unerwarteterweise einen Prozeß in Gang setzt, der in einer globalen Katastrophe mündet.

Um es nochmals zu sagen: Selbst wenn die Naturwissenschaft das menschliche Genom definiert und zu manipulieren beginnt, wird sie dadurch nicht in der Lage sein, die Subjektivität des Menschen zu beherrschen und zu manipulieren. Was mich »einmalig« macht, ist weder meine genetische Formel (Genom) noch die Weise, wie meine Anlagen durch die Umwelt beeinflußt werden, sondern die einzigartige Selbst-Beziehung, die sich aus der Interaktion zwischen beiden ergibt. Selbst das Wort »Interaktion« ist, genau genommen, in diesem Zusammenhang nicht ganz angemessen, da es noch die wechselseitige Beeinflussung zweier gegebener Mengen »positiver« Bedingungen (Gene und Umwelt) impliziert und damit das entscheidende Merkmal der *Selbst-Bezüglichkeit* nicht berücksichtigt. Aufgrund dieser reflexiven Schleife – so, wie ich mich auf meine Umgebung beziehe – erreiche ich niemals die »Null-Ebene« der passiven Beeinflussung durch dieselbe, sondern indem ich mich auf sie beziehe, beziehe ich mich immer schon auf mich selbst, das heißt, ich bestimme immer schon, mit einem Minimum an »Freiheit«, im voraus, wie ich von der Umgebung beeinflußt werde, bis zur elementarsten Ebene meiner sinnlichen Wahrnehmungen.

Die Art und Weise, wie ich »mich selbst sehe«, die imaginären und symbolischen Züge, die mein »Selbstbildnis« konstituieren oder, grundlegender noch, die Phantasie, die mich mit den ultimativen Koordinaten meines Wesens/Seins versorgt, steckt weder in den Genen, noch wird sie mir von der Umwelt aufgezwungen, sondern sie ist dadurch definiert, wie sich jedes Subjekt *auf sich selbst bezieht,* »sich selbst wählt« im Verhältnis zu seiner Umgebung sowie dem (was er oder sie) als seine/ihre Natur wahrnimmt. Wir haben es hier also mit einer Art »Bootstrap«-Mechanismus zu tun, der sich nicht auf meine Interaktion als biologische Entität und meine Umgebung reduzieren läßt. Eine dritte vermittelnde Instanz (das Subjekt) tritt in Erscheinung, die kein »positives« substantielles Sein/Wesen hat, da sein/ihr Status gewissermaßen rein »performativ« ist. Es handelt sich um eine Art selbstentflammte Flamme, etwas, das nichts als das Ergebnis seiner eigenen Aktivität ist, um das, was Fichte als *Tathandlung* bezeichnete, den reinen Akt der reflexiven Selbstsetzung. Ja, ich trete durch die Interaktion zwischen meiner biologischen körperlichen Basis und meiner Umgebung in Erscheinung, aber das, was meine Umgebung und meine körperliche Basis sind, wird immer durch meine Aktivität »vermittelt«. Es ist aufschlußreich, daß heute die fortschrittlichsten Kognitionsforscher dieses Motiv der minimalen Selbstreferenz, das die deutschen Idealisten als »transzendentale Spontaneität« artikulierten, übernehmen (oder vielmehr aus ihrer eigenen Forschung heraus entwickeln).[12] So ist das, was im Fall von Klonen (oder bereits heute: eineiigen Zwillingen) für ihre Differenz, für die Einzigartigkeit von jede-m/r der beiden verantwortlich ist, nicht einfach nur die Tatsache, daß sie einer je unterschiedlichen Umwelt ausgesetzt waren, sondern der Umstand, daß jede(r) der beiden eine einzigartige, auf der Interaktion von genetischer Substanz und Umgebung beruhende Struktur der Selbstreferenz ausgebildet hat.

Bezeichnenderweise wird die Angst, dem eigenen genetischen Klon zu begegnen, häufig mit der Angst verwechselt, die sich regt, wenn ich meiner symbolischen Identität beraubt werde, weil man mich zwingt, mich mit den mir auferlegten imaginären und/oder symbolischen Merkmalen zu identifizieren, also wie meine Mutter oder mein Vater oder irgendeine andere Ideal-Ich-Figur zu sein. Dies veranschaulicht Billy Wilders Film »Fedora«, in dem eine Tochter dazu gezwungen wird, die Identität ihrer Mutter, einer alten Schauspielerin, anzunehmen. Sie unterzieht sich einer Gesichtsoperation, um sich dem Bild der Mutter als junger Frau anzuähneln, man bringt ihr bei, wie die Mutter zu sprechen und sich wie sie zu verhalten, damit die Karriere der Mutter nicht zu Ende geht. Tatsächlich glauben alle, daß es der Mutter auf irgendeine Weise gelungen sei, ihre Jugendlichkeit zu bewahren. Die Tochter hingegen wird in den Selbstmord getrieben, weil sie es nicht ertragen kann, daß man ihr die eigene Identität geraubt hat.

Der entscheidende Unterschied zwischen dem Klonen und dieser Situation besteht darin, daß wir es hier mit *symbolischer* Gewalt zu tun haben, mit der gewaltsamen Aufnötigung einer fremden symbolischen Identität, eines »Selbst-Bilds«, das nicht das unmittelbare Reale der Gene eines Menschen ist, sondern von einem anderen Subjekt durch seinen/ihren Selbstbezug aus freien Stücken geschaffen wurde. Daß dem so ist, belegt die Angst der Menschen vor dem eigenen Geklontwerden. Diese Furcht vor der Begegnung mit einem Doppelgänger, der genau wie ich ist, setzt bereits voraus, daß ich mich als die absolute Einzigartigkeit eines Subjekts erfahre, so daß die aufgenötigte Identität mit einem anderen Subjekt aus einer aufgezwungenen imaginären und/oder symbolischen Identität oder einem aufgezwungenen »Selbst-Bildnis« besteht und nicht aus der unmittelbaren genetischen Identität-im-Realen. Ein echter Klon hingegen würde keine Angst davor haben, mit seinem genetischen Doppelgänger identisch zu sein, da ihm das Gefühl der absoluten Einzigartigkeit abginge, das die selbstreferentielle Identität eines Subjekts erst konstituiert.

In diesem Zusammenhang gilt es, noch einmal an das Lacansche Spiegelstadium zu erinnern. Ich konstituiere mich selbst als »Ich« nur, indem ich mich in meinem Spiegelbild erkenne, das heißt meinem virtuellen Doppelgänger begegne, mit dem ich mich auf eine ambige Haßliebe-Beziehung einlasse. (Ich liebe ihn, weil er ist wie ich, und ich hasse ihn aus demselben Grund, weil er meinen Platz einzunehmen droht.) Es gibt also gewissermaßen kein »Ich« ohne einen Doppelgänger-Klon. Doch die Unheimlichkeit des Doppelgängers beruht auf der Tatsache, daß das Subjekt (im Gegensatz zum »Ich« des Selbst) an sich »durchgestrichen« und leer ist, daß es ein einzigartiger Punkt der Selbst-Beziehung ist, der keinen Doppelgänger, keinen objektiven Kontrapunkt hat. Das Grauen, dem eigenen Doppelgänger zu begegnen, ist das Grauen vor der Aussicht, dem objektiven Kontrapunkt meiner einzigartigen Subjektivität zu begegnen.

Aus diesem Grund ist das Grauen, daß die Begegnung mit einem Doppelgänger in uns evoziert, etwas ausgesprochen Modernes, mit dem Aufkommen der modernen (Kantschen) Subjektivität Verbundenes, wie die plötzliche Veränderung der Wahrnehmungsweise des Themas des *Doppelgängers* am Ende des 18. Jahrhunderts zeigt. Bis dahin war das Thema vor allem ein Vorwand für Komödienhandlungen (zwei Brüder, die einander ähneln, verführen dasselbe Mädchen; Zeus verführt als Amphitryon verkleidet dessen treue Gattin, so daß der heimkehren Amphitryon sich selbst beim Verlassen des Schlafzimmers begegnet, usw.). Doch auf einmal wird in jenem historischen Moment, der mit der Kantschen Revolution einhergeht, das Thema des Doppelgängers mit Grauen und Angst assoziiert. Die Begegnung mit dem eigenen Doppelgänger oder die Verfolgung durch ihn ist die ultimative Erfahrung des Terrors, etwas, daß den Kern der Identität des Subjekts zerstört.

Die grauenerregende Seite des Themas des Doppelgängers hat etwas mit der Entstehung des Kantschen Subjekts als reine transzendentale Apperzeption zu tun, als der substanzlosen Leere des Selbstbewußtseins, das in der Realität *kein* Objekt ist. Das, worauf das Subjekt in der Gestalt seines Doppelgängers trifft, ist es selbst *als Objekt*, sein eigener »unmöglicher« objekthafter Kontrapunkt. Im vorkantschen Raum war diese Begegnung nicht traumatisch, da sich das Individuum als positive Entität begriff, als ein Objekt innerhalb der Welt. Dieser Sachverhalt läßt sich auch dadurch veranschaulichen, daß ich das Lacansche *Objekt a* in meinem Doppelgänger, also in jenem Objekt lokalisiere, das ich selbst »ist«. Was den Doppelgänger so unheimlich macht und was ihn von anderen innerweltlichen Objekten unterscheidet, ist nicht bloß, daß er mir ähnelt, sondern die Tatsache, daß er dem Gestalt verleiht, »was in mir selbst mehr ist, als ich selbst« bin, dem unzugänglichen/unergründlichen Objekt, das »ich bin«, dem, was mir in der Realität meiner Selbsterfahrung für immer *fehlt*. Wovor ich wirklich Angst habe, ist daher nicht die Verdoppelung meines Körpers, sondern die Verdoppelung meiner einzigartigen Seele. Was mich beim Gedanken an die Begegnung mit meinem Doppelgänger erschaudern läßt, ist nicht, daß er genauso aussieht wie ich, sondern daß er in seiner Persönlichkeit ein anderes Ich »ist«, daß er die Einzigartigkeit meiner Persönlichkeit klont.

Es verwundert daher nicht, daß uns im Hinblick auf das Klonen erneut die verborgene Wahrheit von Kants »Du kannst, denn du mußt!« begegnet: »Du kannst nicht, denn du sollst nicht!« Die philosophisch-ethischen Probleme des (biogenetischen) Klonens scheinen in diese Richtung zu deuten. Das Argument der Gegner des Klonens lautet: Wir sollten es deshalb nicht tun, weil es *nicht möglich ist*, einen Menschen auf den Status einer positiven Entität zu reduzieren, deren innerste psychische Eigenschaften man manipulieren kann. Ist dies nicht lediglich eine andere Variante von Wittgensteins »Wovon man nicht sprechen *kann*, davon *muß* man schweigen«? In diesem Verbot kommt die Furcht zum Ausdruck, daß die Ordnung der Vernunft in Wirklichkeit umgekehrt funktioniert, also die ontologische Unmöglichkeit auf der Ethik basiert. Wir müssen die Behauptung aufstellen, daß wir es nicht tun können, da wir es andernfalls *womöglich sehr wohl tun würden* und zwar mit katastrophalen ethischen Folgen.

Dieses Paradoxon, das Unmögliche zu verbieten, veranschaulicht in seiner reinsten Form die konservative Reaktion der katholischen Kirche auf das Kloning. Wenn die Christen wirklich an die Unsterblichkeit der menschlichen Seele glauben, an die Einzigartigkeit der menschlichen Persönlichkeit, daran, daß ich nicht einfach nur das Ergebnis der Interaktion zwischen meinem genetischen Code und meiner Umgebung bin – warum sollten sie dann gegen das Klonen und gegen die genetische Manipulation sein? Beteiligen sich nicht diejenigen, die sich dem

Kloning widersetzen, einmal mehr an dem Spiel, das Unmögliche zu verbieten, gemäß dem Motto: »Die biogenetische Manipulation *kann* dem Kern der menschlichen Persönlichkeit *nichts anhaben,* und daher sollten wir sie *verbieten*«? Mit anderen Worten: Ist es nicht vielleicht so, *daß diese christlichen Gegner des Klonens selbst an die Macht der naturwissenschaftlichen Manipulation glauben, daran, daß sie imstande sein könnte, den Kern unserer Persönlichkeit zu verändern*?

Deren Antwort würde natürlich lauten, ein Mensch, der sich selbst lediglich als das Ergebnis der Interaktion zwischen seinem genetischen Kode und seiner Umwelt auffasse, begebe sich freiwillig seiner menschlichen Würde. Das Problem sei nicht die genetische Manipulation als solche, sondern, daß der Mensch, indem er sie akzeptiert, zum Ausdruck bringt, daß er sich selbst lediglich als biologische Maschine auffaßt. Dem aber gilt es entgegenzuhalten: Warum sollten wir die genetische Manipulation nicht gutheißen *und* zugleich darauf insistieren, daß Menschen freie verantwortliche Agenten sind, da wir ja den Vorbehalt akzeptieren, daß diese Manipulationen den Kern unserer Seele nicht affizieren? Warum sprechen die christlichen Gegner des Klonens noch immer vom »unergründlichen Mysterium der Empfängnis«, in das sich der Mensch nicht einmischen solle, so als ob wir, wenn wir die biogenetischen Forschungen fortsetzen, nicht vielleicht dennoch auf ein Geheimnis stoßen könnten, das besser im verborgenen bliebe, kurzum, als würde ich, indem ich meinen Körper klone, *zugleich meine unsterbliche Seele klonen?*[13]

Das Klonen konfrontiert uns also mit der grundlegendsten aller ethisch-ontologischen Alternativen. Man kann so tun, als wiederhole sich in der Empörung, welche die Aussicht auf das Klonen auslöst, lediglich die übliche Reaktion auf jede große technologische Revolution – von den ersten Maschinen bis zum Cyberspace. Auf die moralische Empörung und Furcht, die die Verwirrung des Subjekts zum Ausdruck bringen, folgt die »Normalisierung«, das heißt, die neue Erfindung wird langsam ein Bestandteil unseres Lebens, wir gewöhnen uns daran und erfinden neue Modi, damit umzugehen. Doch dieser Fall ist wesentlich radikaler, denn auf dem Spiel steht diesmal der Kern der »menschlichen Freiheit«.

In der *Süddeutschen Zeitung* hat Jürgen Habermas das Verbot des Klonens mit Hilfe einer Argumentation gefordert, die auf einem interessanten Paradox basiert. Habermas' entscheidendes Argument lautet, das Klonen impliziere eine der Sklaverei ähnliche Situation. Ein inhärenter Teil meiner selbst, ein Teil, der zumindest teilweise meine psychische und körperliche Identität mitbestimmt, wird zum Ergebnis der absichtlichen Manipulation eines Menschen. Kurzum, Habermas vertritt die Ansicht, das Kloning sei in ethischer Hinsicht deswegen problematisch, weil meine genetische Basis – die bis dahin auf dem blinden Zufall der biologischen Vererbung beruhte – zumindest teilweise durch den bewußten und beabsichtigten (also freien) Eingriff einer anderen Person bestimmt werde. Was mich unfrei macht, was mich eines Teils meiner Freiheit beraubt, ist paradoxerweise ausgerechnet die Tatsache, daß das, was bislang dem Zufall überlassen blieb (also der blinden natürlichen *Notwendigkeit*), jetzt von der *freien* Entscheidung eines anderen Menschen abhängt.

Doch genau dies ist der entscheidende Unterschied zur Sklaverei. Wenn ein Sklave dem Willen eines anderen unterworfen wird, wird er dadurch seiner persönlichen Freiheit beraubt. Doch wenn ein Klon produziert wird und sein Genom durch genetische Manipulation verändert wird, verliert er nicht in irgendeinem homologen Sinne seine Freiheit. Lediglich jener Teil von ihm, der zuvor vom natürlichen Zufall abhing, wird nun der Freiheit einer anderen Person unterworfen. Aus diesem Grund ist der der Befreiung eines Sklaven analoge Fall weder derjenige eines Subjekts, das von seiner Determination durch einen genetischen Kode befreit wird, noch eine Situation, in der das betroffene Subjekt, soweit es die Biotechnologie beherrscht, imstande wäre, sich selbst zu manipulieren und in seinen Körper einzugreifen, um diesen aufgrund seiner/ihrer freien Entscheidung zu verändern, sondern lediglich die negative Geste, die Determinierung meines genetischen Kodes durch die Entscheidung und den manipulativen Eingriff einer anderen Person abzuschaffen. Kurzum, ich gewinne meine Freiheit insoweit zurück, als die Struktur meines Genoms wieder dem blinden Zufall der natürlichen Notwendigkeit überlassen wird.

Wird Habermas dadurch nicht mit dem erwähnten Kantschen Dilemma konfrontiert? Impliziert seine Lösung nicht, daß ein gewisses Mindestmaß an Unwissenheit die Bedingung unserer Freiheit ist, so daß die genaue Kenntnis des Genoms und unser manipulativer Eingriff in das Genom uns eines Teils unserer Freiheit beraubt? Die Alternative ist unvermeidlich: Entweder determiniert uns unser Genom, und dann sind wir einfach nur »biologische Maschinen«, und das ganze Gerede über das Verbot des Klonens und der genetischen Manipulationen ist lediglich eine verzweifelte Strategie, das Unvermeidliche zu vermeiden und an dem falschen Schein unserer Freiheit festzuhalten, indem wir unser wissenschaftliches Wissen und unsere darauf basierenden technologischen Fähigkeiten beschränken, oder unser Genom determiniert uns nicht völlig, so daß es eigentlich keinen Grund zur Besorgnis gibt, da die Manipulation unseres genetischen Kodes nicht wirklich den Kern unserer persönlichen Identität affiziert.

Der Frosch und die Bierflasche

Was aber hat dies alles mit dem Cyberspace zu tun? Stimmt unsere Erfahrung des Cyberspace nicht völlig mit dem perversen Universum überein? Ist nicht auch der Cyberspace ein Universum ohne Schließung, unbeschwert von der Trägheit des Realen, beschränkt nur durch die Regeln, die er sich selber auferlegt? In diesem komischen Universum werden immer wieder dieselben Gesten und Szenen wiederholt, wie in einem perversen Ritual, ohne finale Schließung. Und diese Verweigerung einer Schließung ist keineswegs ein Indiz dafür, daß die Ideologie unterminiert wird, sondern sie inszeniert vielmehr ein proto-ideologisches Leugnen:

»Die Weigerung der Schließung ist, auf einer bestimmten Ebene, immer eine Weigerung, der Sterblichkeit ins Gesicht zu blicken. Unsere Fixierung auf elektronische Spiele und Geschichten ist zum Teil eine Inszenierung dieses Leugnens des Todes. Sie bieten uns die Chance, die Erinnerung auszulöschen, immer wieder von vorn zu beginnen, ein Ereignis erneut durchzuspielen und es mit einer anderen Lösung zu versuchen. In dieser Hinsicht haben elektronische Medien den Vorteil, daß sie eine zutiefst komische Vision des Lebens inszenieren, eine Vision wiedergutzumachender Fehler und offener Optionen.«[14]

Die Alternative, mit der uns der Cyberspace konfrontiert, ist also folgende. Tauchen wir zwangsläufig im Modus des geistesgestörten Über-Ich-Wiederholungszwangs in den Cyberpace ein, im Modus des »untoten« perversen Universums der Zeichentrickfilme, in denen niemand stirbt und das Spiel unendlich weitergeht, oder kann man sich dem Cyberspace gegenüber auch anders verhalten, eine andere Modalität praktizieren, bei der dieses idiotische »Eintauchen« durch die »tragische« Dimension des Realen/Unmöglichen gestört wird?

Cyberspace-Erzählungen funktionieren nach zwei Grundmustern, dem linearen, »eingleisigen«, labyrinthischen Abenteuer und dem »postmodernen« Hypertext, der von einer Rhizom-Fiktion unterminiert wird. Das »eingleisige« labyrinthische Abenteuer steuert den Spieler auf eine einzige Lösung zu und basiert auf einer Alles-oder-Nichts-Struktur. (Man muß den Feind überwinden, den Weg nach draußen finden usw.) Trotz aller möglichen Komplikationen und Umwege ist die Route als ganze also genau festgelegt. Im Gegensatz hierzu präferiert das Hypertext-Rhizom keine bestimmte Lese- oder Deutungsordnung. Es bietet weder einen ultimativen Überblick noch eine Art »kognitives Koordinatensystem«, keine Möglichkeit, die verstreuten Fragmente in einem kohärenten, umfassenden narrativen Rahmen zu vereinigen. Wir, die »Inter-Akteure«, werden unweigerlich in verschiedene Richtungen gelotst und müssen akzeptieren, daß wir in der inkonsistenten Komplexität multipler Verweise und Verbindungen verloren sind. Das Paradoxe ist, daß diese hilflose Verwirrung, dieser Mangel an Orientierungsmöglichkeiten uns keineswegs ängstigt, sondern eine eigenartig beruhigende Wirkung hat. Das Fehlen eines Schluß- und Schließungspunktes fungiert als eine Art Leugnung, die uns davor schützt, dem Trauma unserer Endlichkeit, der Tatsache, daß unsere Geschichte irgendwo enden wird, ins Gesicht blicken zu müssen. Es gibt keinen ultimativen irreversiblen Punkt, da es in diesem multiplen Universum immer neue Wege zu erkunden gibt, alternative Wirklichkeiten, in die man sich flüchten kann, sobald man an einen toten Punkt gerät.

Wie können wir dieser falschen Alternative entgehen? Janet Murray spricht von der Struktur des »Gewalt-Zentrums« (*violence hub*), die an Akira Kurosawas berühmten Film »Rashomon«[15] erinnert. Die Darstellung eines gewaltsamen oder traumatischen Ereignisses (eines Unfalls während eines Sonntagsauflugs, eines Suizids, einer Vergewaltigung usw.) steht im Zentrum eines Geflechts von Erzählungen und Handlungen, die diesen Vorfall aus verschiedenen Blickwinkeln untersuchen (aus der Perspektive des Täters, Opfers, eines Zeugen, Überlebenden, Kommissars usw.).

»Die Proliferation miteinander verbundener Dateien ist ein Versuch, die ewige und letztlich nicht zu beantwortende Frage zu beantworten, warum es zu diesem Vorfall kam. […] Diese Geschichten, in deren Mittelpunkt eine Gewalttat steht, haben weder nur eine einzige Lösung wie das Abenteuerlabyrinth, noch verweigern sie eine Lösung wie die postmodernen Geschichten. Vielmehr kombinieren sie ein klares Gefühl für die

Struktur der Geschichte mit einer Vielzahl sinnvoller Handlungen. Durch dieses Labyrinth zu navigieren ist so, als schreite man über den Boden, eine physische Manifestation des Bemühens, mit dem Trauma zurechtzukommen; es repräsentiert die wiederholten Anstrengungen des Gehirns, zu einem schockierenden Ereignis zurückzukehren, in dem Bemühen, es in sich aufzunehmen und schließlich hinter sich zu lassen.«[16]

Er fällt nicht schwer, den entscheidenden Unterschied zwischen dieser Rekonstruktion der Situation aus verschiedenen Blickwinkeln und dem rhizomartigen Hypertext zu erkennen. Die endlos wiederholte Neuinszenierung basiert auf dem Trauma eines unmöglichen Realen, das sich für immer seiner Symbolisierung widersetzt. Alle die verschiedenen Narrativierungen sind letztlich zum Scheitern verurteilte Versuche, mit diesem Trauma zurechtzukommen, mit diesem kontingenten abgründigen Einbruch irgendeines katastrophalen Realen, etwa eines Selbstmords, der niemals hinreichend zu erklären ist.

In einer späteren, detaillierteren Untersuchung stellt Murray zwei Möglichkeiten vor, wie sich ein solcher traumatischer Suizid, abgesehen von der erwähnten Textur verschiedener Perspektiven, vergegenwärtigen ließe. Die erste ist die, uns in das Labyrinth des Bewußtseins des Subjekts unmittelbar vor seinem Suizid zu versetzen; die Struktur dieser Version ist hypertextuell und interaktiv, wir können zwischen verschiedenen Optionen wählen und den Gedankengängen des Subjekts in verschiedenen Richtungen folgen. Doch ganz egal, welche Richtung wir einschlagen oder welches Link wir wählen, früher oder später werden wir wieder mit dem leeren Bildschirm (des Selbstmords) konfrontiert. Unsere Freiheit, diverse Szenarien auszuprobieren, imitiert also gewissermaßen die tragische Selbst-Schließung des Bewußtseins des Subjekts. Ganz gleichgültig, wie verzweifelt wir nach einer Lösung suchen, müssen wir letzten Endes anerkennen, daß es keinen Ausweg gibt, daß das Endresultat immer wieder dasselbe sein wird.

Die zweite Version versetzt uns, die »Inter-Akteure«, in die Lage einer Art »geringeren Gottes«, der über bestimmte Eingriffsmöglichkeiten in das Leben des auf seinen Tod zusteuernden Subjekts verfügt. Beispielsweise können wir seine Vergangenheit umschreiben, so daß seine Freundin ihn nicht verlassen oder er die alles entscheidende Prüfung bestanden hat. Doch was wir auch tun, das Ergebnis bleibt stets dasselbe – selbst Gott ist offenbar außerstande, das Schicksal zu ändern.[17]

Eine genauere historische Analyse macht deutlich, daß wir nicht dem Irrtum verfallen dürfen, dieses Erzählverfahren des multiperspektivischen Umkreisens eines unmöglichen Realen als unmittelbares Resultat der Cyberspace-Technologie zu begreifen. Technologie und Ideologie sind aufs innigste miteinander verquickt, und die Ideologie ist bereits den technologischen Kennzeichen des Cyberspace eingeschrieben. Wir haben es hier vielmehr erneut mit einem Beispiel für das Phänomen zu tun, daß alte künstlerische Formen an ihre Grenzen stoßen und daher Verfahren entwickelt werden, die, zumindest aus unserer retroaktiven Perspektive, auf eine neue Technologie abzuzielen scheinen, die als »natürlicheres« und angemesseneres »objektives Korrelat« jener Lebenserfahrung dienen kann, die die alten Formen durch exzessives Experimentieren auszudrücken versuchten. So weist eine ganze Reihe erzähltechnischer Verfahren in den Romanen des 19. Jahrhunderts auf das Erzählkino des 20. Jahrhunderts voraus (die raffinierte Verwendung von »Rückblenden« bei Emily Brontë oder von »Überblendungen« und »Nahaufnahmen« bei Dickens) und mitunter sogar auf den modernen Film (die Verwendung von »Off-Space« in »Madame Bovary«) – als habe es eine neue Wahrnehmung des Lebens zwar bereits gegeben, die aber noch auf der Suche nach der ihr angemessenen Artikulationsform war und sie schließlich im Film fand. Wir haben es hier sozusagen mit der Historizität einer Art *futur anterieur* zu tun: Erst seit der Erfindung des Films und der Herausbildung seiner Standardverfahren können wir die narrative Logik von Dickens' großen Romanen oder von »Madame Bovary« richtig verstehen.

Stehen wir heute an einer ähnlichen Schwelle? Ein neues »Lebensgefühl« liegt in der Luft, eine Wahrnehmung des Lebens, die die Form der linearen, zentrierten Erzählung aufbricht und das Leben als ein vielgestaltiges Strömen darstellt. Bis hinein in die Domäne der »harten« Wissenschaften (der Quantenphysik und ihrer Deutung multipler Realitäten oder der Evolutionstheorie, die die Bedeutung der Kontingenz für die Entwicklung des Lebens auf der Erde aufgezeigt hat[18]) scheinen wir von der Zufälligkeit des Lebens und alternativen Versionen der Realität verfolgt zu werden. Entweder wird das Leben als eine Serie multipler, miteinander interagierender Parallel-Schicksale erlebt, die dabei auf einschneidende Weise von bedeutungslosen kontingenten Begegnungen affiziert werden, jenen Punkten, an denen eine Serie sich mit der anderen überschneidet und in die andere eingreift (siehe Robert Altmans Film »Shortcuts«), oder verschiedene Versionen/Resultate derselben Handlungen werden immer wieder in Szene gesetzt (die »Paralleluniversen« oder »Alternative-mögliche-Welten«-Szenarien – siehe Kieslowskis Filme »Der Zufall möglicherweise«, »Die zwei Leben der Veronika« und »Drei Farben: Rot«). Selbst »seriöse« Historiker legten unlängst eine »Virtuelle Geschichte« vor, in der bedeutende Ereignisse der Neueren Geschichte von Cromwells Sieg über die Stuarts über den amerikanischen Unabhängigkeitskrieg bis zum Zerfall des Sowjetsystems als auf unvorhersagbaren und mitunter auch höchst unwahrscheinlichen Zufällen beruhende Vorkommnisse gelesen werden.[19]

Diese Wahrnehmung unserer Wirklichkeit als eines der möglichen, aber häufig noch nicht einmal des wahrscheinlichsten Ergebnisses einer »offenen« Situation, diese Idee, daß sich andere mögliche Ergebnisse nicht einfach erledigt haben, sondern unsere Wirklichkeit auch weiterhin als Phantom dessen heimsuchen, was womöglich hätte passieren können und ihr damit den Status extremer Zerbrechlichkeit und Kontingenz verleihen, kollidiert implizit mit den hauptsächlich »linearen« narrativen Formen unserer Literatur und unseres Kinos. Sie scheint nach einem neuen künstlerischen Medium zu verlangen, und man kann die These vertreten, daß der Cyberspace-Hypertext dieses neue Medium ist, in dem unser heutiges Lebensgefühl sein »natürliches«, angemesseneres objektives Korrelat findet, so daß wir wiederum erst mit dem Cyberspace-Hypertext wirklich begreifen, worum es Altman und Kieslowski eigentlich ging.

Sind nicht die ultimativen Beispiele dieser Form des *futur anterieur* Brechts berühmt-berüchtigte Lehrstücke, insbesondere »Die Maßnahme«, der häufig unterstellt wird, sie sei eine Rechtfertigung der stalinistischen Säuberungen.[20] Auch wenn die »Lehrstücke« in der Regel als Zwischenstufe aufgefaßt werden, als Übergang zwischen den frühen karnevalesken Stücken, mit denen Brecht die bürgerliche Gesellschaft kritisierte, und seinem späten »reifen« Theater, muß daran erinnert werden, daß Brecht kurz vor seinem Tod, darauf angesprochen, welches seiner Werke auf »Das Drama der Zukunft« vorausweise, spontan antwortete: »Die Maßnahme«.

Brecht betonte immer wieder, daß »Die Maßnahme« am besten ohne Publikum aufzuführen sei, und die Schauspieler nacheinander alle Rollen spielen und auf diese Weise die verschiedenen Subjekt-Positionen »erlernen« sollten. Haben wir es hier nicht mit einer Vorwegnahme des »immersiven« Cyberspace-Phänomens zu tun? Brecht ging es um eine empathische Teilnahme der Schauspieler, aber ausdrücklich unter Vermeidung der Falle der emotionalen Identifikation. Wir »tauchen« auf einer »bedeutungslosen«, »mechanischen« Ebene »ein« (die man in Anlehnung an Foucault als »revolutionäre disziplinarische Mikropraktiken« bezeichnen könnte) und beobachten dabei unser Verhalten zugleich kritisch. Deutet dies nicht auch auf einen möglichen »pädagogischen« Sinn partizipatorischer Rollenspiele im Cyberspace, bei denen man sich durch das wiederholte Durchspielen verschiedener Versionen und Resultate desselben Problems der ideologischen Vorannahmen und Mutmaßungen bewußt werden kann, die unbewußt unser tägliches

Verhalten beeinflussen? Konfrontiert uns Brecht nicht mit den drei Fassungen seines ersten großen »Lehrstücks« »Der Jasager« in Wirklichkeit mit einer solchen Hypertext-Erfahrung, der Erfahrung einer anderen Realität? In der ersten Fassung akzeptiert der Junge freiwillig die Notwendigkeit und unterwirft sich von sich aus dem alten Brauch, in ein Tal geworfen und damit getötet zu werden; in der zweiten Fassung weigert sich der Junge zu sterben und weist argumentativ die Unsinnigkeit des alten Brauches nach; und in der dritten Fassung akzeptiert der Junge seinen Tod, aber aus rationalen Gründen, nicht aus Achtung vor der Tradition. Wenn Brecht also betont, daß die Schauspieler/Agenten durch ihre Beteiligung an der in seinen »Lehrstücken« inszenierten Situation sich selbst verändern und einen progressiven subjektiven Standpunkt einnehmen müssen, zielt er damit in Wirklichkeit auf das, was Murray adäquat als »Inszenierung einer transformatorischen Erfahrung« bezeichnet hat.

In seinem stark unterschätzten Film »Lost Highway«, transponiert David Lynch die Vertikale in die Horizontale. Die soziale Wirklichkeit (das alltägliche aseptisch-impotente moderne Paar) und sein verdrängtes phantasmatisches Supplement (das *noir* Universum verbotener masochistischer Leidenschaften und ödipaler Triangulierungen) werden als zwei Alternativ-Universen direkt nebeneinander gestellt. Diese Koexistenz und wechselseitige Umklammerung verschiedener Universen veranlaßte einige Kritiker aus dem New-Age-Lager zu der Behauptung, »Lost Highway« bewege sich auf einer fundamentaleren psychischen Ebene als auf der der unbewußten Phantasmen eines Subjekts, auf einer Ebene, die dem Bewußtsein »primitiver« Gesellschaften, der Reinkarnation, doppelter Identitäten, der Seelenwanderung usw., usf. nahestehe.

Diesem Gerede von multiplen Realitäten gilt es entgegenzuhalten, daß die Tatsache *der phantasmatischen Stütze der Realität an sich bereits zwangsläufig multipel und inkonsistent ist.* Und genau das ist es, was uns Lynch in »Lost Highway« vorführt. Er »durchquert« unser spät-kapitalistisches phantasmatisches Universum nicht durch eine direkte Gesellschaftskritik (etwa indem er die grausame gesellschaftliche Realität zeigt, die in der Tat die Grundlage dieses Universums bildet), sondern indem er diese Phantasien offen inszeniert, ohne die »sekundäre Bearbeitung«, hinter der sich in der Regel ihre Widersprüchlichkeiten verbergen. Das heißt, die Unentscheidbarkeit und Ambiguität der Handlung (handelt es sich bei den beiden von Patricia Arquette gespielten Frauen um dieselbe Frau? Ist die Binnenerzählung von Freds jüngerer Reinkarnation einfach nur Freds Halluzination, mit der er im nachhinein eine rationale Begründung für seinen Mord imaginiert, dessen wahrer Grund Freds verletzter männlicher Stolz ist, da er aufgrund seiner Impotenz Frauen nicht befriedigen kann) stellt die Ambiguität und Inkonsistenz des phantasmatischen Rahmens dar, der unserer Erfahrung der (gesellschaftlichen) Realität zugrunde liegt.

Es wurde oft behauptet, daß Lynch uns, den Betrachtern, mit diesem Film die dem *noir* Universum zugrundeliegenden Phantasien offen ins Gesicht schleudere. Das stimmt zwar, doch zugleich macht Lynch damit die *Inkonsistenz* dieser phantasmatischen Stütze sichtbar. Die zwei narrativen Hauptstränge von »Lost Highway« lassen sich also in Anlehnung an die Logik des Traums mit dem Witz: »Tee oder Kaffee? Ja bitte!« oder mit der englischen Redewendung »to have one's cake and eat it too« beschreiben: Zunächst träumt man, man esse den Kuchen auf, und danach, man befinde sich noch immer im Besitz des Kuchens, denn der Traum kennt keine Widersprüche. Der Träumer löst einen Widerspruch, indem er zwei sich wechselseitig ausschließende Situationen nacheinander erlebt. Auf dieselbe Weise wird in »Lost Highway« die Frau (die dunkelhaarige Arquette) zerstört/getötet/bestraft, während sich dieselbe Frau (die blonde Arquette) dem männlichen Zugriff triumphierend entzieht.

Oder, um es noch ein wenig anders zu wenden: Lynch konfrontiert uns mit einem Universum, in dem verschiedene, sich wechselseitig ausschließende Phantasien koexistieren. Peter

Hoegs Roman »Die Frau und der Affe« präsentiert uns Sex mit einem Tier als Phantasie einer erfüllten sexuellen Beziehung. Dabei ist es von entscheidender Bedeutung, daß dieses Tier männlich ist. Im Gegensatz zur Cyborg-Sex-Phantasie, bei der der Cyborg grundsätzlich eine Frau ist, das heißt, bei der die Phantasie diejenige einer Frau-Maschine (»Blade Runner«) ist, ist das Tier ein männlicher Menschenaffe, der mit einer Frau kopuliert und ihr dabei volle Befriedigung verschafft. Es handelt sich hier um die Materialisierung zweier gängiger vulgärer Vorstellungen, derjenigen von der Frau, die einen starken animalischen Partner will, ein »Tier«, nicht einen impotenten Schwächling, und derjenigen eines Mannes, der sich seinen weiblichen Partner als programmierte Puppe vorstellt, die alle seine Wünsche erfüllt, und nicht als reales Lebewesen. Indem Lynch widersprüchliche Phantasien auf derselben Ebene inszeniert, konfrontiert er uns, aus der Perspektive von Hoegs Roman gesehen, mit der unerträglichen Szene des »idealen Paares«, auf dem dieser Roman basiert, nämlich *der Szene eines männlichen Affen, der mit einem weiblichen Cyborg kopuliert.* Dies ist die mit Abstand effektivste Methode, die Faszination zu unterminieren, die diese Phantasie auf uns ausübt.

Und vielleicht eröffnet der Cyberspace mit seiner Fähigkeit, unsere intimsten Phantasien in all ihrer Inkonsistenz zu externalisieren, eine ähnliche künstlerische Möglichkeit, die phantasmatische Stütze unserer Existenz zu inszenieren und »auszuagieren«, bis hin zur fundamentalen »sadomasochistischen« Phantasie, die sich niemals subjektivieren läßt. Wir sind also eingeladen, die radikalste Erfahrung überhaupt zu riskieren – die Begegnung mit dem Anderen Schauplatz, der den ausgeschlossenen Kern des Seins/Wesens des Subjekts inszeniert. Der Cyberspace macht uns also keineswegs zu Sklaven dieser Phantasien, sondern er ermöglicht uns, sie auf spielerische Art zu behandeln und somit auf eine gewisse Distanz zu ihnen zu gehen – kurzum, das zu tun, was Lacan als *la traversée du fantasme* bezeichnet hat, als das »Durchqueren der Phantasie«.

Doch die Strategie des »Die-Phantasie-Durchquerens« läßt sich im Cyberspace noch wesentlich präziser »operationalisieren«. Kehren wir noch einmal für einen Augenblick zu Brechts »Jasager« zurück: Dessen drei Fassungen scheinen alle möglichen Variationen der Matrix zu erschöpfen, dic dic Grundsituation bereithält. (Wobei man vielleicht noch eine vierte Fassung einschließen sollte, bei der der Junge es nicht aus rationalen Gründen ablehnt zu sterben, sondern rein aus selbstischer Furcht – ganz zu schweigen von einer unheimlichen fünften Fassung, in der der Junge »auf irrationale Weise« seinen eigenen Tod gutheißt, auch wenn der »alte Brauch« dies gar nicht von ihm verlangt.) Doch bereits bei einer rein »intuitiven« Lektüre merken wir, daß die drei Fassungen sich nicht auf derselben Ebene bewegen. Man gewinnt den Eindruck, als schildere die erste Fassung den zugrundeliegenden traumatischen Kern (die »Todestrieb-Situation«, in der man aus freien Stücken die eigene radikale Selbstauslöschung gutheißt) und als reagierten die beiden anderen Fassungen gewissermaßen auf dieses Trauma, indem sie es »domestizieren« und erträglich machen. Wenn wir also lediglich eine dieser beiden späteren Versionen sähen, würde eine richtige psychoanalytische Lektüre die Behauptung rechtfertigen, daß diese beiden Versionen eine verschobene/transformierte Variation eines fundamentaleren phantasmatischen Szenariums seien. Und in einem ähnlichen Sinne können wir uns leicht vorstellen, daß wir durch die Externalisierung eines phantasmatischen Szenariums, das uns verfolgt, im Cyberspace ein wenig Distanz zu diesem Szenarium gewinnen, es einer Manipulation unterwerfen können, die dann andere Variationen derselben Matrix erzeugen wird. Und sobald wir alle wichtigen narrativen Möglichkeiten erschöpft haben, sobald wir mit der geschlossenen Matrix aller möglichen Permutationen der dem expliziten Szenarium zugrundeliegenden Matrix konfrontiert werden, mit der wir begonnen hatten, müssen wir uns auch der zugrundeliegenden »fundamentalen Phantasie« in ihrer unentstellten, »nicht-sublimierten« peinlich direkten Form stellen, die noch nicht durch »sekundäre Bearbeitungen« verschoben und verschleiert ist:

»Die Erfahrung der an die Oberfläche tretenden eigentlichen Phantasie ist nicht nur ein Ausschöpfen der narrativen Möglichkeiten, sondern es ist eher die Lösung eines konstruktivistischen Puzzles. […] Wenn jede Variante der Situation durchgespielt worden ist, wie in der letzten Spielzeit einer seit langem laufenden Serie, tritt die zugrundeliegende Phantasie an die Oberfläche. […] Der Raffinesse der Sublimierung beraubt, ist die Phantasie zu nackt und unrealistisch, wie das Kind, das die Mutter nach oben ins Bett bringt. Die unterdrückte Phantasie ist in emotionaler Hinsicht enorm aufgeladen, doch sobald ihre Energie das Muster der Geschichte gesättigt hat, verliert sie ihre Spannung.«[21]

Ist dieses »Verlieren der Spannung« der fundamentalen Phantasie nicht einfach nur eine andere Formulierung dafür, daß das Subjekt diese Phantasie *durchquerte*? Natürlich ist diese fundamentale Phantasie eine retroaktive Konstruktion, da sie im Bewußtsein nie präsent war und dann verdrängt wurde, wie Freud anläßlich der fundamentalen Phantasie »Mein Vater schlägt mich« betont hat, die der expliziten, das Subjekt verfolgenden Szene »Ein Kind wird geschlagen« zugrunde liegt.[22] Obwohl diese fundamentale Phantasie eine proto-transzendentale Rolle spielt und die ultimativen Koordinaten der Wirklichkeitserfahrung des Subjekts liefert, die das Subjekt in der ersten Person Singular niemals voll akzeptieren/subjektivieren kann – läßt sie sich genau als solche vermittels des Verfahrens der »mechanischen« Variation über die expliziten Phantasien, die das Subjekt verfolgen und faszinieren, erzeugen.

Wenn wir Freuds anderes Standardbeispiel evozieren, mit dem er zu zeigen versucht, daß pathologische männliche Eifersucht ein uneingestandenes homosexuelles Begehren für den männlichen Partner impliziert, von dem ich meine, daß meine

Frau mich mit ihm betrügt, gelangen wir zu der »eigentlichen« Aussage »Ich liebe ihn«, indem wir die explizite Aussage meiner Obsession »*Ich hasse* ihn (weil ich meine Frau liebe, die er verführt hat)«[23] manipulieren, »permutieren«.

Jetzt erkennen wir, wie dieses rein virtuelle, nicht-wirkliche Universum des Cyberspace an »das Reale rühren kann«. Das Reale, von dem wir sprechen, ist nicht das »rohe« vorsymbolische Reale der »Natur an sich«, sondern der gespenstische harte Kern der »psychischen Realität« selbst. Wenn Lacan das Reale mit dem gleichsetzt, was Freud die »psychische Realität« nennt, ist diese »psychische Realität« nicht einfach das innere psychische Leben der Träume, Wünsche usw. im Gegensatz zur wahrgenommenen äußeren Realität, sondern der harte Kern der bereits erwähnten ursprünglichen »leidenschaftlichen Bindungen (Judith Butler), die genau in dem Sinne real sind, daß sie der Symbolisierung und/oder dialektischen Vermittlung widerstehen:

»[...] der Ausdruck ›psychische Realität‹ ist nicht einfach gleichbedeutend mit ›innere Welt‹, ›psychologischer Bereich‹ usw. In der Grundbedeutung, die er für Freud hat, bezeichnet dieser Ausdruck einen Kern innerhalb dieses Bereichs, der heterogen und widerspenstig ist und als einziger im Vergleich zur Mehrzahl der psychischen Phänomene wirklich ›real‹ ist.«[24]

Das »Reale«, in das der Cyberspace eindringt, ist daher die geleugnete phantasmatische »leidenschaftliche Bindung«, die traumatische Szene, die nicht nur im »wirklichen Leben« nie stattfand, sondern noch nicht einmal bewußt phantasiert wurde. Und ist nicht das digitale Universum des Cyberspace das ideale Medium, in dem sich reine Erscheinungen konstruieren lassen, die, obwohl sie nichts »an sich« sind, reine Voraussetzungen, die Koordinaten für unsere gesamte Erfahrung bereitstellen? Es hat vielleicht den Anschein, daß das unmögliche Reale dem virtuellen Bereich der symbolischen Fiktionen entgegengesetzt werden muß. Ist das Reale nicht der traumatische Kern des immer Selben, gegen dessen Bedrohung wir Zuflucht bei der Vielzahl virtueller symbolischer Universen suchen? Doch zugleich lautet die Lehre, die wir letzten Endes hieraus ziehen, daß das Reale auch das genaue Gegenteil eines solchen nicht-virtuellen harten Kerns ist: eine rein virtuelle Entität, eine Entität, die keine »positive« ontologische Konsistenz besitzt. Ihre Konturen lassen sich lediglich als die absente Ursache der Verzerrungen/Verschiebungen des symbolischen Raumes erkennen.

Ein neuerer englischer Werbespot für eine bestimmte Biermarke führt uns diesen entscheidenden Aspekt des Realen der fundamentalen Phantasie sehr schön vor Augen. Die erste Szene zeigt das bekannte Märchenmotiv: Ein Mädchen geht an einem Fluß spazieren, sieht einen Frosch, nimmt ihn liebevoll in die Hand, küßt ihn, und natürlich verwandelt sich der häßliche Frosch in einen schönen jungen Mann. Doch damit ist die Geschichte noch nicht zu Ende: Der junge Mann wirft dem Mädchen einen sehnsüchtigen Blick zu, zieht es an sich, küßt es, und es verwandelt sich in eine Bierflasche, die der Mann triumphierend in der Hand hält.

Während es der Frau darum geht, daß ihre Liebe und Zuneigung, die sie durch den Kuß zum Ausdruck bringt, den Frosch in einen schönen Mann, in eine volle phallische Präsenz verwandeln, besteht der Grund des männlichen Begehrens in dem Wunsch, die Frau auf den Status eines Partialobjekts zu reduzieren. Aufgrund dieser Asymmetrie »gibt es keine sexuelle Beziehung«. Wir haben es entweder mit einer Frau und einem Frosch oder mit einem Mann und einer Flasche Bier zu tun. Was wir nie erreichen werden, ist das »natürliche« Paar der schönen Frau und des schönen Mannes.

Und warum nicht? Weil die phantasmatische Stütze dieses »idealen Paares« die inkonsistente Figur eine Frosches wäre, der eine Flasche Bier umarmt.[25] Dies eröffnet also die Möglichkeit, die Faszination zu unterminieren, die eine Phantasie dadurch auf uns ausübt, daß wir uns mit ihr überidentifizieren, also gleichzeitig, innerhalb desselben Raums, die Fülle inkonsistenter phantasmatischer Elemente begeistert akzeptieren. Das heißt, jedes der beiden Subjekte ist vollauf mit seinem oder ihrem subjektiven Phantasieren beschäftigt. Das Mädchen phantasiert über den Frosch, der in Wirklichkeit ein junger Mann ist, der Mann über das Mädchen, das in Wirklichkeit eine Flasche Bier ist. Was die moderne Kunst und Literatur dem entgegenhalten, ist nicht die objektive Realität, sondern die »objektiv subjektiv« zugrunde liegende Phantasie, die die beiden Subjekte niemals akzeptieren können, etwas, das einem magritteartigen Bild ähnelt, das einen Frosch zeigt, der eine Bierflasche umarmt, mit dem Titel »Ein Mann und eine Frau« oder »Das ideale Paar«[26].Und ist nicht dies die ethische Pflicht des heutigen Künstlers – uns mit dem Frosch zu konfrontieren, der eine Bierflasche umarmt, während wir davon träumen unsere Geliebte zu umarmen? Mit anderen Worten, Phantasien in Szene zu setzen, die radikal entsubjektiviert sind, die das Subjekt niemals annehmen kann? Und ist der Cyberspace nicht das exemplarische Medium für die Verwirklichung dieses Ziels?

ANMERKUNGEN

INTRODUZIONE: GIOCOSO, MA NON TROPPO

1 Siehe dazu Vesna Goldsworthy, *The Invention of Ruritania*, London 1998.

2 Mario Vargas Llosa, »Hooligans, the product of a high civilisation«, in: *The Independent*, 27. Juni 1998, The Weekend Review, S. 5.

I ASSAI SOSTENUTO * ALLEGRO: KANT MIT (ODER GEGEN) SADE?

1 Max Horkheimer und Theodor W. Adorno, *Dialektik der Aufklärung, Philosophische Fragmente*, Frankfurt/M. 1988, S. 93.

2 S. vor allem Kapitel VI von Jacques Lacan, *Die Ethik der Psychoanalyse*, Das Seminar, Buch VII, übers. v. Norbert Haas, Weinheim, Berlin 1996.

3 S. Jacques Lacan, »Kant mit Sade«, in: ders., *Schriften II*, übers. v. Wolfgang Fietkau, Olten und Freiburg i. Br. 1975, S. 133–163.

4 Max Horkheimer und Theodor W. Adorno, op. cit., S. 102.

5 In klinischer Hinsicht könnte man sagen, daß de Sade die Kantsche Besessenheitsökonomie zu einer ausgereiften perversen Position radikalisiert.

6 Immanuel Kant, *Kritik der praktischen Vernunft*, Hamburg 1990, S. 35.

7 »[...], wenn, wie Kant meint, nur das moralische Gesetz uns dazu veranlassen kann, alle unsere pathologischen Interessen beiseite zu schieben und unseren Tod zu akzeptieren, dann ist der Fall von jemandem, der eine Nacht mit einer Frau verbringt, auch wenn er weiß, daß er dafür mit dem Leben bezahlen wird, der Fall des moralischen Gesetzes.« (Alenka Zupancic, »The Subject of the Law«, in: *Cogito and the Unconscious*, hrsg. v. Slavoj Žižek, Durham 1989, S. 89).

8 Der offensichtlichste Beweis für die inhärente Natur dieses Zusammenhangs von Kant mit Sade ist natürlich der – verleugnete – Kantsche Begriff des »diabolischen Bösen«, also eines Bösen, das nicht aus irgendwelchen »pathologischen« Gründen verübt wird, sondern aus Prinzip, »einfach nur um der Sache selbst willen«. Kant evoziert diese Idee des zu einer universellen Maxime erhobenen (und damit in ein ethisches Prinzip verwandelten) Bösen nur deswegen, um sie unverzüglich mit der Behauptung zu dementieren, daß Menschen zu solch äußerster Verderbtheit nicht fähig seien. Aber sollten wir diesem Kantschen Dementi nicht entgegenhalten, daß de Sades gesamtes Theoriegebäude auf solch einer Erhebung des Bösen zu einem unbedingten – »kategorischen« Imperativ beruht? Eine ausführlichere Behandlung dieses Punktes findet sich im zweiten Kapitel von Slavoj Žižek, *Der nie aufgehende Rest*, London 1996.

9 Ist nicht Kants infame Definition der Ehe aus der *Metaphysik der Sitten* – »die Verbindung zweier Personen verschiedenen Geschlechts zum lebenswierigen wechselseitigen Besitz ihrer Geschlechtseigenschaften« – durch und durch Sadesch, indem sie den Anderen, den sexuellen Partner des Subjekts, auf ein Partialobjekt reduziert, auf sein oder ihr körperliches Organ, das Lust bereitet und ihn oder sie als ganzen Menschen ignoriert?

10 Siehe diezbezüglich Alenka Zupancic, op. cit.

11 Siehe Judith Butler, *The Psychic Life of Power*, Stanford 1997, S. 28 f.

12 S. Monique David-Menard, *Les constructions de l'universel*, Paris 1997.

13 S. Hilary und Piers du Pre, *A Genius in the Family. An Intimate Memoir of Jacqueline du Pre*, London 1997.

14 Andererseits ist es manchmal auch sehr produktiv, Mythen als »reale Geschichten« zu lesen. Wenn man den Mythos mit völlig »realistischer« Naivität liest, tritt die Pointe der Erzählung deutlich hervor.

15 Natürlich ist der Haken an der Sache, daß die Selbstachtung der Frau hier über ihre Rolle innerhalb des patriarchalischen normativen Tauschsystems definiert wird.

16 Hierin besteht auch der subversive Effekt von Ozus Filmen, der in der Regel im Westen nicht bemerkt wird. Seine Filme zeigen, in amerikanischen Standardaufnahmen, Paare, die miteinander Blicke tauschen und sich in die Augen sehen – die emotionale Wirkung dieser Blicke ist in Japan wesentlich höher als in Europa oder in den USA.

17 S. Edward W. Said, »Cosi fan tutte«, in: *Lettre international* 39, Winter 1997, S. 69 f.

18 Monique David-Menard, op. cit., S. 64.

19 Claude Lefort hat darauf hingewiesen (s. sein *Ecrire à l'epreuve du politique*, Paris 1992, S. 108–110), daß dieselbe Spannung in der Inkonsistenz der Sadeschen Pädagogik erkennbar ist: Obwohl Sades Ziel das asoziale Individuum ist, das andere nur als Mittel zum eigenen Lustgewinn benutzt, ist die einzige Weise, wie man ein solches Individuum in der heutigen, durch die Religion »degenerierten« Gesellschaft erzeugen kann, eine neue Pädagogik, mit dem erklärten Ziel, unschuldige junge Mädchen zu korrumpieren, indem man sie in die Kunst unbeschränkter Lüste einführt. Die de Sadeschen Helden tendieren daher nichtsdestotrotz dazu, eine neue, »authentische« Gemeinschaft zu bilden, einen elitären geschlossenen Zirkel der in die Kunst der Lüste Initiierten.

20 Die Erwähnung le Carrés in diesem Zusammenhang ist keinewegs zufällig, da dieser Autor in seinen großen Spionageromanen immer wieder das grundlegende Szenario des Zusammenhangs zwischen Liebe und Betrug inszeniert und dabei deutlich macht, daß die beiden Begriffe keineswegs bloße Gegensätze sind, sondern der Betrug an jemandem als ultimativer Beweis dafür dienen kann, daß man ihn/sie liebt. Ist Betrug im Namen der Liebe nicht die ultimative Form des Opfers?

21 S. Alanka Zupancic, op. cit., sowie Bernard Baas, *Le desir pur*, Louvain 1992.

22 Ein Hinweis in dieser Richtung wäre Kants bekannte These, daß Gedanken ohne Inhalt leer und Anschauungen (Sinnlichkeit) ohne Begriffe (Verstand) blind sind. Ist nicht Robespierres Diktum, wonach Tugend ohne Terror machtlos, Terror ohne Tugend aber tödlich ist, ihr politisches Gegenstück?

23 Eine wesentlich umfangreichere Darstellung dieses Schlüsselelements der Kantschen Ethik findet sich in Kapitel 3 von Slavoj Žižek, *Das Unbehagen im Subjekt*, Wien 1998.

24 S. Alenka Zupancic, *Die Ethik des Realen. Kant mit Lacan*, Wien 1995.

25 S. Gilles Deleuze, *Coldness and Cruelty*, New York 1991.

26 Bei einer detaillierteren Auseinandersetzung mit diesem Thema müßte man zwischen zwei Formen des klinischen Masochismus unterscheiden: Einerseits der im eigentlichen Sinne perverse »kontraktuelle« Masochismus, das heißt der Masochismus eines Subjekts, das imstande ist, seine Phantasie zu »externalisieren«, zum Akt überzugehen und sein masochistisches Szenarium in einer tatsächlichen Interaktion mit einem anderen Subjekt zu realisieren, und andererseits der (hysterische) heimliche Masochist, der sich mit

Tagträumen begnügt, da er die Verwirklichung seines Masochismus nicht ertragen würde. Wenn das Subjekt in der Realität mit dem Inhalt solcher geheimer masochistischer Tagträume konfrontiert wird, kann dies katastrophale Folgen haben, von der äußersten Erniedrigung und Scham bis zur Auflösung seiner Selbstidentität.

27 S. Jean Laplanche, *Leben und Tod in der Psychoanalyse*, übers. v. Peter Stehlin, Freiburg i. Br. 1974.

28 Zit. nach Jean Laplanche, »Aggressiveness and Sadomasochism«, in: *Essential Papers on Masochism*, hrsg. v. Margaret A. F. Hanly, New York 1995, S. 122.

29 S. Judith Butler, *The Psychic Life of Power*, Stanford 1997.

30 Laplanche, op. cit., S. 122.

31 Liefert diese Konstellation nicht auch die elementare Matrix für die Problematik der (religiösen) *Prädestination*? Wenn sich das Kind fragt: »Warum wurde ich geboren? Warum haben meine Eltern mich gewollt?«, gibt es sich nicht mit der schlichten Antwort zufrieden: »Weil wir dich liebten und dich haben wollten!«. Wie konnten mich meine Eltern denn lieben, wenn ich noch gar nicht existierte? Müßten sie mich nicht lieben (oder hassen, kurzum, mein Schicksal vorherbestimmen) und mich dann erschaffen, so wie der Gott der Protestanten das Schicksal jedes Menschen vor dessen Geburt festlegt?

32 Warum trägt der Cowboy übrigens *keinen* Hut? Abgesehen davon, daß sich im Slowenischen »ohne Hut« auf »vögelt« reimt, könnte man die These vertreten, daß der Grund für dieses rätselhafte Detail darin zu suchen ist, daß aus der Perspektive männlicher Kinder, das Vögeln einer Frau als eine unmännliche, unterwürfige Aktivität gilt. Indem man es tut, erniedrigt man sich selbst, weil man die Frau »bedient«, und es ist dieser erniedrigende Aspekt, dieser Verlust der männlichen Würde, der im Verlust des Hutes zum Ausdruck kommt. Der Anblick des weiblichen Hinterns wird also als eine Art Revanche für die Erniedrigung des Mannes durch die Frau empfunden: »Das hat sie nun davon, daß sie ihn dazu verführt hat, mit ihr zu vögeln …«

33 Dieser Blick (engl. glance) auf den nackten Hintern, der auf dieselbe Weise gelesen werden muß, wie Freuds berühmtes Beispiel des Glanzes der Nase in seinem Fetischismusartikel, verdeutlicht uns, worin der Irrtum des fetischistischen Perversen besteht: Dieser Irrtum entspricht demjenigen des geläufigen heterosexuellen Standpunkts, der Partialobjekte als reines Vorspiel für das »Eigentliche« (den sexuellen Akt selbst) verwirft. Aus der zutreffenden Einsicht, daß es

keine – direkte – sexuelle Beziehung gibt, das heißt, daß das einzige, womit wir unser Genießen stützen können, fetischistische Partialobjekte sind, die die Leere der unmöglichen sexuellen Beziehung füllen, zieht der Fetischist den falschen Schluß, daß diese Partialobjekte das »Ding selbst« seien, als könne man sich des Bezugs auf den unmöglichen sexuellen Akt entledigen, indem man sich an die Partialobjekte klammert. Die Lösung besteht darin, die Spannung zwischen der Leere der sexuellen Beziehung und den Partialobjekten, die unser Genießen stützen, aufrechtzuerhalten: Obwohl alles, was wir haben, diese Partialobjekte/-szenen sind, beruhen sie nichtsdestotrotz auf der Spannung zu dem absenten sexuellen Akt, das heißt, sie setzten den Bezug zur Leere des (unmöglichen) Aktes voraus.

34 S. Jacques Lacan, »Subversion des Subjekts und Dialektik des Begehrens im Freudschen Unbewußten«, in: ders., *Schriften II*, übers. v. Chantal Creusot u. Norbert Haas, Weinheim, Berlin 1986.

35 Es könnte sich als äußerst produktiv erweisen, den Freudschen Begriff der Hilflosigkeit mit dem Kantschen des Erhabenen, insbesondere des dynamischen Erhabenen, zu verbinden, der ebenfalls so etwas wie die Kantsche Szene der Ur-Verführung ergibt: In dieser Szene ist ein Mann auf den Status eines Staubpartikels reduziert und Spielball gewaltiger Naturmächte, doch er betrachtet dieses Spektakel zugleich aus der Sicherheit einer minimalen Distanz und genießt es so als passiver Beobachter. Ist das nicht eine Befriedigung, die daher rührt, daß ich mich selbst als auf den Status eines ohnmächtigen Staubpartikels reduziertes Wesen beobachte, daß ich mich selbst auf ein hilfloses Element reduziert sehe, das von gewaltigen, meine Einbildungskraft übersteigenden Kräften überwältigt wird?

36 Homer, *Die Odyssee*, übers. v. Wolfgang Schadewaldt, Hamburg 1972, S. 159 [XII, 160–164].

37 S. Michael Tanner, *Wagner*, London 1997.

38 An dieser Stelle läßt sich ein weiterer fundamentaler Gegensatz zwischen Wagnerschen Klagen festmachen, nämlich zwischen derjenigen des sterbenden Tristan und derjenigen von Amfortas in *Parsifal* – dieser Gegensatz betrifft ihr unterschiedliches Verhältnis zum ödipalen Dreieck. *Tristan* reproduziert die ödipale Standardsituation – indem er Isolde, eine Frau, die einem anderen Mann gehört, von der paternalen Figur des Königs Mark raubt –, während, Claude Levi-Strauss hat hierauf bereits hingewiesen, das Dispositiv von *Parsifal* antiödipal ist, die Umkehrung von Ödipus. In *Parsifal* wird die Klage, die die *paternale* Figur des Amfortas in Szene setzt, schließlich von Parsifal erhört. In *Tristan* vergibt der

würdige Mark am Ende Tristan seine sündige Leidenschaft, während in *Parsifal* der »asexuelle« junge Parsifal, dieser »reine Tor«, den paternalen Amfortas von den schmerzhaften Folgen seiner verbrecherischen Sünde (sich von Kundry verführt haben zu lassen) befreit. Diese Umkehrung, diese Verschiebung des Schandflecks des Gesetzesbruchs vom Sohn auf den Vater macht *Parsifal* zu einem wirklich *modernen* Kunstwerk, das die traditionelle Ödipusproblematik, bei der der Sohn das paternale Verbot mißachtet, gegen die väterliche Autorität aufbegehrt, hinter sich läßt.

39 Auf einer wesentlich bescheideneren Ebene unseres Alltagslebens kann jeder, der mit einem Computer arbeitet, dieselbe grauenhafte Erfahrung machen. Unheimlich ist nicht nur, daß wir aufgrund eines Virus oder einer Funktionsstörung unabsichtlich die Arbeit mehrerer Stunden, ja ganzer Tage auslöschen können, sondern auch die entgegengesetzte Aussicht. Sobald man etwas geschrieben und im Computer abgespeichert hat, ist es praktisch unmöglich, es wirklich völlig zu löschen. Der Text bleibt auch dann, wenn wir die »Delete«-Taste drücken, im Computer, nur ist er nicht mehr registriert. Aus diesem Grund besitzen Computer die Funktion »Undelete«, mittels deren sich der Text zurückholen läßt, den wir idiotischerweise gelöscht hatten. Ein schlichter PC besitzt also eine Art »untoten« gespenstischen Bereich gelöschter Texte, die eine Schattenexistenz »zwischen zwei Toden« führen, offiziell gelöscht sind, aber darauf warten, »reaktiviert« zu werden. Hierin besteht der ultimative Horror des digitalen Universums: In ihm bleibt alles für immer eingeschrieben, es ist praktisch unmöglich, sich eines Textes zu entledigen, ihn völlig zu löschen.

II ALLEGRO DI MOLTO: DER NÄCHSTE ALS EIN DING

1 Jacques Lacan, *Die Ethik der Psychoanalyse,* übers. v. Norbert Haas, Weinheim 1996, S. 221.

2 S. in diesem Zusammenhang auch Edgar Allan Poes Geschichte »Die Tatsachen im Falle Valdemar«.

3 Jacques Lacan, *Das Ich in der Theorie Freuds und in der Technik der Psychoanalyse,* Das Seminar, Buch II, übers. v. Hans-Joachim Metzger, Weinheim, Berlin 1991, S. 291.

4 Jacques Lacan, »Subversion des Subjekts und Dialektik des Begehrens im Freudschen Unbewußten«, in: ders. Schriften II, übers. v. Chantal Creusot u. Norbert Haas, Weinheim, Berlin 1986, S. 196.

5 Lacan, ebd., S. 198.

6 Etwa die Art und Weise, wie Marxisten den »ontologischen Pessimismus« und das Gefühl des allgemeinen Niedergangs als die überzogene Fehlwahrnehmung jener Sackgasse abtun, die Teil der spezifischen historischen Klassenzugehörigkeit des Subjekts ist – jene Lesart, derzufolge die grauenerregende Aussicht auf eine kosmische Katastrophe »tatsächlich« die Unmöglichkeit »bedeutet«, einen Weg aus der eigenen spezifischen historischen Sackgasse zu finden.

7 Theodor. W. Adorno, *Minima Moralia*, Frankfurt/M. 1973, S. 56.

8 S. Thomas W. Laqueur, »Masturbation, Credit and the Novel During the Long Eighteenth Century«, in: *Qui Parle*, Bd. 8, Nr. 2, 1995.

9 Immanuel Kant, *Metaphysik der Moral*, Teil II, Metaphysische Anfangsgründe der Tugendlehre, II, 7, in: ders., *Werke*, Bd. 6, Berlin 1914, S. 424 f.

10 Zit. nach Berthold Litzmann, *Clara Schumann, Ein Künstlerleben*, Bd. 1 [Mädchenjahre], Leipzig 1902, S. 211.

11 Ebd. S. 206.

12 Ich beziehe mich hier auf Mark Cousins ausgezeichneten Essay »The Ugly«, in: *AA Files*, Nr. 28 und 29, London 1994.

13 In diesem präzisen Sinne ist der Titel von Bernard Baas' grundlegendem Essay über Kant und Lacan – »Le desir pur« – absolut gerechtfertigt; siehe Bernard Bass, »Le desir pur«, in *Ornicar?* 38, Paris 1986.

III ADAGIO SOSTENUTO: »DER GROSSE ANDERE EXISTIERT NICHT«

1 Eine prägnante Beschreibung dieser Veränderungen findet sich bei Michel Lapeyre, *Au-dela du complexe d'Œdipe*, Paris 1997.

2 So lautet der Titel des 9. Kapitels von Jacques Lacans *Le seminaire, livre XVII: L'envers de la psychanalyse*, Paris 1991.

3 In der Geschichte der Philosophie wurde dieser Riß im globalen rationalen Gebäude des Makrokosmos, in dem der göttliche Wille erscheint, erstmals von Duns Scotus eröffnet. Aber F. W. J. Schelling verdanken wir die eindringlichsten Beschreibungen dieses

grauenhaften Abgrunds des Wollens. Schelling setzt den Willen dem »Prinzip des zureichenden Grundes« entgegen; das reine Wollen ist immer mit sich selbst identisch, verläßt sich immer nur auf seinen eigenen Akt – »Ich will es, weil ich es will!«. In seinen Beschreibungen grauenerregender poetischer Schönheit hob Schelling hervor, wie entsetzt gewöhnliche Menschen sind, wenn sie jemandem begegnen, dessen Verhalten auf einem solchen unbedingten Wollen basiert: Ein solcher Mensch hat etwas Faszinierendes, im wahrsten Sinne Hypnotisches, und man ist von seinem/ihrem Anblick wie verhext. Schellings Betonung des Abgrunds des reinen Wollens zielt natürlich auf Hegels angeblichen »Panlogismus«. Schelling möchte beweisen, daß Hegels universelles logisches System in sich *stricto sensu ohnmächtig* ist, es ist ein System reiner *Potentialitäten* und bedarf als solches eines zusätzlichen »irrationalen« Akts des reinen Wollens, um sich selbst zu *verwirklichen*.

4 Eine detailliertere Darstellung dieses Unterschieds findet sich im 2. Kapitel von Slavoj Žižeks, *Der nie aufgehende Rest*, Wien 1996.

5 Ein Zeichen dafür, daß selbst die katholische Kirche dieser Veränderung ihrer fundamentalen Einstellung nicht widersteht, ist der Druck, den manche Basisgruppen auf den Papst ausüben, Maria den Rang einer Mit-Erlöserin zu verleihen. Es wird erwartet, daß der Papst die katholische Kirche für das post-paternale dritte Millenium lebensfähig macht, indem er ein Dogma verkündet, das besagt, die einzige Methode, wie wir sündige Sterbliche der göttlichen Gnade teilhaftig werden können, bestehe darin, Maria um Hilfe zu bitten. Maria dient als Vermittlerin, das heißt, wenn wir *sie* überzeugen, wird sie für uns bei Christus, ihrem Sohn, Fürsprache einlegen.

6 Richard Andrews und Paul Schellenberger, *The Tomb of God*, London 1997, S. 433.

7 Ebd., S. 428.

8 S. Jacques-Alain Miller und Eric Laurent, »L'Autre qui n'existe pas et ses comités d'éthique«, in: *La Cause freudienne* 35, Februar 1997, Paris, S. 7–20.

9 S. Robert Hughes, *Culture of Complaint*, Oxford 1993.

10 Die Wunde, die der Masochist sich selbst beibringt, erfüllt also im Falle der Hysterie und im Falle der Perversion verschiedene Zwecke. Bei der Hysterie geht es darum, die Kastration zu leugnen (ich verwunde mich, um zu verbergen, daß die Wunde der Kastration *bereits existiert*), während ich mich bei der Perversion selbst verwunde, um das Scheitern/das Fehlen der Kastration zu leugnen (ich tue es, um dem Anschein des Gesetzes Genüge zu tun).

11 Das herausragende Beispiel eines linksliberalen Verschwörungsfilms ist *Barracuda* mit seiner genialen zusätzlichen »Drehung der Schraube« des gängigen Musters der Naturkatastrophe: Warum attackieren Haie und andere Fische plötzlich die Schwimmer in einem idyllischen amerikanischen Küstenort? Es stellt sich heraus, daß die ganze Stadt ein illegales Experimentierfeld für eine mysteriöse Regierungsagentur war, die das städtische Trinkwasser, das dann ins Meer weitergeleitet wurde, mit einer nicht zugelassenen aggressionsfördernden Chemikalie angereichert hatte. (Das Ziel des Experiments war eine Steigerung der Kampfbereitschaft der amerikanischen Bevölkerung nach dem demoralisierenden Einfluß der Flower-power-Bewegung in den sechziger Jahren.) Der Film »X Files« geht noch einen Schritt weiter, indem er die übliche ideologische Operation umdreht, bei der alle unsere gesellschaftlichen und psychischen Ängste (vor Ausländern, vor Großkonzernen, vor anderen Rassen, vor Naturgewalten) auf angriffslustige Tiere (Haie, Ameisen, Vögel) oder auf das übernatürliche Monster umgelenkt werden, das sie alle repräsentiert. In »X Files« ist es die Verschwörung des Staates – die dunkle Andere Macht hinter der öffentlichen Macht –, die uns als allgemeine Ursache hinter der Vielzahl »übernatürlicher« Bedrohungen (Werwölfe, ETs usw.) präsentiert wird. Die Serie übernatürlicher Schrecknisse wird also hier durch das entfremdete Soziale Ding ersetzt.

12 Aus diesem Grund ist die Angst in klinischer Hinsicht auch kein Symptom, sondern eine Reaktion, die dann erfolgt, wenn das Symptom des Subjekts, die Formation, die es ihm ermöglichte, eine angemessene Distanz zu dem traumatischen Objekt-Ding zu wahren, nicht mehr funktioniert. In dem Moment, in dem das Subjekt der Pufferrolle seines Symptoms beraubt wird und damit direkt dem Ding ausgesetzt ist, entsteht Angst und signalisiert dem Subjekt die übergroße Nähe des Dings.

13 Siehe die Standardwerke von Ulrich Beck, *Risikogesellschaft. Auf dem Weg in eine andere Moderne*, Frankfurt/M. 1986, und Anthony Giddens, *Konsequenzen der Moderne*, übers. v. Joachim Schulte, Frankfurt/M. 1996.

14 Aus diesem Grund ist die von der Risikogesellschaft erzeugte Angst diejenige des Über-Ichs, denn das Über-Ich ist durch dieses Fehlen eines »angemessenen Verhaltens« gekennzeichnet. Entweder man gehorcht seinen Befehlen nicht genug, und/oder man leistet ihnen zu gründlich Folge, doch wie man es auch macht – das Ergebnis ist falsch und man selbst schuldig. Das Problem mit dem

Über-Ich ist, daß seine Befehle sich nie in eine eindeutige Regel übersetzen lassen. Der Andere, der das Gebot erläßt, verlangt etwas von uns, aber wir wissen nie genau, worin diese Forderung besteht.

15 Eva Hoffman, *Exit Into History*, London 1993.

16 Karl Marx u. Friedrich Engels, *Manifest der kommunistischen Partei*, in: dies., *Werke*, 43 Bde., Berlin, 1956–1968, 4, 1983.

17 Vielleicht muß ihre eigene übertriebene Ablehnung der Postmoderne als Leugnung einer uneingestandenen Nähe gelesen werden. Das heißt keineswegs, daß der Unterschied zwischen der Postmoderne und der Zweiten Moderne rein nominell, also einfach nur ein anderer Name für dasselbe Phänomen ist. Wir haben es vielmehr mit der inhärenten Aufspaltung in zwei grundsätzlich unvereinbare Begriffe der Postmoderne zu tun. Einerseits die Idee, daß die Postmoderne die Logik der Moderne zu Ende denkt und ihr Potential voll zur Entfaltung bringt: Dies ist die Version eines Frederic Jameson, so daß es nicht verwundert, daß sich viele seiner Charakterisierungen der Postmoderne mit denen der Zweiten Moderne decken. Und auf der anderen Seite, die Idee, daß die Postmoderne ein grundsätzliches Merkmal der Modernisierung (nämlich die rationale Reflexivität) zugunsten einer neuen Form von Unmittelbarkeit negiert (einer holistischen New-Age-Einstellung oder irgendeiner anderen Version des »nach-cartesianischen Paradigmas«). In diesem Zusammenhang ist es interessant, daß die jüngste Debatte um die Globalisierung wieder einmal das Thema Modernisierung mit seinen verschiedenen Aspekten in den Mittelpunkt des Interesses gerückt hat (globalisierte Reflexivität, die Auflösung der letzten traditionellen gesellschaftlichen Bindungen usw.). Wir werden uns in zunehmendem Maße bewußt, daß *die »Postmoderne« vor allem ein Versuch war, mit der beschleunigten Modernisierung zurechtzukommen.* Führen uns die turbulenten Ereignisse, die wir in allen Lebensbereichen – von der wirtschaftlichen und kulturellen Globalisierung bis zur Reflektivierung noch der intimsten Bereiche – vorgeführt bekommen, nicht vor Augen, daß wir noch immer lernen müssen, wie wir mit dem wahren Schock der Modernisierung umgehen sollen?

18 Meine Ausführungen beruhen auf ausführlichen Diskussionen mit Renata Salecl, der ich auch zahlreiche weitere Ideen in diesem Kapitel verdanke. S. Renata Salecl, *(Per)Versions of Love and Hate*, London 1998.

19 In den sechziger und siebziger Jahren gab es plastikbeschichtete Postkarten, die junge Frauen im Bikini oder Bademantel zeigten.

Wenn man diese Karten ein bißchen bewegte oder aus einem etwas anderen Blickwinkel betrachtete, verschwanden die Kleidungsstücke auf magische Weise, so daß man die Frau nackt sehen konnte. Verhält es sich mit dem Bild von Bill Gates nicht ein wenig ähnlich? Nehmen dessen freundliche Züge nicht plötzlich eine finstere und bedrohliche Dimension an, wenn man sie aus einem etwas anderen Blickwinkel betrachtet?

20 Diese Tendenz war bereits in Bryan Singers hervorragendem Film *Die üblichen Verdächtigen* zu erkennen, in dem sich die unbeholfene, verängstigte Figur Kevin Spacey als der unsichtbar-allmächtige Meisterverbrecher entpuppt.

IV ANDANTINO ALLEGRETTO: IST DER CYBERSPACE DIE LETZTE FORM DES FETISCHISMUS?

1 Ein weiteres amüsantes Detail hat damit zu tun, daß das Spielzeug häufig mitten in der Nacht »aufwacht« und sofortige Aufmerksamkeit verlangt. Das Kind möchte natürlich, daß man sich um das Tamagotchi kümmert, doch da es selbst zu müde ist, weckt es die Eltern. Wir haben es hier also mit einer doppelten Delegationsstruktur zu tun. Die Eltern, die das Spiel naturgemäß nicht ernst nehmen, müssen mitten in der Nacht das rein virtuelle, nicht-existierende Tier füttern, während das Kind, das das Spiel als einziger ernst nimmt, in aller Ruhe weiterschläft. Es überrascht daher nicht, daß sogar Web-Sites eingerichtet wurden, die Eltern Ratschläge gaben, wie sie mit den Tamagotchis ihrer Kinder umgehen sollen.

2 Natürlich gibt es bereits Friedhöfe für tote Tamagotchis.

3 S. Michel de Certeau, »What We Do When We Believe«, in: Marshall Blonsky (Hrsg.), *On Signs*, Baltimore 1985, S. 200.

4 Ich beziehe mich hier auf Robert Pfallers Intervention auf dem Symposium *Die Dinge lachen an unserer Stelle*, Linz, 8.–10. Oktober 1996.

5 Jacques Lacan, *Die Ethik der Psychoanalyse*, Das Seminar, Buch VII, übers. v. Norbert Haas, Weinheim, Berlin 1996, S. 303 f.

6 Ich beziehe mich hier wiederum auf Robert Pfaller, a. a. O.

7 S. Jerry Aline Flieger, »Oedipus On-line?«, in: *Pretexts*, Nr. 1, Bd. 6, Juli 1997, S. 81–94.

8 Wird dies nicht durch einen Bezug auf Lacans eigene Entwicklung bestätigt? Zunächst historisierte er in seinen frühen *Complexes familiaux* (1938) Ödipus als eine bestimmte Familienstruktur, doch später entwickelte er die zugrundeliegende formale Verbotsstruktur, die sich in unterschiedlicher historischer Gestalt verwirklichen läßt.

9 Eine genauere Untersuchung der Struktur der Perversion findet sich im 1. Kapitel von Slavoj Žižek, *Die Pest der Phantasmen*, Wien 1997.

10 Immanuel Kant, *Kritik der praktischen Vernunft*, hrsg. von Karl Vorländer, Hamburg 1990, S. 168 f.

11 Hegel »durchquert« diese Phantasie, indem er zeigt, daß sie die Funktion erfüllt, den präontologischen Abgrund der Freiheit zu füllen, also jenen »positiven Schauplatz« zu rekonstituieren, in der das Subjekt wieder in eine positive noumenale Ordnung integriert wird. Mit anderen Worten, für Hegel ist Kants Vision bedeutungslos und inkonsistent, da sie heimlich die ontologisch vollständig konstituierte göttliche Totalität wiedereinführt, also eine Welt, die *nur* als Substanz konstituiert ist und *nicht* als Subjekt.

12 S. etwa, Erich Harth' *The Creative Loop*, Harmondsworth 1995.

13 Ich beziehe mich hier auf ein Gespräch mit Mladen Dolar.

14 Janet H. Murray, *Hamlet on the Holodeck* Cambridge, Mass., 1997, S. 175.

15 »Drei Menschen suchen vor einem Wolkenbruch in einer Tempelruine Schutz: ein Zen-Priester, ein Holzfäller und ein Knecht. Ihr Gespräch kreist um ein grausiges Verbrechen: Ein berüchtigter Bandit überfiel ein Ehepaar, tat der Frau vor den Augen des gefesselten Mannes Gewalt an und tötete ihn dann. Der inszenatorisch wie darstellerisch fulminante Film schildert das Gewaltverbrechen aus der unterschiedlichen Perspektive von Beteiligten und Tatzeugen, wobei die Begriffe ›Wahrheit‹ und ›Wirklichkeit‹ kritisch hinterfragt werden.« (Zit. nach *Lexikon des Internationalen Films*, hrsg. vom Katholischen Institut für Medieninformation und der Katholischen Filmkommission für Deutschland, Reinbek 1995).

16 Op. cit., S. 135 f.

17 Eine Version dieser Schließung findet sich in einer Reihe von Science-fiction-Erzählungen: Der Held greift in die historische Vergangenheit ein, um einige unmittelbar bevorstehende katastrophale Ereignisse zu verhindern, beschwört aber eine noch viel größere Katastrophe herauf. Ein Beispiel ist Stephen Frys Roman *Making History*, in dem ein Naturwissenschaftler Hitlers Vater,

unmittelbar vor Hitlers Zeugung, impotent macht. Das Ergebnis dieses Eingriffs ist vorhersehbar: Ein deutscher adeliger Offizier übernimmt den Part Hitlers, entwickelt die Atombombe und *gewinnt* den Zweiten Weltkrieg.

18 S. Stephen Jay Gould, *Wonderful Life*, New York 1989.

19 S. *Virtual History*, hrsg. v. Niall Ferguson, London 1997.

20 S. Bertolt Brecht, »Die Maßnahme«, in: *Die Stücke von Bertolt Brecht in einem Band*, Frankfurt/M. 1987, S. 255–268. Eine detaillierte Lektüre von »Die Maßnahme« findet sich im 5. Kapitel von Slavoj Žižek, *Enjoy Your Symptom!*, New York 1993.

21 Murray, op. cit., S. 169 f.

22 Sigmund Freud, »Ein Kind wird geschlagen«, in ders. *Gesammelte Werke* XII, London 1947, S. 197–226.

23 S. Sigmund Freud, »Psychoanalytische Bemerkungen über einen autobiographisch beschriebenen Fall von Paranoia (Dementia paranoides)«, in: ders., *Gesammelte Werke* VIII, London 1943, S. 240–316.

24 Vgl. den Eintrag »Psychische Realität«, in: J. Laplanche, J.-B. Pontalis, *Wörterbuch der Psychoanalyse*, Frankfurt/M. 1973, S. 425–427.

25 Natürlich würde eine Feministin darauf entgegnen, daß Frauen im Alltagsleben genau die entgegengesetzte Erfahrung machen: Man küßt einen schönen jungen Mann, und nachdem man ihm zu nahe gekommen ist, das heißt, wenn es bereits zu spät ist, stellt man fest, daß er in Wirklichkeit ein Frosch ist.

26 Die Assoziation mit dem berühmten Buñuelschen »toten Esel auf dem Klavier« ist hier völlig berechtigt, da die Surrealisten ebenfalls eine Version der Durchquerung der Phantasie praktizierten.

Inhalt